BÖHM/LADENTHIN (HRSG.)
Marian Heitger

Winfried Böhm/
Volker Ladenthin (Hrsg.)

Marian Heitger
Bildung als
Selbstbestimmung

Ferdinand Schöningh

Paderborn · München · Wien · Zürich

Bibliografische Information Der Deutschen Bibliothek

Die Deutsche Bibliothek verzeichnet diese Publikation in der Deutschen Nationalbibliografie; detaillierte bibliografische Daten sind im Internet über http://dnb.ddb.de abrufbar.

Umschlaggestaltung: Anna Braungart, Regensburg

Gedruckt auf umweltfreundlichem, chlorfrei gebleichtem und alterungsbeständigem Papier ⊗ ISO 9706

© 2004 Ferdinand Schöningh, Paderborn
(Verlag Ferdinand Schöningh GmbH, Jühenplatz 1, D-33098 Paderborn)

Internet: www.schoeningh.de

Alle Rechte vorbehalten. Dieses Werk sowie einzelne Teile desselben sind urheberrechtlich geschützt. Jede Verwertung in anderen als den gesetzlich zugelassenen Fällen ist ohne vorherige schriftliche Zustimmung des Verlages nicht zulässig.

Printed in Germany. Herstellung: Ferdinand Schöningh, Paderborn

ISBN 3-506-71758-8

INHALT

Einführung von Winfried Böhm 7

1. **Selbstbestimmung oder Ende des Subjekts?**
   1.1 Selbstbestimmung als regulative Idee der Bildung 19
   1.2 Das Ende des Subjekts? Zur pädagogischen Konzeption von Subjektivität 35

2. **Vernunft und Glaube**
   2.1 Ist die Aufklärung am Ende? Über die Grenzen der Vernunft 61
   2.2 Glaube, Hoffnung und Liebe als pädagogische Kategorien 75

3. **Norm oder Dogma?**
   3.1 Über den Begriff der Normativität in der Pädagogik 101
   3.2 Personale Pädagogik. Rückfall in Dogmatismus oder neue Möglichkeit der Grundlegung? 117

4. **Pädagogik zur Praxis**
   4.1 Zum problematischen Verhältnis von Theorie und Praxis in der Pädagogik 133
   4.2 Das Allgemeine der Allgemeinen Pädagogik 148
   4.3 Moralität und Bildung 164
   4.4 Bildung durch Unterricht. Verschleiernde Utopie und problematische Notwendigkeit 186
   4.5 Lehren und Erziehen als Beruf. Zur Dialektik des Lehrerseins 197

Quellennachweise 217

Winfried Böhm

Zur Pädagogik Marian Heitgers – einige einführende Gedanken

Marian Heitger hat die deutschsprachige Pädagogik der zweiten Hälfte des 20. Jahrhunderts maßgeblich mit gestaltet – sei es als erziehungswissenschaftlicher Forscher, als akademischer Lehrer, als erfolgreicher Autor und Herausgeber; sei es durch sein vielseitiges Engagement in Bildungs- und Wissenschaftspolitik.[1] Er hat über mehrere Jahrzehnte hinweg die renommierte Vierteljahrsschrift für wissenschaftliche Pädagogik geleitet und ihr ein unverwechselbares Profil gegeben; er ist der Pädagogischen Sektion der Görres-Gesellschaft vorgestanden und hat die Diskussionen und Veröffentlichungen dieses Kreises angeregt und angeleitet; er hat in den frühen 1960er Jahren als junger Rektor die Pädagogische Hochschule Bamberg ausgebaut und dort dem Fach Pädagogik seinen Stempel aufgedrückt; er hat danach das Institut für Erziehungswissenschaft an der Universität Wien mit geprägt und dieses um die Sonder- und Heilpädagogik erweitert; er hat die Salzburger Pfingstsymposien zu wissenschaftstheoretischen Grundfragen der Pädagogik mit initiiert und über mehr als dreißig Jahre angeführt; er hat am Salzburger Internationalen Forschungszentrum das Institut für Medienpädagogik eingerichtet und die jährlichen Herbstsymposien zur Inneren Schulreform thematisch gestaltet und zu allen dort verhandelten Themen maßgebliche Beiträge geleistet; ebenso hat Marian Heitger zu den Mitinitiato-

---

[1] Ich verweise an dieser Stelle ausdrücklich auf zwei Aufsätze, in denen ich das pädagogische Denken Marian Heitgers anläßlich seines 75. Geburtstages ausführlich dargestellt und gewürdigt habe; ich werde hier die dort geäußerten Gedanken nicht wiederholen, so daß sich jene beiden Texte als Ergänzung des hier Gesagten anbieten. Siehe Winfried Böhm: Über die Dialogizität von Erziehung und Pädagogik, in: Vierteljahrsschrift für wissenschaftliche Pädagogik, 78 (2002), S. 455-471; und Über das pädagogische Denken Marian Heitgers, in: Ebda., 79 (2003), S. 54-61.

ren der Münsterschen Gespräche zu Themen der wissenschaftlichen Pädagogik gehört und deren Inhalte entscheidend mit gestaltet. Bildungs- und hochschulpolitisch hat Marian Heitger in zahlreichen Gremien mitgewirkt und wichtige Aufgaben wahrgenommen – vom Vorsitz im wissenschaftlichen Beirat der Universität Klagenfurt über die Projektgruppe Massenmedien des Österreichischen Bundesministeriums für Unterricht und Kunst und die Präsidentschaft der Österreichischen Pädagogischen Gesellschaft bis zum Gründungsrektorat der Wissenschaftlichen Hochschule Lahr und zur jahrzehntelangen Mitgliedschaft im Direktorium der Salzburger Hochschulwochen.

Alle diese Tätigkeiten, zu denen noch weitere aufgezählt werden könnten, hat Marian Heitger nicht aus purer Lust am politischen und pädagogischen Aktionismus ausgeübt. Sie sind, so vielfältig und unterschiedlich sie auch anmuten mögen, nicht in leere Geschäftigkeit ausgeartet, denn hinter ihnen stand und steht eine klare und mit aller Entschiedenheit vertretene eigenständige *pädagogische Position* – eine Position, die sich Marian Heitger nicht von anderen Disziplinen erborgt oder von anderen Autoren entliehen, sondern als seinen eigenen pädagogischen Standpunkt immer wieder neu zu begründen versucht hat. Wollte man seine wissenschaftliche und bildungspolitische Arbeit in der Art eines Mottos verkürzt wiedergeben, so könnte man sie als „Engagement für Pädagogik" charakterisieren.

Über die, angesichts postmoderner Beliebigkeit, in unserem Fach grassierende Standpunktlosigkeit (aus der manche sogar noch eine Tugend machen möchten!) an sich schon bemerkenswerte Tatsache hinaus, daß Marian Heitger von Anfang an und unverwandt auf einer eigenständigen Position beharrt hat, ist im Hinblick auf seine Pädagogik weniger wichtig festzuhalten, um welchen wissenschaftstheoretischen Standpunkt es sich dabei handelt und in welche erziehungswissenschaftliche „Schule" er einzuordnen ist; vielmehr ist entscheidend, daß es Marian Heitger immer darum ging und geht, diesen selbstgewählten Standpunkt als einen genuin pädagogischen auszuweisen und argumentativ zu begründen. Wären Marian Heitgers Aufsätze, von denen in diesem Band eine wohlüberlegte und repräsentative Auswahl dargeboten wird, nur darum interessant und lesenswert, weil in ihnen eine bestimmte Richtung – nämlich eine transzendentalphilosophisch-normkritische bzw. eine „normative" Pädagogik – zu besonders konturenscharfem Ausdruck kommt, dann könnten wir sie getrost dem Spezialstudium der pädagogischen Wissenschaftstheorie und der erziehungswissenschaftlichen Dogmengeschichte überlassen. Ihre generelle Bedeutung und ihre bleibende Aktualität gründen darin, daß Marian Heitger sich nicht nur um eine Allgemeine Pädagogik bemüht und diese auf systematische Weise zu entfalten gewußt hat, sondern man hat präzisierend hinzuzufügen, daß bei ihm immer *das Allgemeine* der Allgemeinen Pädagogik und *das Pädagogische* der Pädagogik in Rede steht. Mit Sokrates entliehenen Worten könnte man formulieren: Im Mittelpunkt von Marian Heitgers Denken steht die *Pädagogizität der Pädagogik*.

Wie ein roter Faden zieht sich durch alle kritischen Texte Marian Heitgers das Lamento über die Verabschiedung des Allgemeinen aus der Pädagogik, insbesondere im Hinblick auf ihre immense quantitative Ausdehnung und ihre exponentielle Spezialisierung in immer kleinere Teildisziplinen, und in einem (hier nicht abgedruckten) Vortrag auf der Jahrestagung der Görres-Gesellschaft 1998 in Göttingen mit dem bezeichnenden Titel „Das Allgemeine der allgemeinen Pädagogik" hat Marian Heitger sein zentrales Problem trefflich auf den Begriff gebracht: „Offensichtlich scheint es nicht so einfach, den Gedanken des Allgemeinen aus der modernen Erziehungswissenschaft zu eliminieren: denn schließlich ist die Frage nicht zu unterdrücken, ja sie drängt sich geradezu auf, was es denn gestattet, die verschiedenen Spezialisierungen mit dem gemeinsamen Attribut des Pädagogischen zu verbinden. M.a.W., was denn das Gemeinsame der verschiedenen Aufgaben sei, das sie unter ein und demselben Attribut verbindet? Ist das lediglich eine schmückende Beigabe, ein logischer Ordnungsbegriff oder ist in ihm ein appelativer Anspruch angemeldet, der z.B. die Heilpädagogik nicht auf eine bloß humanitäre Versorgung von Behinderten reduziert, der etwa in der sog. Altenpädagogik nicht nur eine ökonomische Versorgung alter Menschen einmahnt, oder in der Freizeitpädagogik nicht nur eine angemessene Beschäftigungstherapie sieht, sondern mehr; so daß die Frage zu stellen ist, was denn dieses Mehr sein könne?"[2]

Es liegt auf der Hand, daß diese Fokussierung von Marian Heitgers Denken seinen neukantianischen Lehrern, besonders Alfred Petzelt und dem ihm von diesem vermittelten Richard Hönigswald, geschuldet wird. In diesem pädagogischen Denkumkreis, der vor allem durch Kants zweite Frage aus der Kritik der reinen Vernunft – „Was soll ich tun?" – abgesteckt wurde, wird die moralische Frage notwendigerweise zum allgemeinen Herzstück der Pädagogik, und es stellt sich im Horizont der praktischen Vernunft für diese Pädagogik das generelle Problem, wie das objektiv erkannte Gute auch zu einem subjektiv angestrebten und verwirklichten werden kann, oder – mit Kant gesprochen – wie man „die objektiv praktische Vernunft auch *subjektiv* praktisch" machen könne.[3]

Bekanntlich setzte Kant beim Menschen und auch schon im Kindesalter einen Trieb nach Moralität voraus, zumindest den Hang und die Neigung, das praktische Handeln sittlich zu beurteilen. Über dieses quasi natürliche Interesse hinaus wird pädagogisch die Frage nach den Kriterien und nach dem Maßstab dieses Urteilens brisant. Sollen diese Urteile nicht willkürlich erfolgen oder dem bloßen Zufall und der wechselhaften Beliebigkeit anheimgegeben werden, müssen sie begründet sein und Geltung erlangen in einem Zusammenhang, der sich als vernünftig ausweist. In dem Maße, wie der Mensch solche als objektiv geltende Maßgaben zum Grund seines subjektiven Handelns macht und dementsprechend nach Grundsätzen handelt, die er sich durch eigene Vernunft selbst gegeben hat, gewinnt er als *Person* moralischen Wert und besitzt er einen *Charakter*. Daß der Maßstab des sittlichen Handelns nicht im

---

[2] Marian Heitger: Das Allgemeine der allgemeinen Pädagogik, in: Vierteljahrsschrift für wissenschaftliche Pädagogik, 75 (1999), S. 1-11; Zitat auf S. 2.

[3] Lutz Koch hat sich, so weit ich sehe, als erster in aller Breite und Tiefe mit diesem fundamentalen Problem bei Kant auseinander gesetzt, und zwar in seinem jüngsten Buch: Kants ethische Didaktik, Würzburg 2003.

Faktischen aufgesucht werden kann, liegt daran, daß das, was sein soll, anders zu denken ist als das, was ist. Bei Marian Heitger heißt es dazu mit unüberbietbarer Deutlichheit hinsichtlich des logischen Ortes pädagogischer Prinzipien: „Ihr logischer Ort kann nach allem nur im Bereich des Apriori gefunden werden."[4]
Diese kategorische Festlegung führt auf der einen Seite zu einer folgenreichen Einengung des Lernbegriffs, aus dem sowohl die sinnliche Wahrnehmung, das Aneignen von Informationen und Kenntnissen als auch das Erlernen von Fertigkeiten herausfallen; auf der anderen Seite treibt sie die Zuspitzung auf das Allgemeine weiter voran. So heißt es dann, dieses Allgemeine mit der Marian Heitger eigenen apodiktischen Schärfe näher bezeichnend, in dem Text 4.2 in diesem Band: „Wer überhaupt von Pädagogik spricht, muß von der Überzeugung ausgehen, daß die Menschen nicht so sind, wie sie sein sollten; und so, wie sie sein sollten, sind sie nicht. Er muß davon ausgehen, daß der Mensch in seinem Gewordensein nicht das Ergebnis biologischen Wachsens und auch nicht das Ergebnis gesellschaftlicher Determination ist. Der Mensch muß sich selbst zu dem machen, der er ist. Der Mensch existiert in der Weise, daß er sich zu sich, zu seinem Mitmenschen, zu Umwelt und Natur verhalten muß. Er weiß um sich und um diese Notwendigkeit, die ihm damit zur Aufgabe wird."
Dieses beständige Insistieren auf dem Allgemeinen der Pädagogik dient Marian Heitger als Waffe im Kampf gegen alle Instrumentalisierungen von Erziehung und Unterricht für Zwecke, die nicht im Menschen selbst als Person gründen. Dazu heißt es in dem bereits zitierten Vortrag: „Die Notwendigkeit von allgemeiner Pädagogik ist begründet in ihrer Parteinahme für Bildung; sie ist bleibender Protest gegen politische, wirtschaftliche und sonstige Indienstnahme. Das ist kein Telos im Sinne von festgefügtem Menschenbild, sondern Forderung des Denkens selbst, sofern ihm die Möglichkeit von Re-

---

[4] Marian Heitger: Über den Begriff der Normativität in der Pädagogik, in: Neue Folge der Ergänzungshefte zur Vierteljahrsschrift für wissenschaftliche Pädagogik, Heft 4, Bochum 1966, S. 37.

flexion, vom Denken des Denkens nicht genommen werden kann. Notwendigkeit und Möglichkeit von allgemeiner Pädagogik haben ihren Grund deshalb nicht in einem dubiosen oder Herrschaft ausübenden Allgemeinen, sondern in der Art unserer Vernunft als Reflexion."[5]

Die unbeirrbare Konzentration auf das Allgemeine der Pädagogik dient Marian Heitger auch dazu, mit aller Kraft gegen jegliche Festlegung von Erziehung und Unterricht auf ein bestimmtes Menschenbild anzufechten. Dieser Gefährdung der Pädagogik sucht er dadurch zu wehren, daß er die anthropologische Frage betont offen hält, und er exemplifiziert das mit besonderer Leuchtkraft am Problem der Menschenrechte, die als Rechte der menschlichen Person diese gerade nicht in das Gitter eines festen Menschenbildes einsperren, sondern ihre Selbstgestaltung in Freiheit, aus Vernunft und in sprachlicher Kundgabe gewährleisten wollen: „Die Konsequenz ... ist die Verpflichtung, die Bestimmung des Menschen formal zu halten, eine Bestimmung so zu definieren, die Platz läßt für die unendlich vielfältigen Möglichkeiten, wie ein menschliches Leben sich sinnvoll entwerfen kann."[6]

Spätestens mit diesem Zitat haben unsere Überlegungen jenen zentralen Punkt erreicht, an dem sich alle pädagogischen Gedanken Marian Heitgers wie in einem Brennglas versammeln und der auch den Titel dieses Bandes nahegelegt hat: der Gedanke der *Bildung als Selbstbestimmung*.

Dieses Thema wird in der deutschen Gegenwartspädagogik vorwiegend unter dem bereits zu einem Schlagwort verkommenen Begriff der Selbstverwirklichung erörtert, wobei dieser Begriff sich bisweilen als ausgesprochen schwammig erweist und die verschiedensten Vorstellungen und Zielsetzungen aufnehmen kann. Ganz offensichtlich knüpft diese inflatorische Verwendung des Terminus nicht an Begriffsfassungen an, wie sie uns aus der Geschichte des abendländischen Denkens geläufig sind: Weder mit Hegels Idealismus und seiner systema-

---

[5] Marian Heitger: Das Allgemeine der allgemeinen Pädagogik, in: Vierteljahrsschrift für wissenschaftliche Pädagogik, 75 (1999), S.10.
[6] Marian Heitger: Systematische Pädagogik – wozu? Paderborn 2003, S. 52.

tischen Auslegung des Weltprozesses, in dem der Geist zum Bewußtsein der mannigfachen Gestaltungen seiner Gegenstände und schließlich seiner selbst gelangt und zu dem wird, was er am Ende dieses Prozesses ist, haben diese modischen Varianten der Selbstverwirklichung etwas gemein, noch mit der von der Antike über die deutsche Mystik in den zeitgenössischen Personalismus überkommenen ethisch-pädagogischen Maxime des „Werde, der du bist", und erst recht mit der existenzphilosophischen Aufforderung eines Jaspers und Heidegger, eines Marcel und Mounier zur Eigentlichkeit und zu selbsteigener Übernahme und Gestaltung des Geschicks haben die heutigen Promulgatoren der Selbstverwirklichung wenig im Sinn.[7]

Im *Problem der Selbstverwirklichung* geht es um die polare Spannung zwischen anthropologisch Vorgegebenem und der Freiheit der menschlichen Person. Je nachdem, welchem der beiden Faktoren der Primat eingeräumt und das größere Gewicht zugesprochen wird, lassen sich drei miteinander konkurrierende Modelle von Selbstverwirklichung unterscheiden. In einem ersten, das sich als das *experimentelle Modell* beschreiben ließe, wird alles Vorgegebene negiert und von der grundsätzlich unbegrenzten Freiheit (zumindest als Postulat) des Menschen ausgegangen, der sich selbst entwirft. Der Mensch ist, wozu er sich macht, und nur im Tod siegt die Faktizität über die Freiheit. Auf eine griffige Formel gebracht: die Existenz geht der Essenz voraus; der Mensch muß sein eigenes Wesen schaffen; indem er sich in die Welt wirft, in ihr leidet, in ihr kämpft, definiert er sich allmählich; und erst am Ende eines Lebens läßt sich sagen, wer dieser bestimmte Mensch gewesen ist, wie sich auch erst am Ende der Geschichte ein abschließendes Urteil über die Menschheit fällen lassen wird. Diese Formulierungen verweisen unverkennbar auf Jean-Paul Sartre, und in der Tat könnte dieser als der hervorragende Vertreter dieses experimentellen Modells bezeichnet werden. Pädagogik löst sich

---

[7] Eine lehrreiche Analyse dieser Debatte liefert Giuseppe Flores d'Arcais: Quale l'umanitá dell'uomo nel postmoderno? In: Nuove Ipotesi, 8 (1993), S. 241-279.

angesichts der absolut gesetzten Freiheit des Menschen und seinem Zwang zur Wahl des eigenen Lebens entweder auf, oder sie gerät zur bloßen Perturbation bzw. Provokation; sie verliert ihre Stetigkeit und greift zu unstetigen Formen.[8]

Ein zweites Modell betrachtet das Selbst als etwas substantiell Vorgegebenes, das mit innerer Vorherbestimmtheit (Teleologie) nach Selbstverwirklichung drängt, und es könnte daher als ein *substantielles Modell* bezeichnet werden. Analog dem naturhaften Vorgang von der Knospe zur Blüte, vom Samen zur Pflanze und vom Kern zum Baum wird die Selbstverwirklichung des Menschen als die Selbstentfaltung einer biologisch begründeten inneren Natur gedacht, und diese Phänomenologie der eigenen inneren Biologie zielt auf die möglichst „natürliche", d.h. gesunde Entwicklung des Individuums. Dieser teleologische Naturalismus wird heute vor allem von der sog. Humanistischen Psychologie, am prägnantesten gewiß von Abraham H. Maslow, vertreten und motivationspsychologisch ausgelegt. Maria Montessori hat dieses Verständnis von Selbstverwirklichung physikotheologisch untermauert und in einen kosmisch-evolutionstheoretischen Rahmen gestellt.[9] Die Freiheit des Menschen schrumpft in diesem Modell auf bloße Entwicklungsfreiheit zusammen, und ein gelungenes Leben hängt davon ab, wie ungetrübt und wie uneingeschränkt der Mensch dem Drang seiner inneren Natur folgen kann. Die Pädagogik nimmt eher einen Beobachterstandpunkt ein, und die Erziehung gewinnt den Charakter einer begleitenden, nicht jedoch führenden oder gar gestaltenden Entwicklungshilfe.

Ein drittes Modell setzt anthropologisch Vorgegebenes und die Freiheit des Menschen in ein polares Spannungsverhältnis und könnte daher als das *dialektische Modell* beschrieben werden. Das Selbst der Selbstverwirklichung wird sowohl als Subjekt als auch zugleich als Objekt gedacht: Der Mensch als Urheber seiner Verwirklichung ist prinzipiell frei; er gestaltet sich

---

[8] Siehe dazu Ulrich Wehner: Pädagogik im Kontext von Existenzphilosophie, Würzburg 2002.

[9] Siehe dazu neuerdings Birgitta Fuchs: Maria Montessori. Ein pädagogisches Porträt, Weinheim 2003.

in konkreten Wahlen und Entscheidungen unter den raumzeitlichen Bedingungen seiner Existenz als Objekt und wird, indem er sich von Situation zu Situation selbst bestimmt, immer mehr dieser bestimmte Mensch. Romano Guardini hat in seiner Phänomenologie der menschlichen Person als deren konstitutives Prinzip die Dialektik von Statik und Dynamik („Bau" und „Akt") herausgearbeitet und zum Ausgangspunkt seiner Pädagogik gemacht: die Bildung des Menschen vollzieht sich in der Spannung zwischen der Annahme seiner selbst und der freien Selbstgestaltung.[10] Paul Ricoeur hat in diesem Zusammenhang auf sehr erhellende Weise zwischen der relativ konstanten *idem*-Identität (seiner physischen Existenz und seines Charakters) und der fluiden *ipse*-Identität des Menschen, die sich aus seinen Wahlen und Entscheidungen ergibt und am Ende nur erzählt werden kann, unterschieden.[11] Das pädagogisch Eigentliche wird in diesem Modell genau am Schnittpunkt der beiden Perspektiven angesiedelt und in der grundsätzlichen und unaufhebbaren Spannung zwischen Selbstsein und Selbstwerden erblickt. Statt von Selbstverwirklichung – der Begriff ist nur dem zweiten Modell wirklich angemessen – ist in diesem dialektischen Modell besser und treffender von *Selbstbestimmung* die Rede. Die Pädagogik kommt im Horizont dieses Modells zu sich selbst; sie bewegt sich in dem antinomischen Geflecht von Identität und Veränderung, Selbstbestimmung und Führung, Theorie und Praxis, Abhängigkeit und Unabhängigkeit und nimmt unausweichlich einen dialogischen Charakter an. Der Gedanke der pädagogischen Führung wird faßbar, indem die Hilfe zur Selbstbestimmung als ein *argumentativer Dialog* gedacht wird, wenn dieser Dialog nur weit genug gefaßt wird, alle Seiten der menschlichen Person einbegreift und nicht nur auf einen rationalen Appell an die Vernunft eingeengt wird.

Diesem dialogischen Verständnis von Selbstbestimmung ist Marian Heitgers Pädagogik von Grund auf verpflichtet, und

---

[10] Siehe dazu Günther Henner: Die Pädagogik im Denken Romano Guardinis, Paderborn 1990.
[11] Siehe dazu Paul Ricoeur: Das Selbst als ein Anderer, dt. München 1996.

sie könnte – wie es der Titel dieses Bandes nahelegen will – in seinem Sinne sogar als der Inbegriff von Bildung verstanden werden. Erziehung erweist sich dann als *die im Dialog geleistete Hilfe zur Selbstbestimmung*, d.h. zu einem immer selbständigeren und immer begründeteren Für-wahr-Halten, Für-gut-Halten und Für-schön-Halten und zu einem in situativen Wahlen und Entscheidungen selbstgestalteten Leben gemäß vernünftigen, geglückten und schönen Grundsätzen.

Eine auf solchem Boden erwachsene pädagogische Theorie muß sich auf prinzipielle Orientierung beschränken, und sie höbe sich selbst auf, wenn sie zur Formulierung von Handlungsrezepten und konkreten Anweisungen fortschritte. Marian Heitgers Pädagogik kann daher kaum ein ärgerlicheres Mißverständnis passieren, als wenn man sie in dem vordergründigen Sinne als eine „normative Pädagogik" ansehen würde, die das konkrete erzieherische und unterrichtliche Handeln „normieren", d.h. gebieterisch vorschreiben wolle. Genau das Gegenteil ist der Fall: Sie will auf die Normativität des Normativen hinweisen und vor der Verödung der Pädagogik warnen, die immer dann droht, wenn sich diese der (mehrfältigen) anthropologischen Besinnung auf die Person und der teleologischen Reflexion auf das Ziel der Selbstbestimmung entschlägt und zur (einfältigen) Methodik wird, mit anderen Worten: wenn sie aus der Höhe einer *Bildungsidee* herabsteigt und sich mit einem bloßen *Bildungsprogramm* begnügt. „Pädagogische Theorie im Prinzip des Dialogs führt zu einer Praxis, deren Absicht auf das reflexive Selbstverständnis der Person gerichtet ist. In ihr findet der Gedanke der Einmaligkeit sein Recht. ... Im Prinzip des Dialogs führt Theorie in der Praxis nicht zur Gleichschaltung, zur Monotonie, in der der andere keinen Bestand hat."[12]

Wir haben eingangs von der bleibenden Aktualität von Marian Heitgers Pädagogik gesprochen. Eine abschließende Bemerkung mag das damit Gemeinte verdeutlichen. Großen Erziehern und Lehrern (also den Praktikern) gebührt Anerken-

---

[12] Siehe dazu den Text 4.1 in diesem Band.

nung und Respekt; ihre Leistungen verblassen jedoch oft sehr rasch im Dämmerlicht der Geschichte. Großen Pädagogen (also den Theoretikern der Erziehung) hat die Geschichte anders zu begegnen. Ihre Ideen bleiben in dem Maße *aktuell*, als sich jede Gegenwart mit ihnen neu auseinandersetzen und sie sich kritisch aneignen muß.

Dieser kritischen Auseinandersetzung mit Marian Heitgers Pädagogik will der vorliegende Sammelband mit einigen seiner wichtigsten Aufsätze dienen. Wenn der geneigte Leser und die wohlwollende Leserin dadurch zu einem eigenständigeren und begründeteren pädagogischen Denken angeregt werden könnten, läge das ganz im Interesse der beiden Herausgeber, erst recht aber wohl im Interesse des Autors der hier präsentierten Texte.

1. Selbstbestimmung oder Ende des Subjekts?

1.1 Selbstbestimmung als regulative Idee der Bildung

I.

In der gegenwärtigen Pädagogik gilt Selbstbestimmung als unverzichtbar für das Verständnis von Bildung. Das Freiheitspathos der Aufklärung hat dieser Auffassung ihr besonderes Gewicht gegeben. Selbstbestimmung und Autonomie des Subjekts gelten als Schutz gegenüber staatlicher Unterdrückung, als Widerspruch zur Diktatur. Personale Selbstbestimmung wird zum Inbegriff jener Grundrechte, die dem Menschen seiner Natur nach zukommen, die unabhängig von gesetztem Recht anzuerkennen sind, die ihre Berechtigung auch nicht von einer demokratischen Mehrheitsentscheidung herleiten.

Dieses Programm moderner Pädagogik zum Bildungsbegriff kann sich auf eine lange Tradition berufen, die einen ersten Höhepunkt im kritischen Fragen des *Sokrates* gewinnt, es hält sich durch bei *Augustinus, Cusanus, Leibniz* – um nur einige zu nennen – und findet seine besondere Ausprägung im kantischen kategorischen Imperativ, nach dem kategorisch, d. h. unbedingt und ausnahmslos, der Mensch, d. h. jeder Mensch auch als Zweck seiner selbst zu achten sei. Die daraus sich ergebende Forderung hat *Kant* in seinen programmatischen Aussagen zur Aufklärung festgehalten: Der Mensch solle aus seiner

---

[1] Vgl. *Kant*: Beantwortung der Frage: Was ist Aufklärung? In: Kant-Werke, Bd. 9, Darmstadt 1968, S. 51 ff.

„selbstverschuldeten Unmündigkeit heraustreten"; er solle die Mühe des Selber-Denkens nicht scheuen, solle den Mut zur eigenen Meinung aufbringen und von seiner Vernunft selbständigen und öffentlichen Gebrauch machen.

Heute, vor allem in Erinnerung an den Mißbrauch des Menschen durch politische, wirtschaftliche oder ideologische Macht, wird das Prinzip der Selbstbestimmung als unverzichtbar angesehen und fast inflationär gebraucht. Dabei wird leicht übersehen, daß mit ihr der Pädagogik eine außerordentliche Problematik erwachsen ist. Sie betrifft zum einen die im Begriff der Bildung als Selbstbestimmung gelegenen Fragen; sie betrifft zum anderen jene Fragen, die sich der pädagogischen Führung stellen, wenn deren Absicht Selbstbestimmung sein soll.

II.

1. Wer von Bildung als Selbstbestimmung spricht, der darf nicht übersehen, daß gerade sie unter den gegebenen Bedingungen gegenwärtigen Lebens weder besonders gefragt noch besonders gefördert wird. Die Soziologie gibt vielfach darüber Auskunft, daß der Mensch in ein enges Geflecht gesellschaftlicher Funktionen und Notwendigkeiten eingebunden ist. Gesundheit und Altenfürsorge, Wohlfahrt und Verkehr, Beruf und Wirtschaft, Kultur und selbst Religion sind geplant und organisiert; über das Individuum muß verfügt werden, damit das System funktioniert. Von Selbstbestimmung kann, so scheint es, in dieser engen Vernetzung nur noch in sehr bedingtem Maße die Rede sein. Je mehr die Wissenschaften fortschreiten, je mehr die Aufgaben in dieser Welt spezialisiert werden, damit technisch-ökonomischer Fortschritt nicht unterbrochen werde, desto mehr muß das Handeln des Menschen funktionalisiert werden, hat sich der Mensch objektiv gegebenen Forderungen anzupassen. Rationalisierung und Spezialisierung läßt dem Menschen kaum die Möglichkeit zu wirklicher Selbstbestimmung. Wenn dennoch in Pädagogik, Soziologie und Politikwissenschaft andauernd und mehr denn je von Selbstbe-

stimmung und Autonomie des Subjekts die Rede ist, so muß man eher befürchten, daß Selbstbestimmung zum Überbauphänomen degeneriert und die wirkliche Situation verschleiert werden soll, damit das Bewußtsein der Zwänge und Nötigungen, denen das Dasein heute unterworfen ist, verhindert werden soll.

Um so mehr muß sich die Frage aufdrängen, ob und wie Bildung und Selbstbestimmung zusammengedacht werden können bzw. zusammengedacht werden müssen. Ohne eine differenzierte Bildungstheorie zu entfalten, kann doch soviel gesagt werden: Von Pädagogik, d. h. von der Aufgabe der Bildung reden wir, weil der Mensch nicht so ist, wie er sein könnte und sollte; und wie er sein soll, ist er nicht. Das Menschsein ist dem Menschen aufgegeben, sein Sein ist ihm Aufgabe. Diese Aufgabe kann nur von ihm selbst wahrgenommen werden, sie ist nicht delegierbar; vielleicht können andere helfen, anregen, auffordern, ermuntern. Das Bilden ist immer ein Sich-Bilden. So wie ich mein Menschsein nicht an andere abtreten kann, so auch nicht meine Bildung. Sie bleibt an die je meinige Aktivität gebunden.

Bildung als Selbstbildung meint aber vor allem dies: Bildung steht nicht im Dienst gesellschaftlich-ökonomischer Verwertung; sie betrifft eben das Menschsein als Zweck seiner selbst. Bildung ist nicht Mittel für einen vorgegebenen Zweck außerhalb des Anspruches, der zu werden, der man immer schon ist.

Bildung bestimmt sich durch das Menschsein selbst. Deshalb kann sie auch nicht auf bestimmte Inhalte des Wissens oder bestimmte Weisen und Formen des Verhaltens festgelegt werden. Bildung betont Aufgabe und Möglichkeit, daß der Mensch in allem, was er denkt, was er will und tut, was er empfindet und fühlt; sich in seinem Menschentum bewähre. Insofern gilt der Anspruch der Bildung als Selbstbestimmung universal. Kein psychischer Vollzug kann von ihm ausgenommen sein. Aber auch kein Mensch kann und darf von diesem Anspruch ausgeschlossen werden. Er gilt für jeden Menschen, für alle Lebenslagen, für das gesamte Leben von der Geburt bis zum Tode.

Die in diese Aussagen über Bildung und Selbstbestimmung eingeschlossenen Forderungen an die Pädagogik sind von unhintergehbarer Unbedingtheit; gemeint ist die radikale Forderung, aus dieser Bildungsaufgabe niemanden auszuschließen, weder den Behinderten noch den Kranken; sie gilt für jeden Menschen ohne Rücksicht auf Rasse oder Nation, auf Alter oder Geschlecht. Für sie alle bleibt Selbstbestimmung als Bildung gefordert. Um so deutlicher stellt sich die Frage, ob Selbstbestimmung nicht ein frommer Wunsch, ein Widerspruch in sich und damit eine verschleiernde Ideologie ist.

Die Frage stellt sich in zweifacher Weise: einmal angesichts eines möglichen Widerspruches, wie er im Wort Selbst-Bestimmung das Denken provoziert; zum anderen in der Frage nach der realen Möglichkeit angesichts der Geschichtlichkeit und Beschränktheit des konkreten Menschseins.

Wer im Anspruch der Bildung von Selbstbestimmung spricht und mit ihr nicht ein leeres Wortspiel meint, wer Selbstbestimmung als einen radikalen, mit den zufälligen Neigungen und Bedürfnissen nicht schon übereinstimmenden Auftrag sieht, der muß nach dessen Inhalt und Autorität fragen. Der Voraussetzung nach kann damit nur das Selbst gemeint sein. Aus diesem erwächst der Auftrag, dieses, d. h. es selbst zu realisieren. Das Selbst ist Auftraggeber und Beauftragter in einem. Das zu denken, macht Schwierigkeiten, weil absolute Selbstgesetzgebung orientierungslos zu sein scheint.

Jean Paul *Sartre* hat diese scheinbare Antinomie beim Namen genannt, indem er für die Autonomie des Subjekts, für dessen Freiheit jede Orientierung, vor allem jede religiöse Bindung und damit die Existenz Gottes verneint. Wenn es einen Gott gäbe, so – verkürzt gesagt – müßte er den Menschen geschaffen haben. Wenn Gott den Menschen schafft, so tut er es nach seinem Bilde. Dieses Bild muß für den Menschen imperativen Charakter haben, sodaß wirkliche Freiheit und Autonomie gar nicht möglich sind. Allerdings muß er diese Freiheit in Kauf nehmen, ohne daß sie Orientierung leisten könnte. Sie gerät in Gefahr, zur totalen Hilflosigkeit des Wollens zu pervertieren, oder Selbstbestimmung gerät in Gefahr, zur willkürlichen Beliebigkeit zu entarten.

Gerade das aber kann nicht gemeint sein, wenn Selbstbestimmung im Sollen der Bildung angesprochen wird. Von Selbstbestimmung kann nur geredet werden, wenn in diesem Selbst das Maß der Bestimmung gegeben und aufgegeben ist. Die Maßgeblichkeit des Selbst ist einerseits nicht zu leugnen, darf andererseits aber nicht zum Vorwand für Egoismus und Macht, Willkür und Unmäßigkeit genommen werden. Die Maßgeblichkeit des Selbst ist keine beliebige Größe, wenn sie für das Menschsein bestimmenden Charakter haben will. Das schließt sowohl ein Wissen um das Gesollte des Menschseins als auch die Möglichkeit, diesem Wissen folgen zu können, mit ein.

Selbstbestimmung ist im Verwiesensein auf Maßgeblichkeit an Bewußtsein und Freiheit gebunden. Bewußtsein ist nicht einfach identisch mit Wissen; es ist die Möglichkeit, vom Wissen ein Wissen zu haben, es ist die Möglichkeit, das Wissen auf sein Wahrsein zu befragen; und Freiheit ist nicht Willkür, sondern die Möglichkeit, sich vom Wissen des Gesollten leiten zu lassen. Bewußtsein ist an die „leitende Beziehung auf Wahrheit", das Wollen an die leitende Beziehung auf das Gute gebunden. Erst unter dieser Voraussetzung kann sinnvoll von Selbstbestimmung gesprochen werden.

Diese Voraussetzung als transzendentales Apriori muß jedem Menschen zugedacht werden. Wenn aber Selbstbestimmung als Prinzip für alle Menschenbildung behauptet wird, dann muß sich der pragmatische Einwand melden, daß sie doch wohl kaum für das Kind, den Geistigbehinderten gelten dürfe, da Selbstbestimmung immer schon einen gewissen Grad von Vernunft und gutem Wollen voraussetzt; andernfalls muß man befürchten, daß mit ihr eine unerfüllbare Forderung erhoben wird und die Gefahr des Scheiterns vorprogrammiert scheint.

Dem Einwand ist Rechnung zu tragen mit dem grundsätzlichen Hinweis, daß zwischen Prinzip und seiner konkreten Verwirklichung unterschieden werden muß. Das Prinzip kann nicht zum Fall werden. Es gibt hochwertige Erfüllungen des Prinzips in beispielhaftem Gelingen. Aber auch für sie gilt das Kennzeichen menschlichen Stückwerks, nie erreichter Vollkommenheit. Das hebt den Anspruch des Prinzips nicht auf, bedeutet keine Relativierung der Forderung; das definiert den Menschen vielmehr in seiner Geschichtlichkeit und definiert diese als andauernde Aufgabe. Die Forderung der Selbstbestimmung ist ebenso unbeendbar wie die der Bildung. Die „Zumutung" von Selbstbestimmung hat diesem Rechnung zu tragen. Ihr Anspruch bleibt grundsätzlich unantastbar; seine Konkretisierung, was dem Menschen als Selbstbestimmung hier und jetzt möglich ist oder zugestanden werden kann, ist von Fall zu Fall im Verstehen der jeweiligen Individuallage zu entscheiden.

2. Damit gerät die Überlegung bereits in den zweiten Problemzusammenhang, der sich angesichts des Prinzips der Selbstbestimmung für alle Pädagogik, sofern sie praktisch sein will, stellt: Es ist die Frage nach der Möglichkeit von pädagogischer Führung überhaupt. Sie ist deshalb von besonderer Brisanz, weil Führung zu ihrer eigenen Absicht – nämlich Selbstbestimmung – in Widerspruch zu stehen scheint. Wie soll eine pädagogische Führung möglich sein, die einerseits Einfluß nehmen will, die eine bestimmte Absicht verfolgt, die aber andererseits dem Prinzip der Selbstbestimmung nicht nur im Wege sein darf, sondern sie ausdrücklich fördern soll? Um die Frage differenzierter deutlich zu machen: Wie ist eine pädagogische Führung als Unterricht bzw. Lehre möglich, die dem Lernenden nicht das Wissen vorschreibt, sondern Lernen als Selbstbestimmung zur Absicht haben kann? Wie ist eine pädagogische Führung als Erziehung möglich, die nicht zur Anpassung nötigt, die nicht ein bestimmtes Verhalten bewirken will, sondern das Handeln in Selbstbestimmung zur Absicht haben soll?

Soviel dürfte in negativer Abgrenzung zunächst klar sein: Dem pädagogisch gemeinten Unterricht unter dem Prinzip der Selbstbestimmung ist nicht gedient, wenn der Lernende zum Sammeln von Kenntnissen genötigt wird; pädagogisches Lehren kann sich nicht mit der Absicht zufriedengeben, vorgetragenes Wissen reproduzieren zu lassen. Von Selbstbestimmung und wirklichem Wissen kann nur die Rede sein, wenn der Geltungsanspruch, der mit jedem Wissen unabdingbar gegeben ist, von der Vernunft des Wissenden selbst geprüft ist. Pädagogisch gemeintes Lernen ist nur unter der Bedingung möglich, daß der Erwerb von Wissen an den Erkenntnisakt gebunden ist. Lehren ist Führung der Erkenntnis. Wenn diese durch jene nicht aufgehoben werden oder behindert werden soll, dann muß sie sich an die prüfende Vernunft wenden; nicht indem sie ihr das Geschäft der Prüfung abnimmt, sondern sie darin bestätigt, sie zu eigener Aktivität nötigt, sie in ihrer Aktivität vor Irrtümern und Scheinergebnissen, Irrwegen und Vorurteilen bewahrt.

Lehren ist Appell an die Vernunft, verbunden mit dem Angebot, bei Schwierigkeiten zu helfen, Scheinargumente zu entlarven, Fehlurteile zu vermeiden. Das Lehren ist grundsätzlich verpflichtet, sich an die zu entfaltende Vernunft des Lernenden zu wenden. Diese Form der Interaktion steht unter dem Prinzip des Dialogischen.

Mit dialogischer Führung des Unterrichts als Bedingung der Möglichkeit, die Absicht der Selbstbestimmung zu verfolgen, ist folgendes gemeint: Die Akte des Lehrens und Unterrichtens sind durch ihre Intention auf die Vernunft des Lernenden bestimmt. Diese Intention verpflichtet zur Argumentation, denn nur Argumente sprechen die Vernunft an, fordern sie heraus; in Argumenten aktiviert sich die Vernunft in ihrem Geschäft des Prüfens, Anerkennens, Verwerfens. Wer Lehren bzw. Unterrichten will, muß sich um Argumente bemühen. Meinungen und Stimmungen, willkürliche Behauptungen können zwar Vernunfttätigkeit herausfordern, sie können aber auch verführen, an der Möglichkeit der Vernunft zweifeln zu lassen. Wirkliche Hilfe ist nur im Angebot begründeter Geltungsansprüche möglich.

Lehren und Unterrichten in pädagogischer Absicht setzen Vernunft als Geltungsbindung im Lernenden voraus. Das ist kein weltanschaulicher Dogmatismus, keine irrationale Behauptung, sondern eine notwendige Voraussetzung. Sie ist mit der Möglichkeit von Lehren und Unterrichten in pädagogischer Absicht gesetzt. Wer diese behauptet, muß jene anerkennen. Wer diese leugnet, muß jener das Fundament entziehen oder sie zur Indoktrination und Bevormundung verkommen lassen.

Dieser, unter dem Prinzip des Dialogischen geforderten Führung des Unterrichtsprozesses wird vielfach der Vorwurf gemacht, sie gehe von utopischen, wirklichkeitsfernen Voraussetzungen aus, sie verkenne die Vielzahl der einschränkenden Bedingungen, unter denen das Lehren und Lernen sich tatsächlich abspielt; sie verkenne die konkreten Gegebenheiten des Lernenden und seiner Situation: die emotionalen Behinderungen, vorurteilshafte Verfestigungen, Ängste gegenüber dem Neuen, Verengungen des Bewußtseins, Mißtrauen gegenüber neuen Erkenntnissen, vor allem die vielen positiven und negativen Einflüsse auf den Vernunftgebrauch durch und in der sogenannten Beziehungsebene; man denke an Aggressionen, an das Gefühl von Abhängigkeit, von Unterlegenheit u. a. Diesem Einwand gegenüber ist folgendes festzuhalten: Mit dem Anspruch des Dialogischen im Unterricht ist keine Beschreibung von Wirklichkeit gemeint, auch nicht das Anpreisen eines Ideals, die Empfehlung eines bestimmten Führungsstiles im Unterricht, sondern ein Prinzip, das unwiderruflich gilt, wenn jenem Handeln eine pädagogische Absicht zukommen soll. Wenn vom Prinzip gesprochen wird, sollte selbstverständlich sein, daß davon das ihm gehorchende Handeln zu unterscheiden ist. Dieses ist immer in eine Fülle empirischer Gegebenheiten als seinen Bedingungen des Statthabens eingebunden.

Keine unterrichtliche Interaktion erreicht das Dialogische in der Weise, daß es mit ihm als Prinzip identisch würde. Vorläufigkeit und Geschichtlichkeit des Handelns wären damit aufgehoben. Alles Lehren muß mit empirischen Gegebenheiten als den Grenzen möglicher Selbstbestimmung rechnen. So wird sich das Unterrichten in Ansehung von bestimmter Individuallage auch manchmal mit dem Merken von Wissensdaten vorläufig zufriedengeben müssen, ohne jedoch die Absicht auf eigene Einsicht im Sinne von Selbstbestimmung aufgeben zu dürfen. So wird der konkrete Unterricht sich um jene emotionale Dimension bemühen müssen, in der man einander unbefangen zuhören kann, ohne zu glauben, damit schon unterrichtet zu haben; so wird der Lehrer sich um eine geeignete Sitzordnung, Gruppengrößen u. v. a. m. kümmern müssen, ohne zu vergessen, daß damit noch keine Einsichten vermittelt werden. Führung des Unterrichts ist ebensowenig rein dialogisch, wie der Mensch in seinem Handeln jemals jene Freiheit erreicht, in der das Prinzip der Selbstbestimmung zur Wirklichkeit würde. Das aber hebt den Anspruch des Dialogischen nicht auf. Seine Forderungen werden nicht relativiert; bei aller Relativität ihrer Erfüllung bleibt der Anspruch radikal.

Das Lehren und Unterrichten muß in jedem Lernenden eine an Geltung gebundene Person im Sinne des Du, im Sinne eines alter ego anerkennen. Dem Du ist das Recht zuzugestehen, mehr noch: in pädagogischer Absicht ist ihm grundsätzlich zuzumuten, Geltungsansprüche zu prüfen. Das bedeutet gleichzeitig, daß Lehrender und Lernender sich um der redlichen Prüfung von Geltungsansprüchen willen voneinander unabhängig zu halten haben, damit jener Anspruch nicht durch Unfreiheiten behindert werde. Der Lehrer muß sich freihalten von Liebedienerei, er muß gleichzeitig dem Lernenden helfen, sich von ihm und seiner Autorität unabhängig zu halten. Er darf seine Autorität nicht zur Bevormundung des Lernenden mißbrauchen, sondern soll im Überschauen des zu vermittelnden Wissens zur Freiheit redlicher Argumentation anleiten. Dialogische Führung mißbraucht die Autorität nicht als Ersatz für Argumentation, sondern erweist sich in der Kompetenz zur Argumentation.

Dialogische Unterrichtsführung versteht sich als argumentative Auseinandersetzung. Je nach Individuallage wird die Vernunft des Lernenden beansprucht, damit sie sich in dieser auf Vertrauen gegründeten Beziehung entfalte, damit im Lernen das Prinzip der Selbstbestimmung seinen Anspruch aufrechterhalten kann. Im Lernen des einzelnen dient der Unterricht dem Allgemeinen der Selbstbestimmung und dadurch dem Allgemeinen der Bildung.

Wenn Selbstbestimmung Prinzip für Bildung ist, dann muß sie auch für das Aufgabengebiet der Erziehung gelten. Erziehung betrifft das Verhalten und die Haltung, die Einstellung und Gesinnung. Wenn von Moralität und Ethik, wenn von der Gutheit einer Handlung überhaupt die Rede sein soll, dann muß sie in Freiheit vollzogen sein. Denn nach einem bekannten Wort der kantianischen praktischen Philosophie gibt es nichts, was uneingeschränkt gut genannt werden könne, als ein guter Wille allein.²

Wenn Erziehung das gute Handeln und die gute Haltung wollen muß, dann stellt sich für sie mit besonderer Radikalität die Frage nach den Bedingungen der Möglichkeit pädagogischer Führung. Dabei geht es nicht um die Vorzüge des einen oder anderen Führungsstils, um pragmatische Erwägungen des Vorteils der einen oder anderen Form der Interaktion. Die Frage ist viel grundsätzlicher gestellt, als Frage nach der Bedingung der Möglichkeit pädagogischer Führung zur Haltung, zum guten Wollen als Ausdruck und Vollzug von Freiheit.

Pädagogische Führung soll Einfluß auf das Handeln, auf Haltung und Gesinnung nehmen, ohne die Selbstbestimmung aufzuheben, sondern im Gegenteil, sie zu aktivieren. Das mutet an wie die Quadratur des Kreises. Denn jede das Handeln steuernde Maßnahme muß ebenso ausgeschlossen werden, wie der Versuch, Haltung durch fremdbestimmende Gewöhnung, durch den nachhaltigen Einsatz von quasi kausal wirkenden Mitteln, durch das Verhängen von Sanktionen oder durch die Zusage von Privilegien zu steuern, damit bestimmte Verhaltensweisen eingehalten werden. Von Erziehung unter dem Prinzip personaler Selbstbestimmung kann nur die Rede sein, wenn das Befolgen eines gesollten Anspruches im Akt der Freiheit erfolgt. Das schließt ein Zweifaches ein. Das Erkennen des Gesollten muß Ergebnis freien, selbständigen Denkens sein; das Befolgen des Gesollten im Handeln muß Ausdruck selbstvollzogener Verbindlichkeit, d. h. Ausdruck der eigenen Freiheit sein.

Erziehung kann kein fremdes Sollen vorschreiben. Die daraus abgeleitete Verpflichtung bleibt Fremdbestimmung. Ohne Sollen kann aber gar nicht von Erziehung und nicht einmal von Selbstbestimmung die Rede sein. M. a. W.: Das verpflichtende, das bindende Sollen muß aus dem Handelnden selbst hervor-

---

² „Es ist überall nichts in der Welt, ja auch nicht außerhalb derselben zu denken möglich, was ohne Einschränkung für gut könnte gehalten werden, als ein guter Wille." *Kant*: Grundlegung zur Metaphysik der Sitten. In: Kant-Werke, Bd. 9, Darmstadt 1968, S. 18.

treten. Wenn es nicht Ausdruck von Beliebigkeit sein soll, dann muß in ihm jenes Sollen gemeint sein, das der praktischen Vernunft innewohnt, das allen Menschen gemeinsam ist. Das bedeutet nicht, daß alle das Gleiche sollen, das bedeutet aber wohl, daß alle unter dem gleichen Sollen stehen. Es kann keine Privatethik geben, keine Sondermoral, die für den einen gilt und für den anderen nicht. Das gleiche Sollen kommt allen Menschen zu: Herrschenden und Regierenden, Lehrenden und Lernenden, Alten und Jungen, Weißen und Schwarzen, Männern und Frauen. Die unseligen Zeiten, wo der einen Rasse gestattet war, was der anderen verboten ist, wo der einen Nation zugestanden wurde, was der anderen versagt ist, sollten endgültig vorbei sein.

Die Gemeinsamkeit des Sollens ist hier deshalb hervorgehoben, weil sie eine pädagogische Führung als Erziehung ermöglicht, die nicht fremdbestimmt, aber auch nicht durch fehlende Orientierung und relativierende Gleichgültigkeit kraftlos und ohnmächtig wird. Das gleiche Sollen stiftet dialogische Führung auch im Felde der Erziehung. Sie kann keine andere Aufgabe haben, als dem Menschen sein Sollen bewußt zu machen und daraus Verbindlichkeit abzuleiten. Erziehung ist insofern dialogisch, als sie im gegenseitigen Gespräch die Geltung des Gesollten aufzuzeigen versuchen muß; sie ist dialogisch, sofern sie Verbindlichkeit als allgemeinverbindliches Prinzip deutlich macht.

Wie der Unterricht Geltungsbindung voraussetzt, so muß für Erziehung das Gewissen als transzendentales Apriori vorausgesetzt werden Erziehung gilt aber nicht dem Gewissen, denn es ist Bedingung der Erziehung, Erziehung gilt dem Menschen und seiner Gewissenhaftigkeit. Der Erzieher tritt nicht <u>an die Stelle des Gewissens,</u> er hilft vielmehr dem jungen Menschen, auf sein Gewissen zu hören, dem vernommenen Anspruch zu folgen. Erziehung muß helfen, sensibel zu werden für den Gewissensanspruch, muß ermutigen, sich dem Anspruch zu stellen. Auch in der Erziehung muß der andere als Du anerkannt werden; auch in der Erziehung müssen Erzieher und Zögling sich voneinander unabhängig halten, um dem Anspruch des Gesollten zu dienen.

1. Selbstbestimmung oder Ende des Subjekts?

Natürlich wird man der dialogischen Erziehung den Vorwurf machen, sie sei utopisch und verkenne die realen Bedingungen des Menschseins und damit auch der Erziehung. Auch für die dialogische Erziehung ist die Beachtung der Individuallage unverzichtbar; auch dialogische Erziehung muß wissen, daß die mit ihr gemeinte Freiheit der Selbstbestimmung immer nur im Stückwerkhaften erreicht wird, daß Freiheit für den empirisch-geschichtlichen Menschen nie in Vollendung möglich ist.

Die Konsequenzen für die Erziehung zeigen sich in der Frage, was hier und jetzt dem Zögling im freien Akt der Selbstbestimmung zugemutet werden kann; was ihm hier und jetzt als Zwang auferlegt werden muß. Wiederum wird dadurch der Anspruch freier Selbstbestimmung nicht aufgehoben, denn Zwang und das Versagen von Selbstbestimmung stehen dennoch unter der Absicht der Freigabe für sie. Alle Formen verfügender Bestimmung von außen stehen unter dem Anspruch, sich überflüssig zu machen, sobald die Gegebenheiten im empirischen Ich das zulassen. Nach Johann Michael *Sailer* wird „das vollständige Prinzip der Erziehung ... in seiner Anwendung auf ein Menschenindividuum diese bestimmten Ansprüche erhalten: vertritt die Stelle der Vernunft an dem Kinde und vertritt sie so lange, bis es den Grad der Vollkommenheit in Entwicklung und Fortbildung seines Wesens, den es nach dem Inbegriff seiner Anlagen, seiner Umgebung und seiner Zeit erreichen kann und soll, wirklich erreichen kann, und so dann die Selbstführung übernimmt".[3]

Alle pädagogische Führung ist in ihrer Hinwendung auf Bildung stellvertretende Führung. Nur in dieser Stellvertretung vermag sie die Absicht auf Selbstbestimmung durchzuhalten. Diese Absicht regiert jeden Akt, selbst den des temporär notwendigen Zwanges, so daß dieser nur unter der Absicht gerechtfertigt ist, sich selbst überflüssig zu machen.

Darin wird die Richtung des dialogischen Prinzips pädagogischer Führung in neuem Zusammenhang deutlich. Dialogi-

---

[3] Johann Michael *Sailer*: Über Erziehung für Erzieher. Paderborn 1962, S. 77.

sche Führung hat sich in ihrer Pädagogizität als interpersonaler Aktvollzug immer an den intrapersonalen Dialog zu richten; sie hat ihn anzuregen, vor Verfestigungen zu warnen; sie hat ihn zu ermutigen, wenn Zweifel und Resignation sich einstellen und der intrapersonale Dialog zu verstummen droht; sie hat zur Korrektur aufzurufen, wenn der intrapersonale Dialog sich mit Vorurteilen zufriedenzugeben droht; sie hat zur Richtungsänderung aufzurufen, wenn der intrapersonale Dialog in eine Sackgasse zu geraten droht.

Die Richtung auf den intrapersonalen Dialog macht Möglichkeit und Grenze pädagogischer Führung deutlich. Ihre Macht besteht in der Kraft des Wahren und Guten, weil sie „keine andere Gewalt kennt als die wehrlose Kraft der Wahrheit".[4]

Ihre Ohnmacht besteht darin, daß sie den intrapersonalen Dialog weder bewirken noch in seinem Vollzug bestimmen kann.

Pädagogik hat in der Freiheit des intrapersonalen Dialogs eine unüberschreitbare Schranke. Allenfalls muß sie ihn stellvertretend führen, wo der Zögling dazu nicht oder noch nicht in der Lage ist. Man denke an den Behinderten, aber auch an „unentwickelte" Mündigkeit beim Kind. Die mit dieser Stellvertretung verbundene Askese und Verantwortung drückt *Sailer* für den Erzieher unter „dem Gesichtspunkt der Religion" so aus: „Mensch, Bild Gottes! vertritt du die Stelle des Vaters der Menschen an diesem Menschenkinde, das er dir anvertraut hat, und vertritt sie so lange, bis es imstande sein wird, das Göttliche unter den Menschen aus eigener Selbstbestimmung wie im Bilde darzustellen."[5]

Im intrapersonalen Dialog stellt sich der Mensch ausdrücklich unter den Anspruch der Wahrheit und des Guten, unter den Anspruch des Logos selbst. Ohne diesen wäre Selbstbetrachtung, wäre Korrektur des eigenen Wissens, wäre der Vorsatz für bessere Haltung nicht möglich; ohne diese Voraussetzung wäre weder sinnvolles Fragen, noch begründetes Wollen

---

[4] Vgl. *Sailer*: A.a.O., S. 13.
[5] *Sailer*: A.a.O., S. 77.

möglich. Deshalb fordert *Sailer* in der Fortführung von *Kant*, daß es nicht genug sei, „den Menschen zu disziplinieren, zu kultivieren, zu zivilisieren, zu moralisieren; er muß auch divinisiert, das heißt hier, zum göttlichen Leben gebildet werden, wenn ihm anders das höchste Leben, das eigentliche Leben im Menschenleben nicht fehlen soll".[6]

Ohne den Richterstuhl des Wahren und Guten im Menschen wäre pädagogische Führung in Unterricht und in der Erziehung nicht möglich. Nur weil der Mensch gemessenes Maß[7] ist, kann er lernen, sich um wahres Wissen zu bemühen. Nur wenn der Lernende als gemessenes Maß anerkannt und vorausgesetzt wird, verkommt der Unterricht nicht zur Indoktrination, verkommt das Lernen nicht zum unkritischen Speichern beliebiger Daten. Nur weil dem Menschen apriori ein Gewissen zugesprochen sein muß, kann der Mensch sich um gute Haltung und gutes Handeln bemühen. Nur weil im Gewissen die Gewißheit des Guten seinen Anspruch unwiderruflich anmeldet, verkommt Erziehung nicht zur Manipulation und Verhaltenssteuerung, muß das Bemühen nicht in einer ausweglosen Dialektik von Anpassung und Widerstand verkommen.

III.

Es war Absicht und Aufgabe dieser kurzen Abhandlung, den Begriff der Selbstbestimmung in Zusammenhang mit dem der Bildung auf seine Berechtigung, seine Voraussetzungen und Konsequenzen hin zu bedenken.

Wegen der Personalität des Menschen ist Bildung nur im Vollzug der Selbstbestimmung möglich, so die Eingangsthese. Es war zu zeigen, daß Selbstbestimmung nur unter der Voraussetzung möglich ist, daß in diesem Selbst eine über bloße Willkür hinausgehende Maßgeblichkeit ihren Anspruch bekundet. Diese Maßgeblichkeit definiert den Menschen in seiner Auf-

---

[6] Vgl. *Sailer*: A.a.O., S. 20.
[7] Vgl. Nicolaus *Cusanus*.

gabenhaftigkeit. Ihm ist sein Menschsein als Aufgabe gegeben. Wer vom Sollen spricht, muß Freiheit und Bewußtsein voraussetzen. Ohne Freiheit tritt an die Stelle des Sollens das Müssen der kausalen Gesetzmäßigkeit. Ohne Wissen um das Sollen verliert Freiheit ihre Orientierung und wird zur beliebigen Willkür. Die Maßgeblichkeit des Selbst ist weder mit einem bestimmten Wissen noch mit einer bestimmten Norm identisch. Sie ist das Maß für die Wahrheit jedes Wissens, sie ist das Maß, die Normativität für alle möglichen Normen, wie sie in Sitte und Brauchtum, in Konvention und Tradition vorliegen.

Die Maßgeblichkeit des Selbst für mögliche Selbstbestimmung gründet in der Geltungsbindung des Menschen. Sie ist auch die Bedingung dafür, daß pädagogische Führung ihre Absicht auf Bildung wahrnehmen kann, daß sie im Prinzip des Dialogischen die Intention auf Selbstbestimmung nicht widerrufen muß, ohne in ohnmächtige Resignation zu verfallen. Pädagogische Führung wendet sich vielmehr an jene Maßgeblichkeit selbst, damit ihr Anspruch bewußt und im Vollzug dieses Anspruchs der Mensch sich in Selbstbestimmung bilde, sein Menschentum entfalte, damit seine Bildung versucht, der zu werden, der er immer schon ist.

Das hier anzusprechende Maß ist weder in gegenständlichem Wissen zu fassen noch als eine Norm unter anderen zu bestimmen. Für die mit dieser Festschrift verbundene Absicht läßt sich folgende Konsequenz festhalten: Die hier angesprochene Geltungsbindung ist für den Begriff der Bildung notwendig, für die Begründung pädagogischer Führung unverzichtbar. Geltungsbindung kann nicht im gegenständlichen Fragen gefaßt und auf gegenständliche Weise bestimmt werden. Sie gilt vielmehr für alle gegenständliche Erkenntnis, sie gilt für alle normativen Entscheidungen, ist in ihrer Apriorität nicht abhängig von einer Einzelentscheidung. Wohl kann der Mensch sich gegen sie entscheiden, er kann versuchen, ihren Anspruch zu negieren, sich um die Maßgeblichkeit nicht zu kümmern, sich gegen sie aufzulehnen. Wenn allerdings von Bildung und Selbstbestimmung, von Pädagogik, von Unterricht und Erziehung sinnvoll, d. h. widerspruchsfrei die Rede sein soll, dann muß jene Geltungsbindung vorausgesetzt werden, die nicht in Zweifel gezogen werden darf, solange man von Bildung und Erziehung spricht. Wer Pädagogik in Theorie oder Praxis betreibt, muß jene Geltungsbindung anerkennen; für sie ist Gewißheit gefordert. Damit ist nicht bequemer Dogmatismus gemeint, sondern die Notwendigkeit einer Metaphysik, die auf das Motiv des Glaubens verweist.

Häufig wird an die philosophisch orientierte Pädagogik, die nach Prinzipien fragt, der kritische Einwand gerichtet, sie bringe nichts für die Praxis; sie biete keine Handlungsanweisungen, lasse den praktisch Tätigen bei seinem schwierigen Geschäft im Stich. Diese Kritik sieht richtig, daß tatsächlich keine konkreten Anweisungen gegeben werden können. Das ist aber kein Nachteil, sondern respektiert die Dignität der Praxis. In ihrer konkreten, je einmaligen Gegebenheit gestattet sie keine Gleichschaltung unter allgemein geltende Regeln. Das gilt besonders für die zu achtende Einmaligkeit des Du im dialogischen Führungsprozeß. Sie ist nicht unaufgeklärter Rest mangelnder Wissenschaftlichkeit, sondern Absicht der Bildung in Selbstbestimmung.[8]

Diese Einschränkung mindert nicht die Bedeutung pädagogischer Theorie. Allerdings bietet sie kein Anwendungswissen für technisches Handeln, sondern Prinzipien, die der Lehrer im Prozeß von Selbstbestimmung für sich verbindlich machen muß, die wie in einem Brennpunkt zusammenfinden in der Achtung und Liebe, die der Erzieher und Lehrer für die ihm anvertrauten Menschen entwickeln muß: „Und die Höhe der Menschheit, die Du erklommen hast, verhält sich wie die Tiefe des Respekts, den du für ein Menschenkind fühlst."[9]

---

[8] Vgl. *Sailer*: A.a.O., mit dem bekannten Satz: „Du sollst nie Ich werden, spricht der weise Erzieher, werde nur ein komplettes Du." Und wenig später schreibt er: „Der Erzieher soll a) keine andere Bildung dem Zögling aufdingen, als die, dessen individuellen Anlagen entspricht, die so anliegt, wie das nasse Kleid dem Leibe, soll b) das Originale, das die Natur in den Zögling gelegt hat, auch in der Bildung desselben hervorleuchten lassen." (S. 79).

[9] *Sailer*: A.a.O., S. 31.

1.2 Das Ende des Subjekts?
Zur pädagogischen Konzeption von Subjektivität

Pädagogik ohne Subjekt; einige Überlegungen zu seiner Unverzichtbarkeit

Alfred *Petzelt* hat in seinen systematischen Überlegungen die „Natur des Ich" als unverzichtbares Fundament der Pädagogik behauptet. Er beginnt z. B. das zweite Kapitel seiner „Grundlegung der Erziehung", in der die Eigenwertigkeit der pädagogischen Fragestellung begründet werden soll, mit der Aussage: „Alle pädagogischen Probleme verweisen auf das Ich."
Dabei geht es nicht „um dieses oder jenes konkrete Ich hier oder da, nicht um Menschen verschiedener Zeitalter und Kulturen in den mannigfachen Lebensumständen, sondern um die Natur des Menschen überhaupt. Sie muß angesetzt werden, wenn sich pädagogisches Verhalten zeigt, sie ist das Gleichbleibende, Zugrundeliegende, was allen Menschen so eigentümlich ist, daß sie in ihm unterrichts- und erziehungsfähig genannt werden können. Es geht um das Ich in seiner Norm, die für alle Zeiten und alle Umstände zu gelten hat."[1]
Petzelt sieht in der Natur des Ich die Bedingung der Möglichkeit von Bildung. Er steht damit in der Tradition pädagogischen Denkens von der Antike bis zur Gegenwart.
Dieser Tradition begegnet die sogenannte „Postmoderne" mit radikaler Kritik, wenn sie vom Tod des Subjekts, von seiner Abschaffung spricht. Die Konzeption einer Pädagogik, die

---

[1] Vgl. A. *Petzelt*: Grundlegung der Erziehung. Freiburg 1954, S. 40.

ihre Grundlegung im Subjekt sieht und dessen Autonomie im „Projekt der Moderne", als Programm der Aufklärung steht, ist nicht gelungen und konnte nicht gelingen: Deshalb ist häufig in Thesen der Postmoderne nicht von einer anderen, abgewandelten Theorie des Subjekts die Rede, sondern von dessen Ende und damit auch vom Ende der durch sie konstituierten Pädagogik. Die folgenden Ausführungen versuchen sich mit dieser postmodernen Kritik auseinanderzusetzen.

In einem ersten Kapitel soll gezeigt werden, daß und warum Pädagogik glaubt, auf eine Theorie des Subjekts verwiesen zu sein. In einem zweiten Gedankenschritt sollen jene Einwände zur Sprache kommen, die eine subjekttheoretische Begründung von Pädagogik und Bildung als überholt und bedenklich erscheinen lassen. Im dritten Teil ist die Frage zu prüfen, ob Pädagogik wirklich auf eine legitimierende Theorie des Subjekts verzichten kann. Der vierte Teil versucht einige Einwände gegen die traditionelle Pädagogik mit ihrem Projekt der Moderne für die Neukonstituierung einer Pädagogik des Subjekts aufzuarbeiten und aufzunehmen.

I.
Zum Begründungsmodus von Pädagogik und Bildung in einer Subjekttheorie

Die von *Petzelt* behauptete These von der Fundierung der Pädagogik in einer allgemeinverbindlichen Natur des Ich hat eine lange Tradition. Zu Beginn der Aufklärung formuliert *Rousseau* gegen die Tendenz seiner Zeit, den Menschen durch Erziehung zu einem brauchbaren Mitglied der Gesellschaft zu machen, den wahren Anspruch der Pädagogik: „,Menschsein' ist die Kunst, die ich ihn (den Menschen) lehren will." HUMBOLDT hatte die Entfaltung des Menschen in Totalität, Universalität und Individualität gefordert. *Kant* ruft den Menschen auf, zu lernen, sich und einen jeden anderen als Zweck seiner selbst zu achten, sich und den anderen nicht zu instrumentalisieren. Von *Fichte* kennen wir den Anspruch in einer merkwürdigen Formulierung, der zu werden, der man immer schon

1.2 Das Ende des Subjekts?

ist. Und aus der klassischen Antike in den platonischen Dialogen wird berichtet, daß *Sokrates* Pädagogik nicht so sehr als Funktionsertüchtigung verstanden habe, sondern ausdrücklich als „Seelenfürsorge" bezeichnet.

In all diesen Aussagen kommt das merkwürdige Verständnis vom Subjektsein zum Ausdruck. Es unterscheidet sich offensichtlich von allem bloß gegenständlichen Sein, weil das Subjekt nicht nur ist, sondern sein Sein dem eigenen Vollzug verdankt.[2] Damit ist nicht gemeint, daß das Subjekt sich selbst in die Welt gerufen, sich selbst erschaffen hat, sondern, daß die Art seines Seins nicht das Ergebnis gesellschaftlicher Determination oder biologischen Werdens ist, sondern Vollzug seiner selbst.

Der Mensch macht sich immer erst zu dem, der er ist. *Petzelt* definierte deshalb die Natur des Ich im Prinzip der Aktivität. Sie ist Bedingung und Möglichkeit von Pädagogik ebenso, wie sie ihre Notwendigkeit begründet. Der Mensch ist sich selbst aufgegeben; die Natur des Ich definiert sich als Aufgabenhaftigkeit. Ohne jene Voraussetzung wäre Pädagogik weder sinnvoll noch möglich. Die Natur des Ich und seine Aufgabenhaftigkeit sind Folge dessen, daß das Ich um sich weiß; daß das Wissen um sich nicht in der Ohnmacht des Sollens verbleibt, sondern, daß dieses Bewußtsein seiner selbst mit dem Prinzip der Freiheit, mit der grundsätzlichen Aktivität, korrespondiert.

Die in der Natur des Ich grundgelegte Möglichkeit und Notwendigkeit von Pädagogik enthält gleichzeitig den Hinweis auf ihr Telos. Der Zweck aller Pädagogik kann dann in nichts anderem bestehen, als daß der Mensch sein Menschsein verwirkliche, so wie es als Inhalt der klassischen Tradition schon angesprochen wurde.

---

[2] In diesem Sinne formuliert Eugen Fink im pädagogischen Verständnis von Existenz: „Der Mensch dagegen verhält sich zu sich selbst, er verhält sich zu seinem eigenen Sein, er ist offen für sich; er ist nicht bloß ‚imperfekt', er ist für sich selber in seiner Imperfektheit aufgetan, er weiß um seine Unvollendetheit und um die Notwendigkeit, sich eine Form in Verfassung zu geben." Grundfragen einer systematischen Pädagogik. Freiburg 1978. S. 53.

Kant hat diese Aufgabe in der bekannten Forderung zum Ausdruck gebracht, daß der Mensch endlich aus seiner selbstverschuldeten Unmündigkeit heraustreten solle, um selbst zu denken, zu urteilen und zu entscheiden. Diese Forderung nach Mündigkeit ist kein unzumutbarer, von außen kommender Auftrag. Er ist viel mehr in der Natur des Menschen gelegen, denn die Natur hat ihn längst von fremder Leitung, von Bevormundung freigesprochen. Deshalb soll der Mensch sich endlich entscheiden, nicht andere für sich denken zu lassen, d. h. gleichzeitig die Faulheit und Bequemlichkeit überwinden, nicht der Feigheit erliegen, sondern seine Meinung öffentlich vertreten. In diesem Anspruch scheint die Pädagogik ihre unüberholbare Absicht gefunden zu haben. Diese Bestimmung der Pädagogik erfüllt verschiedene Bedingungen, die in rationaler Begründung Geltung beanspruchen:

– Das aus dem Subjektsein des Menschen gewonnene Telos der Pädagogik erhebt den Anspruch, für alle Menschen zu allen Zeiten gelten zu können. In ihm seien alle Formen rassischer oder nationaler und auch alle anderen Arten von Diskriminierung überwunden; alle Aussonderungstendenzen werden hinfällig.
– Dieses Ziel ist unabhängig von gesellschaftlichem Wollen; es entzieht sich dem Verfügungsanspruch gesellschaftlicher Macht, es widersteht der permanenten Versuchung gesellschaftlichen Wollens, mit Hilfe der Pädagogik die Menschen für gesellschaftliche Zwecke zu instrumentalisieren.
– Jenes Ziel wird dem Menschen nicht ‚von außen' aufgenötigt – und das scheint besonders beachtenswert –, sondern ergibt sich aus seiner Natur selbst.
– Weil Erziehung und ihr Ziel in der Natur eines jeden Menschen angelegt ist, gewinnt Pädagogik die Möglichkeit, das pädagogische Verhältnis zwischen Lehrer und Schüler bzw. Erzieher und Zögling nicht als Ausdruck partikulärer Machtinteressen zu sehen, sondern als Auftrag des Menschseins selbst. Denn die Ansprüche der Pädagogik sind nicht solche eines Willkürwillens, eines subjektiven Interesses, sondern sind die Ansprüche des Menschen selbst, weil sie sich aus der Natur seines Menschseins ergeben. Pädagogi-

sches Handeln findet ihre Legitimation in der Orientierung am Subjekt selbst.

In der allen Menschen gemeinsamen Natur begründet sich seine Bildsamkeit. In dieser wird die apriorische Bestimmung des Menschseins deutlich. Sie artikuliert einen universalen Anspruch, der die gesamte Lebenspraxis des Menschen bestimmt. Bildsamkeit definiert das Subjektsein, sie gilt für jeden, sofern er Mensch ist. Sie stiftet pädagogische „Solidarität".

Insofern und zusammenfassend sagt die klassische Pädagogik bis hin zur Aufklärung:

Das Subjektsein des Menschen begründet die Notwendigkeit und Möglichkeit von Pädagogik. Sie entreißt das Sich-Bilden der Willkür und Beliebigkeit. Sie entzieht das intersubjektive Handeln in seiner Intention auf Bildung dem Verfall an Herrschaft und Willkür. Sie zeigt ihre Möglichkeit als Selbstbestimmung, als Befreiung von Vorurteilen, von Borniertheiten; von unreflektierten normativen Einschnürungen. Sie setzt den Menschen in seine Rechte von Freiheit und Mündigkeit gegen Bevormundung. In all diesen Bestimmungsmomenten zeigt sich das Programm der Moderne, wie es auch ihrem politischen Selbstverständnis von Demokratie, von umfassender Selbst- und Mitbestimmung entspricht.

Angesichts der Erfahrung von Diktatur, Unterdrückung und Bevormundung scheint es selbstverständlich, daß jene auf das Subjekt und seine Autonomie verweisende Pädagogik zum gesellschaftlichen Programm hochstilisiert wurde. Der Fortschritt der Wissenschaften, insbesondere der der Sozialwissenschaften fungiert als Erfüllungsgehilfe. Der neue, aufgeklärte, selbständige Mensch scheint bzw. schien nicht mehr als Utopie, sondern als bald erreichbares Ziel, insbesondere dann, wenn es gelingen würde, jene gesellschaftlichen und materiellen Bedingungen zu schaffen, unter denen sich etwa im Programm der Emanzipation das autonome Subjekt quasi mit Sicherheit herbeiführen ließe.

II.

Dieser Optimismus hat sich als utopisch und leichtsinnig erwiesen, und nicht nur das, er scheint auch gefährlich. Im Umschlagen von pädagogischer Theorie in ein gesellschaftspolitisches Programm pervertiert die wohlmeinende Absicht in verordnete Bevormundung, Autonomie degeneriert zur Zwangsbeglückung.

Postmodernes Denken sieht diese Gefahr nicht in einem zufälligen und korrigierbaren Fehler bei der praktischen Umsetzung von Pädagogik, sondern in einem ihr immanenten Widerspruch, der an verschiedenen Beispielen aufgezeigt werden kann. Der Grund für diese Widersprüche ist das in der Theorie des Subjekts gelegene Dilemma, das nur durch dessen Abschaffung beseitigt werden kann. Die These vom Tod des Subjekts stellt deshalb nicht mehr die Frage nach einer anderen Pädagogik, sondern behauptet ihr Ende.

Die postmoderne Theorie vom notwendigen Ende des Subjekts und vom Ende der aus ihr entwickelten Pädagogik soll an einigen Beispielen belegt werden.

Jede Subjekttheorie enthält, so formal sie sich auch verstehen mag, Aussagen über den Menschen. Diese Aussagen wollen universal, d. h. für alle Menschen und über den Augenblick hinaus gelten. Sie suchen das Ziel des Menschseins allgemein zu bestimmen und beanspruchen normativen Charakter. Aber gerade dadurch, daß sie sich normativ verstehen, verliert das Subjekt seine ausgezeichnete Stellung, wenn diese durch den Anspruch auf Selbstbestimmung definiert wird. Jede formulierte Subjekttheorie, die über den gegebenen Zeitpunkt hinaus gelten will, bedeutet Normierung von Zukunft, Einschränkung von Freiheit und arbeitet auf das Ende des sich selbst bestimmenden Subjekts hin.

Diese zunächst abstrakt klingende Antinomie als Folge der Autonomie des Subjekts gewinnt konkrete Form zum Beispiel im Programm der Emanzipation. Emanzipatorische Pädagogik verpflichtet sich der universalen Befreiung des Subjekts. Wo sie das zum Programm macht, bringt sie sich zu sich selbst in Widerspruch. Denn entweder macht sie ein Kriterium namhaft, das Emanzipation begrenzt, oder sie muß sich in radikaler Konsequenz auch der Subjektivität des Subjekts bemächtigen, liefert das Subjekt selbst der emanzipierenden Auflösung aus und hebt damit auch die Pädagogik auf.

1.2 Das Ende des Subjekts?

Subjekttheorie sieht das Subjekt als Bedingung möglicher Gegenstände im Denken und möglicher Tatsachen im Handeln. Gerade darin soll sich seine besondere Stellung, seine Autonomie erweisen. Das daraus entwickelte Telos für das pädagogische Programm zielt auf Selbstbestimmung. Als Subjekt soll der Mensch nicht auf eine Funktion festgelegt werden, sondern ist Bedingung möglicher Aufgaben. Wiederum ist daraus ein Programm gemacht worden; das der polyvalenten „Bildung" als universelle Qualifizierung aller seiner Möglichkeiten. Das hat am Ende nur dazu geführt, daß der Mensch universal einsetzbar geworden ist, daß das Subjekt für gesellschaftliche Zwecke polyvalent einsetzbar gemacht wurde, und trägt in seiner universal gewordenen Instrumentalisierung nur zu dessen Ende bei.

Besonders eindrucksvoll zeigt sich die innere Widersprüchlichkeit jener Pädagogik in der von ihr behaupteten Möglichkeit pädagogischer Führung. Deren Absicht zielt auf Selbstbestimmung. Folglich muß pädagogische Führung die Absicht verfolgen, mit erreichter Selbstbestimmung sich selbst überflüssig zu machen. Wie aber soll sich eine Einflußnahme verstehen und rechtfertigen, die ausdrücklich die Unabhängigkeit von äußeren Beeinflussungen zum Ziel hat. Jede Einflußnahme steht zur Absicht auf Selbstbestimmung im Widerspruch. Dieser Widerspruch kann nur aufgehoben werden, wenn man den Subjektcharakter des Adressaten pädagogischer Akte aufhebt bzw. zumindest nicht ganz ernst nimmt.

M. a. W.: Jede pädagogische Führung scheint den Subjektcharakter des Edukanden aufzuheben.

Diese Antinomie verschärft sich, wenn man die pädagogische Praxis mit dem Gedanken der Effektivität verbunden sieht. Dabei wird Effektivität nicht als willkürliche Beigabe der Praxis gesehen, sondern als ein ihr immanenter Anspruch. Praxis definiert sich geradezu in der Absicht auf Effektivität. Auch hier ist der Widerspruch nicht zu übersehen: Je größer die meßbare Effektivität, desto größer die Fremdbestimmung. Man kann geradezu von einem gegenseitigen Bedingungsverhältnis sprechen. Je mehr die Effektivität pädagogischer Maßnahmen zunimmt, desto mehr muß das Subjekt den Gedanken der Autonomie aufgeben, weil es äußeren Einflüssen bestimmende Wirkung über sich selbst einräumt. Dieser Zusammenhang ist in der modernen Erziehungswissenschaft auch keineswegs übersehen worden. Er findet seinen Höhepunkt in SKINNERs „Jenseits von Freiheit und Würde", wo das Festhalten am Subjektsein des Menschen als romantisches bzw. idealistisches Relikt einer falschen Aufklärung abgetan wird, das der Wirksamkeit der Steuerung nur im Wege ist. Begründet wird die Notwendigkeit der Verabschiedung des Subjekts etwa von SKINNER einerseits mit dem Fortschritt der Wissenschaft, mit gesellschaftlichen Erfordernissen andererseits. Eine am Subjekt orientierte Pädagogik wird zum romantischen Schein; sie hält an einer Wirklichkeit fest, die längst überholt ist. Jene wird zur Projektion subjektbetonten Denkens, die Sprache idealistischer Pädagogik trifft keine Wirklichkeit mehr, sondern wird zum Glasperlenspiel.

Ein unübersehbares Zeichen eines vom Subjekt bewirkten Verfalls von wirklicher Wirklichkeit in der Pädagogik ist auch die Einrichtung von Schulen: Um das Programm der Moderne durchsetzen zu können, hat die Gesellschaft sich eigens diesem Zweck zugeordnete Institutionen geschaffen: In Schulen soll das Subjekt seine Bildung erhalten, soll ein aufgeklärteres Bewußtsein im Verhältnis zur Wirklichkeit gewinnen, in Urteils-, Kritik- und autonomer Entscheidungsfähigkeit. Schließlich soll mittels pädagogischer Einrichtungen eine Gesellschaft aufgeklärter Subjekte geschaffen werden. Schulen aber sind künstliche Einrichtungen, die wirkliche Wirklichkeit bleibt draußen. Schulen präsentieren eine Scheinwelt, die Pädagogik in ihnen verzichtet bewußt und gewollt auf die Wirklichkeit der Wirklichkeit, um ein geeignetes handhabbares Instrumentarium für ihr Handeln zur Verfügung zu haben. Auch dies muß als Schritt zur Beseitigung des Subjekts angemerkt werden. Seine Konstituierung ist an das Gegenüber von Objekten gebunden. Wo aber Objekte zum Schein verkommen sind, muß auch das Subjekt sich zum Schein verflüchtigen.

Die wenigen Beispiele führen abschließend auf den in aller auf Autonomie des Subjekts abzielenden Pädagogik enthaltenen Widerspruch hin. Die Absicht der Pädagogik im Programm der Moderne ist auf Entfaltung eines mündigen Subjekts gerichtet.

Die Folge ist, daß Pädagogik auf ihr eigenes Überflüssigwerden hinarbeitet. Das zielt auf das Ende der Pädagogik, die ihrerseits das Ende des Subjekts bedeutet, wenn dieses sich im Bewußtsein seiner selbst als Aufgabe, d. h. in seiner Bildsamkeit begreift. Wenn Aufgabenhaftigkeit das Subjekt konstituiert, dann muß dessen Beendigung auch das Ende des Subjekts einschließen. M. a. W.: Die Vollendung des Programms der Moderne in der Aufklärung bringt das Subjekt zum Verschwinden. Exemplarisch wird das in der *Marx*schen Utopie deutlich, wenn das Subjekt in vollendeter Emanzipation in seinem Endzustand in das Kollektiv einschwingt, dadurch Pflicht und Neigung zur Koinzidenz kommen, und ein scheinbar paradiesischer Zustand erreicht ist, in dem durch das Programm der Moderne der neue Mensch, die neue Gesellschaft und das neue Zeitalter der endgültigen Befreiung herbeigeführt worden ist.

Dieser Hinweis kann den in der modernen Subjekttheorie mit ihrem Bildungsprogramm enthaltenen Zug zur Bevormundung, zur diktatorischen Steuerung deutlich machen. Er zeigt sich schon immer dann, wenn die Vorstellung vom autonomen Subjekt nicht mehr als regulative Idee den bleibenden Unterschied von Sein und Sollen sichtbar macht, sondern als in der Geschichte herstellbares Ziel, d. h. zum gesellschaftspolitischen Programm wird.

Angesichts dieses Wandels vom Regulativ zur chiliastischen Utopie wird die Idee vom autonomen Subjekt tendenziell terroristisch und faktisch totalitär bei der Umsetzung in politische Praxis. Deshalb ist der Tod des Subjekts nicht zu beklagen, sondern um der Freiheit willen selbst zu fordern.

Unter dem gesellschaftspolitischen Programm des autonomen Subjekts wird Pädagogik selbst zu einem bedrückenden universalen Anspruch. Das ganze Leben wird von ihr umfaßt; niemals kann sich der Mensch ihrer Zudringlichkeit entziehen. Ebenso penetrant und zudringlich muß die Vorstellung empfunden werden, daß jede mitmenschliche Beziehung unter pädagogischem „Sollen" zu sehen ist. Wirtschaft und Politik, Therapie oder gar Liebe und Freundschaft verlieren ihr Eigenrecht;

alles verschmilzt zu einem ununterscheidbaren Gemisch menschlicher Praxis, die ihre Unmittelbarkeit und Unbefangenheit verloren hat.

Die in der Autonomie sich konstituierende Subjekttheorie definiert sich vor allem in seiner Beziehung zum Gegenständlichen. Subjektsein ist Bedingung für Gegenständliches; das Subjekt steht möglichen Gegenständen gegenüber, es ist ausdrücklich aus der Reihe möglicher gegenständlicher Objekte herausgenommen.

Diese Theorie hat eine lange Geschichte. Sie beginnt mit der ersten Aufklärung der Vorsokratiker und des *Sokrates*, besonders herausgearbeitet bei *Descartes* und schließlich in der praktischen Philosophie zur verbindlichen Formulierung gebracht im kategorischen Imperativ, wo das Subjekt sich als Zweck seiner selbst definiert, darin seine Würde gewinnt und Achtung verlangt.

Die Frage an alle Subjekttheorie ist deshalb unverzichtbar: wie kann das, was Bedingung für Erkenntnis ist, selbst Gegenstand von Erkenntnis sein. M. a. W.: muß nicht jedes Nachdenken über das Subjekt dieses selbst zum Verschwinden bringen?

Von Subjekttheorie und einer möglichen Konzeption der Pädagogik aus ihr kann nur die Rede sein, wenn über das Subjekt selbst nachgedacht wird, d. h. wenn es selbst zum Gegenstand, zum Objekt des Denkens wird. Das Subjekt muß sich selbst zum Objekt machen. In gegenständlichen Aussagen aber verliert es den Charakter des Subjektseins, eben weil es zum Objekt geworden ist. Wo Subjekttheorie diese Selbstauflösung vermeiden will, da müssen die Aussagen zum Nichts zusammenschrumpfen, und das Reden über das Subjekt, in welcher Theorie auch immer; findet sein Ende in der Leere.

Aber auch wo das Subjekt sich dem Objekt mit der Absicht auf Objektivität der Erkenntnis zuwendet, bleibt ihm schließlich nichts anderes übrig, als sich selbst zu beseitigen.

Petzelt hat bekanntlich das Lernen und Wissen vom Gegenständlichen unter den Anspruch gestellt, jenes so zu sehen, wie es ohne das Ich wäre. Um also den Geltungsanspruch einer Erkenntnis möglichst objektiv stellen zu können, müssen alle Subjektivismen getilgt werden, alle vom Subjekt herkommenden Verunklärungen des Blickes auf den Gegenstand ausgeschaltet werden. Bekanntlich hatte *Litt* dieses als Emporläuterung des Ich zur Sachlichkeit als besonderen Bildungsauftrag der Naturwissenschaften behauptet.

Die Sache wird noch komplizierter, wenn man die in der Subjekt-Objekt-Relation liegenden Interessen bedenkt. Schon *Bacon* hatte Wissen als Macht definiert. *Descartes* erhebt diese Möglichkeit zur Forderung. Wissenschaft solle aus pragmatischen Gründen betrieben werden. Das Subjekt als Zweck, seiner selbst begreift Wissen als Mittel, will mit ihm über Objekte verfügen, d. h. Macht ausüben. Je eindeutiger und klarer die Erkenntnis ist, desto berechenbarer kann das Objekt dem Subjekt dienstbar gemacht werden. Je weiter die Erkenntnis reicht, desto größer wird der Verfügungsraum des Subjekts. Das Erkennen und auch das Lehren stellt sich unter die Absicht, mittels der Wissenschaft über die Welt zu herrschen. Bei aller Anstrengung, sich von Subjektivismen zu befreien, wird es sich von diesem Verwertungsinteresse nur schwer befreien können. Die Gefahr der Verfälschung des Objekts ist kaum zu vermeiden. Das Subjekt in seinem auf Autonomie gerichteten Interesse wird zum unaufhebbaren Hindernis einer Erkenntnis der absoluten Objektivität.

Die Gefährdung des Subjekts in diesem Zusammenhang wird immer deutlicher. Bekanntlich ist die Herrschaft des Menschen über die Dinge im Umschlag der Herrschaft der Dinge über den Menschen begriffen und ist dabei, auch in der realen Wirklichkeit das Subjekt zum Verschwinden zu bringen: in der Politik, in der Sprache, in der Religion und schließlich auch in der Pädagogik. Denn das Interesse an Verwertung kann nur noch spezialisierte Ausbildung zulassen; Allgemeinbildung allenfalls als Form der polyvalenten Bildung, als allgemeine Verfügbarkeit, in der das Subjekt seinen Selbstand fast vollständig verliert. Das Subjekt gefährdet sich selbst. Das ist nicht ein zufälliges Mißverständnis, ein korrigierbarer Fehler, sondern die konsequente Folge der in aller Subjekttheorie enthaltenen immanenten Zerstörungstendenzen.

Die von Erich *Fromm* im Gotteskomplex aufgezeigten Allmachtsphantasien des Subjekts tragen den Keim seiner Entthronung, seiner Auflösung schon in sich. Trotz aller idealistischen Beschwörungen ist die Absetzung des Subjekts in der Pädagogik weitgehend längst vollzogen. Im Stillen hat die Umwandlung in Therapie, in Beratung und Betreuung längst stattgefunden. Der dem Subjekt zukommende Begriff von Schuld ist durch den der Schuldgefühle abgelöst, Psychotherapie hat die Pädagogik verdrängt; zur Zeit ist sie dabei, die von einer Pädagogik der Aufklärung angerichteten Schäden wieder zu beseitigen.

III.

Ich komme zum 3. Kapitel: Die Konsequenzen aus den kritischen Bemerkungen scheinen eindeutig. Pädagogik mit der Absicht, das autonome Subjekt zu schaffen, verwickelt sich in unauflösbare Widersprüche und nimmt schließlich terroristische Züge an. Damit wird die Frage unabweisbar, wie sich eine Pädagogik ohne Subjekttheorie konstituieren kann bzw. ganz radikal: ob Pädagogik nicht überhaupt eine Fehlkonstruktion und alsbald abzuschaffen ist.

Zunächst ist daran zu erinnern, daß die Konstituierung in einer Theorie des Subjekts der Pädagogik Legitimität in bezug auf ihre Absicht und der darauf gerichteten Praxis geben sollte. Wenn Pädagogik auch nach dem Ende des Subjekts weiter bestehen soll, dann müßte sie ihre Legitimation in außersubjektiven Instanzen suchen. Diese bieten sich in reichem Maße an: Staat und Gesellschaft, Kirche und Politik, Wirtschaft und Industrie, Parteien und Gewerkschaften; alle gesellschaftlichen Mächte haben Interessen, in deren Dienst sich Pädagogik legitimieren könnte. Die moderne Erziehungswissenschaft ist tatsächlich dieser Indienstnahme vielfach gefolgt. Man denke an Berufsausbildungen aller Art, an politische Bildung, kirchliche Erziehung u. v. a. m. In ihnen ist der Anspruch einer subjektorientierten Pädagogik längst aufgegeben; mit ihr der Anspruch von Selbstbestimmung und Autonomie, Stringenz und „Geschlossenheit" der Persönlichkeit. Das wird nicht als Verfall beklagt, sondern als Fortschritt begrüßt. Denn die Ganzheits- und Einheitsideologien seien nichts anderes als der deutliche Ausdruck von Zwang und Bevormundung, mangelnder Differenzierungsbereitschaft, fehlendem Unterscheidungsvermögen.

Unterricht im gesellschaftlichen Auftrag unterwirft sich dem pragmatischen Interesse, Bewährung in der Praxis wird zum Kriterium von richtigem Wissen. Erziehung beschränkt sich auf die Produktion jener gewünschten Verhaltensweisen, die das Funktionieren garantieren. Die Frage nach der Haltung, und damit die Frage nach der Einheit des Charakters wird überflüssig bzw. deplaziert. Im Gegenteil: die Forderung nach Einheit der Person muß als störend empfunden werden, weil sie reibungsloses Funktionieren behindert.

Statt ideologischer Beschwörungen der Einheit des Subjekts plädiert postmodernes Denken für situationsangemessenes Rollenspiel. Nicht Grundsatztreue und Eindeutigkeit, Widerspruchsfreiheit im Verhalten sind gefordert, sondern Geschmeidigkeit und Flexibilität, Vielseitigkeit und Offenheit.

Die Möglichkeit und Sinnhaftigkeit einer solchen Pädagogik muß nicht von vornherein bestritten werden. Der Versuch der Legitimation pädagogischer Absichten durch die Bedürfnisse gesellschaftlicher Mächte wirkt zunächst plausibel. Bei näherem Bedenken offenbart sich jedoch der falsche Schein. Denn die Legitimation einer Absicht durch ihre bloße Faktizität ersetzt die Begründung durch den Willen zur Macht. Sie schafft damit die Hypertrophie des Subjekts nicht ab, sondern bestärkt sie in der Willkür von Gewaltverhältnissen.

Herrschaft bestimmt auch die Lehrer-Schüler-Relation, wenn es in dieser um gesellschaftliche Qualifikation gehen soll. Denn nicht Einsicht in einen Sachverhalt, nicht Wissen in Bindung an das eigene Fürwahr-Halten ist gefordert, sondern Funktionstüchtigkeit. Deshalb ist nach Strategien gefragt, die das entsprechende Können und das Merken der notwendigen Informationen bewirken. Ohne die pädagogischen Konsequenzen zu bedenken, ist auf jeden Fall anzumerken, daß die anthropologische Frage nicht vom Tisch ist, denn auch Strategien des technischen Handlungsmodells und die Annahme von Kausalität verweisen auf eine anthropologische Theorie. Das gilt auch für den Fall, wenn Pädagogik sich verabschiedet bzw. sich nur noch als hygienische, biologische oder in anderer Weise als wachstumsfördernde Hilfe begreift.[3] Sie unterstellt, daß entweder biologische Entwicklung den Menschen zum Menschen werden läßt, oder sie vertraut auf mechanisch wirkende gesellschaftliche Verhältnisse. Alle diese Reste von Pädagogik leben von einer Anthropologie.

Das gilt selbst für den Fall, daß die Frage nach der Legitimation nicht mehr gestellt wird. Ob man es will oder nicht, ob man das den Legitimationszwang nennt, darin Unterdrückung vermutet, – die Frage, ob denn etwas sein soll oder nicht, oder radikal, ob überhaupt etwas sein soll, kann nicht unterdrückt werden; auch nicht im Namen einer postmodernen Pädagogik; es sei denn, man will das Denken und seine kritischen Möglichkeiten abschaffen. Wer aber das Denken abschafft, muß das Reden und schließlich auch das Schweigen abschaffen, denn auch dieses kann etwas meinen.

Eine Pädagogik ohne Orientierung an der „Natur des Ich" gerät zumindest in gleiche Widersprüche wie die subjekttheoretische Konzeption. Wo die Legitimation pädagogischen Handelns sich nicht an einer allgemeinen Anthropologie orientiert, wird dieses der Willkür, d. h. dem Willen zur Macht ausgeliefert. Wo sich Praxis allein durch ihre Praxis legitimiert, da vollzieht sich auf der einen Seite die Verabschiedung von Theorie und damit auch die Möglichkeit von Kritik und Skepsis. Auf der anderen Seite unterwirft sich das Denken resignierend der totalen Herrschaft des Willens zur Macht.

Das hier aufbrechende Dilemma hat seinen Grund in der Eigenart und einer nicht zu beseitigenden Gesetzmäßigkeit des Nachdenkens über das Subjekt selbst.

Damit komme ich zu einer weiteren Frage dieses Kapitels.

Das Reden vom Ende, vom Tod des Subjekts, verstrickt sich zumindest in gleich große Schwierigkeiten wie eine Subjekttheorie, die über das Subjekt reden will. Denn es ist allemal das Subjekt, das über seinen Tod redet; und nur das Subjekt kann

---

[3] vgl. H. Giesecke: Vom Ende der Erziehung. Stuttgart 1985.

ihn behaupten; niemand sonst. Es mag als Tautologie erscheinen und wird zuweilen als logischer Trick bzw. als belanglos abgetan, wenn auf diesen immanenten Widerspruch hingewiesen wird. Das hilft aber alles nichts, und der Widerspruch ist hartnäckig. Er läßt sich auch nicht beseitigen durch die Bekundung von Freude an Widersprüchen. Kein Vernünftiger bestreitet die Fruchtbarkeit widersprechender Meinungen, niemand der kritisch denkt, kann die Faktizität von Widersprüchen bestreiten, niemand kann aber auch das Beunruhigende der Erfahrung vom Widerspruch verneinen. Insofern bezeugt die im Satz vom Tod des Subjekts bekundete Aussage in seiner Widersprüchlichkeit eine nicht aufhebbare Hartnäckigkeit des Fragens. Auch dem Hinweis auf eine andere Logik ist seiner Widerständigkeit nicht beizukommen. Denn in der Aussage selbst bestätigt sich das Subjekt, das es abzuschaffen gilt. Der Satz enthält in sich eine nicht abzuschüttelnde Konsequenz, nämlich die, daß das Subjekt, wenn es seinen Tod postuliert, um sich weiß. Genau darin bestätigt sich gegen alle Kritik das Subjekt; auch wenn es sich zu verneinen sucht.

Das ist mehr als eine spekulative Gedankenspielerei, denn es verweist auf ein Bedingungsgefüge, in dem das Subjekt sich definiert. Wer darin schon sein Ende bzw. seine Aufhebung behauptet, der geht von einem hypertrophen Bild der Subjektivität aus, die in der Tat ihre Selbstzerstörung zur Folge hat. In Wirklichkeit aber kann die Abschaffung des Subjekts nicht gelingen; sie wird vielmehr zum verzweifelten Versuch, seine Bedingtheit zu leugnen. Wer diese aber leugnet, der postuliert ein Denken ohne Anerkennung der Gesetzmäßigkeit des Denkens, der verfällt totalem Dogmatismus, weil er nicht bereit und in der Lage ist, sein Denken dem Anspruch von Begründung zu unterwerfen.

IV.

Damit komme ich zum letzten Kapitel: In ihm geht es darum, trotz der Kritik und aller Einwände, eine am Subjekt orientierte Pädagogik in ihrer Möglichkeit und Notwendigkeit nachzuweisen. Das soll nicht Ausdruck einer penetranten Behauptung eigener Position sein, sondern Ergebnis jener Überlegungen, daß sowohl die Behauptung der Notwendigkeit und Möglichkeit von Pädagogik als auch deren Leugnung auf eine Anthropologie verweist, und daß das Reden vom Tod des Subjekts dieses selbst voraussetzt. Die zu begründende These lautet, daß sich Pädagogik ohne Subjekt nicht konstituieren kann, und daß im Subjekt selbst der Verweis auf das Pädagogische angelegt ist. Begründet wird dies mit der dem Subjekt zukommenden Bildsamkeit, die sich in seiner Geschichtlichkeit und Aufgabenhaftigkeit manifestiert. Subjektivität ist dadurch definiert, daß das Subjekt sich zu sich selbst verhält, daß es im Denken um sich weiß, sich zu sich verhält, und daß dieses Sich-Verhalten unter der Voraussetzung von Freiheit steht.

Das dem Subjekt zukommende Wissen um sich ist gleichzeitig das Bewußtsein der eigenen Aufgabenhaftigkeit. Das Wissen um sich in seiner jeweiligen Tatsächlichkeit ist Wissen um seine Grenze.

Das Wissen um Grenzen ist gleichzeitig Wissen um Aufgabe. Da alles Wissen begrenzt ist, erweist sich das Wissen-Wollen, das Lernen als unbeendbare Aufgabe.

Was ist damit ausgesagt?

Der Auftrag, sich zu bilden, ist dem Subjekt immanent. Die Bildungsaufgabe ist so universal wie die Aktivität des Subjekts. Kein psychischer Vollzug fällt aus dieser Bindung heraus. Das ist nicht die tyrannische Macht eines Programms der Moderne, sondern ein mit dem Subjekt gegebenes Prinzip. Terroristisch wird diese Bestimmung allerdings dann, wenn dieses Regulativ zu einer Forderung mit konkreter Bestimmtheit wird; wenn das Regulativ zum Programm wird. Terroristisch wird die Bestimmung, wenn sie zum Anspruch externer Mächte wird, und nicht als Forderung aus dem jeweiligen Subjekt selbst verstanden wird. Postmodernes Denken hat Recht, wenn es auf jenen Mißbrauch aufmerksam macht, der immer dann gegeben ist, wenn das Formale als Regulativ zum konkreten Programm wird. Aber gerade da, wo das Subjekt seine Vorläufigkeit und Aufgabenhaftigkeit als seine eigene apriorische Bestimmung leugnet und sich zur befehlenden Instanz aufspielt, usurpiert es jene Macht und Herrschaft, gegen die die Postmoderne mit Recht Stellung nimmt.

Die in einer Theorie des Subjekts apriorisch vorausgesetzte Bildsamkeit hat ihren Grund in seiner Geltungsbindung. Das Wissen um sich, um sein Wissen und Nichtwissen, das Wissen um die Grenze des tatsächlichen Wissens ist nur unter Voraussetzung von Geltungsbindung möglich. Der Geltungsbindung korrespondiert das grundsätzliche Bewußtsein vom Sollen.

Subjektsein ist durch Sollen definiert. Dies Sollen ist aber weder eine bestimmte konkrete Norm, noch liegt ihm ein bestimmtes Bild des Menschseins zugrunde, aus dem für alle verbindliche Normen abgeleitet werden könnten.

Das Subjekt und sein Sollen steht gegenständlichem Denken nicht zur Verfügung. Es ist dessen Bedingung; das Sollen ist keine bestimmte Norm, sondern Voraussetzung für mögliche Normsetzungen.

Auch diese Konzeption einer Pädagogik ist vor Mißverständnissen zu schützen, die sich durch unbesonnenen und unkritischen Sprachgebrauch leicht einschleichen. Als tatsächlich Seiendes erscheint das Subjekt und sein Sollen immer nur in einer geschichtlich begrenzten Wertigkeit. Autonomie des Subjekts ist Konkretisierung eines Allgemeinen, ohne daß es Fall in einer statistischen Erhebung wird. Konkrete Norm, die sich in der Form vergegenständlichter Aussagen Normativität anmaßt, wird zur Herrschaft, und vergißt seine Geschichtlichkeit.

Subjektsein heißt, dem Denken verpflichtet sein, das Denken und die Lebenspraxis nicht der Willkür auszuliefern, den Anspruch der Geltung nicht zu mißachten oder gar zu leugnen.

Aus der Geltungsbindung des Subjekts lassen sich keine die Pädagogik konstituierenden unüberholbaren, gegenständlich bestimmten Aussagen als normative Vorgaben ableiten. Andererseits scheint sich das Subjekt ohne inhaltliche Aussage in ein leeres Nichts aufzulösen; es wird undenkbar.

Dieses Dilemma macht darauf aufmerksam, daß alles Reden über das Subjekt in seiner Geltungsbindung in einer eigenartigen Widersprüchlichkeit bleibt. Einerseits bleiben alle Aussagen mit ihrer konkreten Sprachlichkeit vorläufig, der Kritik ausgeliefert, andererseits will Geltungsbindung im Sinne einer Theorie des Subjekts universal gelten. Die Konsequenz aus dieser merkwürdigen Situation ist die, dass die Aussage über die Geltungsbindung des Subjekts ihren theoretischen Rahmen nicht vergessen darf; wo das Regulativ zum gesellschaftspolitischen Programm wird, da wird sie zur bedrohlichen und schließlich unterdrückenden Macht. Denn das Programm hat immer die Tendenz auf Machbarkeit und Durchsetzbarkeit. Mit der Geltungsbindung kann nichts anderes als die im Subjekt vorauszusetzende Vernunft in ihrer formalen Allgemeinheit und Gesetzmäßigkeit gemeint sein. In ihr ist auch die Allgemeinheit des Prinzips der Bildsamkeit mit dem Begriff der Bildung gegründet. Dennoch ist weder die Generalisierung eines Ideals, das Festschreiben der Norm eines bestimmten Menschenbildes und schon gar nicht die Forderung nach Gleichheit, sondern das Recht und die Pflicht zu je individueller Verwirklichung des Menschseins gemeint. Die Unendlichkeit möglicher Fälle in jener Verwirklichung entspricht dem Prinzip des Formalen der Bildsamkeit, auf die hin sich mögliche normative Forderungen zu legitimieren haben.

Geltungsbindung stiftet Notwendigkeit und Möglichkeit von Selbstbestimmung und Autonomie. In ihr wird das Subjekt zum Gesetzgeber seiner selbst, ohne den sog. Allmachtsphantasien der Gottgleichheit zu erliegen, ohne aber auch dem Relativismus der Willkür – eine andere Form usurpierter Herrschaft – zu verfallen. Mit Selbstbestimmung ist weder ein Programm noch der Endpunkt einer Entwicklung bzw. eines Vorhabens gemeint. Autonomie bleibt Prinzip, wird in der Geschichte zum Fall. Das gilt auch für den Fall, wo das Ich im Akt der Selbstbetrachtung sich als Richter und Gesetzgeber über sich selbst erhebt: Es ist einerseits urteilende Instanz, andererseits selbst wieder Objekt des Urteilens.

Petzelt hat das Ich als Koinzidenz von Prinzip und Fall definiert. Diese Koinzidenz macht die scheinbare Widersprüchlichkeit des Subjekts aus, daß es immer Subjekt und Objekt in einem ist.

Pädagogik kann die Begründung ihrer Möglichkeit und Notwendigkeit nur in der voraussetzenden Geltungsbindung des

Subjekts finden. Diese gilt für alle Subjekte. Die Allgemeinheit der Geltungsbindung stiftet die Möglichkeit von Unterricht und Erziehung als intersubjektiven Akt. Sie stiftet sie in der Weise, daß pädagogische Führung weder ohnmächtig wird, noch in überwältigender Wirkmächtigkeit dem Postulat der Selbstbestimmung widerspricht. Pädagogische Führung unter jenem Prinzip wendet sich an das Du in seiner Geltungsbindung, nicht um diese zu verdrängen oder gar zu ersetzen, sondern um den intersubjektiven Zuspruch als Aufforderung zum intrasubjektiven Dialog im Anspruch der Geltungsbindung zu begreifen.

Geltung hat kein anderes Maß als sich selbst. Sofern sie in konkreter Vernunft präsentiert wird, ist sie in ihrer tatsächlichen Aktualisierung geschichtlich. Ihre Maßgeblichkeit bleibt im Vollzug geschichtlich, die Irrtumsmöglichkeit ihr Begleiter. Wo die Endlichkeit konkreter Vernunft geleugnet wird, da entsteht jene Hybris, die die Autonomie des Subjekts Gott ähnlich werden läßt.

Geltung muß als unüberholbares Apriori vorausgesetzt werden. In seiner tatsächlichen Existenz bleibt das Subjekt auch in der Geltungsbindung geschichtlich. In der Begegnung mit dem Du erfährt es das andere Subjekt in seiner Geschichtlichkeit und apriorischen Geltungsbindung gleichzeitig. Subjekte werden einander zum Anlaß, Geltungsbindung in jeweils höherem Anspruch zu vollziehen, d. h. sich zu bilden, sich als Repräsentant der Geltung zu bewähren in Selbstbestimmung und Autonomie.

Der Sinn der Begegnung von Subjekten wird verspielt, wenn in ihr der Topos von Machbarkeit herrscht, weil dadurch die Geltungsbindung selbst widerrufen und damit das Subjektsein des anderen mißachtet wird. Der Sinn von Begegnung wird aber auch verspielt, wenn Kommunikation bzw. Dialog trotz der nicht aufhebbaren Andersheit von Ich und Du im Tatsächlichwerden des sie verbindenden Allgemeinen den Konsens als Programm deklariert. Zwar enthält jeder Geltungsanspruch die Beziehung zum Du. Diese entartet zu einem Herrschaftsverhältnis, wenn sie sich als Zwang zum Konsens begreift. Wo das Prinzip des Dialogs, d. h. Geltungsbindung zum Zwang des tatsächlichen Konsens wird, da entarten Dialog und Kommunikation zur Tautologie des Gleichen, verspielen ihren Sinn als Aufforderung zur Begründung und Legitimation und widerrufen die Möglichkeit des Pädagogischen. Im Namen der Geltung ist Konsensfähigkeit in gegenseitiger Argumentation gefordert, nicht der tatsächlich vollzogene Konsens. Wer sich dem Geltungsanspruch beugt, muß sein Argument und Motiv unter dem Anspruch von Zustimmungsfähigkeit fassen. Seine Wertigkeit aber ist nicht abhängig von der tatsächlichen Zustimmung und schon gar nicht dessen Folge. Im Programm sog. demokratischer Erziehung hat sich dieses Mißverständnis vielfach behauptet.

Die Unterscheidung von Konsens und Konsensfähigkeit macht eine pädagogische Praxis möglich, die weder vor den Schranken unüberwindbarer Monadizität des Subjekts resigniert noch der hybriden Anmaßung verfällt, Bildung herstellen zu können. Das gilt auch für Unterricht und Erziehung. Subjektivität ermöglicht einen Unterricht, der Vermittlung von Wissen im eigenen Fürwahr-Halten zu seiner Absicht hat. Eigenes Fürwahr-Halten ist kein willkürlicher Zusatz zum Lernen, sondern eine Forderung zur Anstrengung des Denkens, die dem lernenden Subjekt nicht vom Lehrer auferlegt ist, sondern in der Strenge und Unverzichtbarkeit seiner Geltungsbindung ihren Grund hat.

Subjektivität ermöglicht eine Erziehung, die nicht unter Normen und Konventionen steht; gleich wohl unverzichtbar die Anstrengung praktischer Vernunft und deren verbindlichen Vollzug fordert.

Damit verliert die der Praxis scheinbar immanente Tendenz auf Effektivität ihre Antinomie. Pädagogik der Subjektivität begründet sich nicht an messbarem Erfolg im Sinne von Bewährung, sondern aus der Intentionalität ihres Handelns. Diese führt nicht in technologischer Verblendung zum Modell der Anwendung von Theorie, sondern begreift die Beziehung auf Praxis durch je eigene Verbindlichkeit.

Eine Pädagogik, die sich in der Subjektivität des Menschen konstituiert, erhebt diesen weder in das Reich der Ideen, noch überläßt sie ihn der Unterwerfung unter die Umstände, als Werk der Natur und als Werk der Gesellschaft. Sie kann aber auch die Abhängigkeit von Natur und Gesellschaft nicht vernichten, so daß ein von allen Einschränkungen befreites, total autonomes Subjekt hervorkäme. Niemals wird der Mensch, auch wenn man ihn als Subjekt anerkennt, jene Gefangenschaft abstreifen. Insofern bleibt auch das Sich-Überflüssigmachen Prinzip jeder pädagogischen Führung. In seinem Subjektsein ist der Mensch durch jene Differenz definiert, die ihn als immer Wieder neu sich bestimmende Koinzidenz von Prinzip und Fall sieht, weil der Mensch seine Autonomie und Selbstbestimmung immer nur in überholbarer Geschichtlichkeit erreicht.

Das gilt auch gegenüber der aus der Subjektivität entwickelten Forderung nach Einheit. Postmodernes Denken sieht in ihr eine dogmatische Norm, die Einschränkung und Zwang zur Folge hat und deshalb aufzugeben sei. Pädagogik der Subjektivität dagegen hält am Prinzip der Einheit fest, weil Geltung entweder universal gilt oder sich selbst aufhebt. Eine dritte Möglichkeit ist nicht denkbar. Auch das Prinzip der Einheit ist als Regulativ zu verstehen, nicht als Norm für Vereinheitlichung und Geschlossenheit, als Endpunkt eines Prozesses, sondern als immer neu zu vollziehende Aufgabe[4]; sich mit Widersprüchen nicht bequem einzurichten, sondern ihre Überwindung immer wieder neu zu versuchen; als bleibende Aufgabe zu erkennen.

Kierkegaard schreibt in den philosophischen Brocken: „Doch soll man nicht übel vom Paradox reden. Denn das Paradoxe ist die Leidenschaft des Gedankens, und ein Denker ohne Paradox ist wie ein Liebhaber ohne Leidenschaft: ein mäßiger Patron."

Aber, so könnte man *Kierkegaard* weiterführen, wo die Sehnsucht nach Einheit geleugnet oder aufgegeben wird, da verliert das Paradox seine Leidenschaft und erschlafft zum gleichgültigen Vielerlei. Das ist immer dann die Folge, wenn

---

[4] In diesem Sinne kann *Petzelt* sagen: „Pädagogik wird zur Theorie der gültig zu vollziehenden Akte angesichts der Einheit möglicher Geltung, damit das Ich sich selbst zu deren Korrelat macht."
Grundlegung der Erziehung 1961. S. 61 f.

der leidenschaftliche Wille zur Wahrheit durch die scheinbare Aussichtslosigkeit des Denkens im sisyphushaften Subjekt zu sterben droht, sich entweder der faulen Bequemlichkeit des Sich-Abfindens überläßt oder dem Willen zur Macht verfällt.[5]

Angesichts dieses Ergebnisses am Schluß meiner stückwerkhaften Überlegungen kann das Reden vom Sterben des Subjekts einen unerwarteten Sinn für die Pädagogik bekommen: Wenn Bildung als Aufgabe zum Menschsein gehört, dann ist die je erreichte Koinzidenz von Prinzip und Fall immer wieder Anlaß zu neuem Aufbruch. Das Sterben des je konkret gewordenen Subjekts wird notwendig, weil keine je erreichte Wertigkeit des Subjekts Endgültigkeit beanspruchen kann, so daß sich die Forderung nach Bildung immer wieder stellt. Das wird nicht zur Forderung nach wendiger sich immer wieder anpassender Flexibilität und Geschmeidigkeit, sondern nach stetigem Suchen und Fragen, sich um die Einheit des Subjektseins bei aller Zwiespältigkeit stets aufs Neue zu bemühen, sich mit Widersprüchen im Denken nicht abzufinden, ohne unter dem Zwang zur Einheit zu vorschnellen und erzwungenen Harmonien seine Zuflucht zu nehmen.

Die im Subjektsein des Menschen sich konstituierende Pädagogik zwingt nicht unter ein Einheitsprogramm; sie läßt Pädagogik aber auch nicht zum Spiel in der Unverbindlichkeit des Meinens und der Moden verkommen.

Geltungsbindung ist jenes apriori des Subjektseins, das Orientierung ermöglicht. Der Mensch kann sich der Geltungsbindung verweigern, sich um sie nicht kümmern. Die Denknotwendigkeit ihres Anspruches wird dadurch nicht aufgegeben. Sie meint allerdings auch nicht mehr und nicht weniger, als daß in der Möglichkeit des Wissens um meine Akte deren Zusammengehörigkeit als die Meinigen gleichzeitig gefragt ist. Das läßt sich nicht als Trivialität abtun, denn das Formale der Aussage be-

---

[5] Vgl. *Platon*: Gegenüber den Widersprüchlichkeiten des Alkibiades, die dieser in opportunistischer Einstellung auf seine Zuhörer vorträgt, hält Sokrates es für besser, mit anderen Menschen im Widerspruch zu stehen, „als daß ich einzig und allein mit mir selbst nicht in Harmonie wäre und mir widerspräche." 482 d.

zeichnet einen universalen Appell, das Prinzip der Einheit nicht zum Programm der Vereinheitlichung zu pervertieren.

Wenn an der Notwendigkeit einer die Pädagogik konstituierenden Subjekttheorie festgehalten wird, dann nicht ohne Berücksichtigung der „postmodernen" Einwände: Das Subjekt bleibt in der Doppeldeutigkeit der Subjekt-Objekt-Relation. Ohne Beziehung auf Objekte ist das Subjekt dem Nichts verfallen, wenn dieses sich als Bedingung der „Möglichkeit von Gegenständen" definiert. Auch wo das Subjekt sich auf sich selbst richtet, bleibt es als Richter und Angeklagter Subjekt und Objekt zugleich, bleibt deshalb geschichtlich bedingt, ohne daß sein Urteil den Anspruch auf Geltung verliert.

Dieses Dilemma auf- und anzunehmen ist geboten, damit subjekttheoretische Pädagogik nicht der Hybris unangefochtener Autonomie verfällt, ihre Verwirklichung zum Programm erhebt, dadurch das Subjekt zum Gegenstand der Bearbeitung macht und schließlich beseitigt. Ebenso muß man aber auch der Gefahr widerstehen, im Wissen um die Endlichkeit erreichter Geltung deren Anspruch überhaupt zu leugnen. Entweder verfällt Pädagogik dann dem bedingungslosen Willen zur Macht oder einer sich selbst schließlich aufhebenden Skepsis.

Wenn ich recht sehe, hat die Schwierigkeit des Nachdenkens über Subjektivität ihren Grund darin; daß die Begründung von Aussagen über das Subjekt das bereits voraussetzt, was es zu argumentieren gilt. Wer mit Argumenten eine Auseinendersetzung führt, muß voraussetzen und vorausgesetzt haben, daß dem Subjekt Argumente zugänglich sind. Das gilt vor allem für den Fall, wo das Subjekt als Bedingung der Möglichkeit des Argumentierens selbst argumentiert werden soll. Es ist deshalb die Frage, ob man für diesen Zusammenhang noch undifferenziert von Wissen sprechen kann, oder von vorauszusetzender Gewissheit die Rede sein muß. Diese ist einerseits unwiderruflich, andererseits kann sich der Mensch jener Gewißheit verweigern in Zweifel und Mißtrauen, im Bewußtsein ihrer Geschichtlichkeit, wenn sie Gegenstand des Denkens und Inhalt von Sprache wird. Das macht das Dilemma des Subjekts und eine in ihm sich legitimierenden Pädagogik aus. Descartes hat bekanntlich für die Sicherheit jenes Wissens die Existenz Gottes angeführt, der den Menschen gar nicht täuschen könne. Wenn Nietzsche nun den Tod Gottes verkündet hat, dann scheint es naheliegend, auch vom Tod des Subjekts, nicht in einem läuternden Sinne, sondern von Endgültigkeit zu sprechen.

Zum Schluß lassen Sie mich einige zusammenfassende Thesen formulieren:
1. Die Gebrochenheit des Subjekts in seiner Gewißheit von Geltungsbindung, in seiner je überholbaren Geschichtlichkeit macht Erziehung ausdrücklich notwendig.
2. Die Geltungsbindung des Subjekts macht Pädagogik im Telos der Selbstgesetzlichkeit möglich.
3. Das Dilemma der Subjektivität dokumentiert sich darin, daß der Mensch sich als Subjekt setzen muß im Denken, Wollen und Fühlen, daß er um dieses Subjekt immer nur wissen kann, indem er es zum Objekt macht; daß er sich einerseits zur Maßgeblichkeit aufschwingt, andererseits seine Grenze in der Geschichtlichkeit erfährt. Pädagogik wird dadurch nicht aufgehoben, sondern findet gerade darin ihre Bestimmtheit.
4. Das Dilemma des Subjekts hebt dessen Bindung an Geltung, d. h. den Willen zur Wahrheit nicht auf; begründet dessen Notwendigkeit und Möglichkeit.
5. Im Wissen um sich, um sein Wissen und Handeln ist das Subjekt dem Prinzip der Einheit unaufhebbar verpflichtet.
6. Angesichts der Einwände gegen eine Theorie des Subjekts richtet Skepsis als Prinzip nichts aus, weil sie das bestätigt, was sie leugnet; wohl aber ist Skepsis angebracht gegenüber der Leugnung von Grenze und Kreatürlichkeit.
7. Skepsis ist im Recht, wenn sie Besonnenheit und Bescheidenheit im Bewußtsein des Subjektseins fordert; im Bewußtsein von Grenze einerseits, von Maßgeblichkeit andererseits.
8. Von *Fichte* stammt das mißverständliche Wort, daß die Philosophie, die jemand betreibt; davon abhängig sei, wer dieser Jemand sei. Das kann doch nur den Sinn haben, dass man sich zur Philosophie, d. h. zum Suchen nach Wahrheit entschließen muss.

Im Gorgias weist *Sokrates* den Kallikles darauf hin, daß er nicht in die Philosophie verliebt sei, sondern in den Demos

der Athener einerseits und in Pyrilampes andererseits; und auf alles, was diese Lieblinge sagen, habe er nichts zu entgegnen. „Wenn Du in der Volksversammlung redest, und das Volk der Athener spricht eine andere Meinung aus, so wendest du dich und sprichst, was jenes will."
Die Philosophie sei viel weniger wankelmütig: „Die Philosophie aber (spricht) immer dasselbe." Kallikles entgegnet: „Die Philosophie, lieber Sokrates, ist ja ganz nett, wenn man sie mit Maß treibt in jungen Jahren ...
Der Philosophie soweit mächtig zu sein, als zur Bildung gehört, ist schön, und einem jungen Menschen steht das Philosophieren nicht schlecht. Wenn aber der Mensch schon älter ist, und noch philosophiert, so wird, mein Sokrates, die Sache lächerlich."
Etwas später wiederholt er: „Wenn ich aber einen älteren Menschen noch philosophieren sehe, der sich nicht davon losreißen kann, der Mensch verdient ... Schläge."
Schließlich empfiehlt Kallikles dem Sokrates: „Gib Dich mit dem Vielerlei zufrieden, folge mir" „und laß ab von dem Widerlegen".
Sokrates aber will nicht ablassen zu prüfen, „Um genau zu erfahren, daß es richtig mit mir steht und daß ich keines anderen Prüfsteins bedarf, um zu wissen, „daß meine Seele richtig gebildet sei."
Wenn Pädagogik in der Berufung auf Postmoderne diese Frage mit Kallikles für überflüssig, für despotisch hält; – „Wozu denn diese Frage, Sokrates?", – dann wird sie zynisch, hat den Willen zur Wahrheit durch den Willen zur Macht, zu Reichtum und eigenem Vorteil ersetzt, so wie Kallikles dem Sokrates empfiehlt, die Philosophie zu verlassen: „betritt der Staatsgeschäfte Ehrenbahn und übe, wodurch der Klugheit Ruhm dir wird und laß den anderen dies gelehrte, soll ich sagen, Geplapper oder Narrenzeug". (Gorgias 481 d ff.)

2. Vernunft und Glaube

2.1 Ist die Aufklärung am Ende? Über die Grenzen der Vernunft

Aufklärung war nie jedermanns Sache; auch heute nicht. Philosophen und Pädagogen sprechen davon, daß sie ans Ende gekommen sei, und vor allem die Pädagogik müsse sich nach einer anderen Grundlage umschauen, die ihr Bedeutung und Sinn, und ihren verschiedensten Aktivitäten ein gemeinsames Band und sie verbindendes Fundament sichern. Denn die Hoffnung auf das „Selber-Denken", auf die Kraft der Vernunft als einem sicheren Richter von wahr und falsch im Denken, von gut und böse im Handeln habe sich als trügerisch erwiesen. Wenn Pädagogik bisher geglaubt hatte, ihren Auftrag einem Begriff von Bildung zu verdanken, der sich eben am aufklärerischen Vernunftbegriff orientiert, so müsse sie sich nunmehr von dieser, alle ihre Einzelaufgaben ausrichtenden Zentrale, verabschieden, weil Vernunft und eine auf sie gegründete Theorie von Bildung sich selbst deklassiert habe. Tatsächlich ist nicht zu übersehen, wie Bildungspolitik, Schulverwaltung und „zeitgenössische" Erziehungswissenschaft alle möglichen und unmöglichen Versuche unternehmen, um Substitute für einen fundierenden Begriff zu finden. Man spricht von Schlüsselqualifikationen, man differenziert den pädagogischen Auftrag auf die Erzeugung von Kompetenzen: etwa der kognitiven, der emotionalen und der sozialen Kompetenz.

Wenn man die Fülle der Literatur[1] und die in ihr geltenden Einwände gegen ein allgemeines Vernunftsprinzip vorläufig

---
[1] Vgl. z.B.: Georg Lukacs, Theodor W. Adorno, Max Horkheimer, Herbert Marcuse und in der Neuzeit die postmodernen Denker.

und recht oberflächlich zusammenfassen will, so lassen sich drei voneinander unterscheidbare und verschieden gewichtige Argumentationsbündel fassen, die auf verschiedenen Denkebenen, aber dennoch miteinander verbunden, Aufklärung als Illusion, zumindest als zwiespältig erscheinen lassen.

1. Der Hinweis auf die in der Geschichte unübersehbaren Ungeheuerlichkeiten, insbesondere die Verbrechen der Diktaturen im 20. Jahrhundert, lassen die Promotoren der Aufklärung als einer die „Bestialität" der Menschen bändigenden Kraft durch Vernunft als träumerische Toren und Idealisten erscheinen. Zumindest könne niemand übersehen, daß der Gebrauch der Vernunft keineswegs mehr Menschlichkeit, sondern zumindest auch das gerade Gegenteil befördern konnte.

2. Gestützt auf den Gang des Menschen durch die Geschichte glauben sich diejenigen bestätigt, die schon immer vor den Gefahren der Aufklärung gewarnt haben.[2] Aufklärung des gemeinen Volkes führe zu Unbotmäßigkeit, und überhaupt brauche der Mensch eine ihm von außen zukommende Leitung. Die Berufung auf individuelle Vernunft und Selbständigkeit des Urteils der Bürger führe zu Revolutionen und Anarchie, gefährde gesellschaftliche Ordnung und die sie tragenden Hierarchien. Diese Bedenken zeigen ihre Wirksamkeit bis in unsere bildungspolitische Praxis, wenn Schulen und pädagogische Einrichtungen ihre Ziele und Zwecke staatlich und gesellschaftlich verordnet bekommen, wenn Ministerien nicht davon ablassen können und wollen, die heute oder auch morgen notwendigen Qualifikationen bzw. Kompetenzen als Auftrag gesellschaftlicher Erfordernisse zu definieren.

3. Der dritte und die Aufklärung radikal herausfordernde Einwand beklagt ihr Ende, als Schwäche der Vernunft selbst und feiert dies als Befreiung von den Zwängen der Rationalität und ihren Geltungsansprüchen; zu Gunsten von Phantasie

---

[2] So kritisiert bereits Johann Georg Hamann die Aufklärungsphilosophen als „Lügen-, Schau- und Maulpropheten". Vgl. Metaphysik über den Purismus der Vernunft (1784). Vgl. auch seinen Brief an Christian Jacob Kraus vom 18.12.1784 in: Was ist Aufklärung? Reclam, Stuttgart 1996. S. 18 ff.

und Kreativität, frei sich entfaltender Gedankengänge, ohne den Zwang begründbar sein zu müssen. Der Einwand versteht sich als Kritik an der Vernunft selbst. Diese Kritik zeige, daß Vernunft, vor allem in ihren Objektivationen, sich als eben nicht jene zeitlose und unwandelbare Instanz erweise, der man das Leben und Wirken der Menschen anvertrauen könne, und sie als eine zuverlässige und zu schätzende Richterin anzuerkennen sei.

Diese Frage nach Recht und Grenze der Vernunft selbst gilt es zu beantworten, wenn man die andere Frage beantworten will, ob Aufklärung am Ende sei, oder ob man mit Kant weiterhin behaupten darf, daß die Bestimmung des Menschen darin besteht, „in der Aufklärung fortzuschreiten".[3]

Die Selbstbeschränkung der Vernunft bedeutet noch keine direkte Verwerfung des Programms der Aufklärung, sollte aber davor warnen, ihr Fragen vorzulegen bzw. zuzumuten, deren Beantwortung ihre Möglichkeiten sowohl überschreiten als auch ihre Kraft unterschätzen würde. Das Programm der Aufklärung wollte und will die Pädagogik aus den die Menschen bevormundenden Mächten befreien, aus dem Sektenanhang der Ismen, aus ideologischen Befangenheiten, die Menschen sollen versuchen, „durch eigene Bearbeitung ihres Geistes sich aus der Unmündigkeit heraus zu entwickeln und dennoch einen sicheren Gang (zu) tun".[4]

Dieser die Pädagogik definierende Auftrag läßt sich nur dann aufrecht erhalten, wenn Vernunft der gegen sie selbst gerichteten Kritik im Vorhaben von Mündigkeit standhalten kann. Eine erste Einschränkung formuliert Kant selbst zu Beginn seiner Vorrede zur ersten Ausgabe der Kritik der reinen Vernunft vom Jahre 1781, wo es heißt, daß „die menschliche Vernunft (...) das besondere Schicksal in einer Gattung ihrer Erkenntnisse (hat); daß sie durch Fragen belästigt wird, die sie nicht abweisen kann; denn sie sind ihr durch die Natur der Vernunft

---

[3] Vgl. Kant: Die Religion innerhalb der Grenzen der bloßen Vernunft. In: Werke in 10 Bd., S. 645
[4] Kant: Beantwortung der Frage: Was ist Aufklärung? In: Werke in 10 Bd., Bd. 9, S. 53 ff.

selbst aufgegeben, die sie aber auch nicht beantworten kann; denn sie übersteigen alles Vermögen der menschlichen Vernunft".[5]

Aufklärung hat bei Kant zwei Referenzpunkte: Sie soll dem Menschen als Individuum helfen mündig zu werden; sie soll dadurch und gleichzeitig die ständig drohende Gefahr bannen, daß der Mensch durch den Mangel an Aufklärung in Unmündigkeit verharrt, Herrschaft von anderen über sich duldet und im weiteren anerkennt, und damit auch seine Freiheit aufgibt; Aufklärung soll gleichzeitig eine demokratische Gesellschaft, wenn schon nicht schaffen, so doch befördern, in der Freiheit und Gleichheit friedfertiges und soziales Zusammenleben möglich ist.

Gerade dieser Zusammenhang hatte dem Programm der Aufklärung in den letzten Jahren seinen Glanz verliehen, hat ein ihr entsprechendes Vokabular hervorgebracht. Begriffe wie Selbstbestimmung, Autonomie der Person, Urteils- und Kritikfähigkeit; Emanzipation als Befreiung von Vorurteilen, subjektiven Befangenheiten. An einer ihr folgenden Pädagogik lag es nunmehr, den besseren Zustand des Menschen in der Gesellschaft herbeizuführen. Wenn Vernunft sich von ihrer Verblendung freimacht, von den jeweils empirisch gegebenen Sozialisationsergebnissen, wenn sie der „Faulheit und Feigheit" eine Absage erteilt, dann müßte man dem Zeitalter von Freiheit, Frieden und Gerechtigkeit, von Solidarität, schließlich von wahrer Menschlichkeit näherkommen.

Die Pädagogik geriet unter einen fast unerträglichen Erwartungsdruck. Um so größer ist die Enttäuschung, daß der vielfach versprochene Erfolg nicht eintrat, daß keineswegs die Menschen vernünftiger, rücksichtsvoller wurden, d. h. ohne Gewalt miteinander umgehen, daß politische Wahlen nicht das Ergebnis besonnener Überlegungen zu sein scheinen, daß man nicht einander achtet und toleriert. Das alles ist offenbar auch durch eine der Aufklärung verpflichtete Pädagogik nicht gelungen, und in dieser Wahrnehmung einer offensichtlich nicht

---

[5] Vgl. Kant: Kritik der reinen Vernunft. A VII.

erfolgreichen Pädagogik spricht man vom Scheitern der Moderne, vom Ende der Aufklärung, von der unüberwindbaren Kontingenz des Menschen, von seinen unauflösbaren Verstrickungen in die Gegebenheiten: Dabei werden die Anlässe, die zum Aufbruch der Pädagogik für eine freiere Gesellschaft, für emanzipierte Menschen genommen wurden, nun auch zum Anlaß dafür, daß sich Skepsis und gelegentlich auch Resignation breit machen. Denn offensichtlich ist es nicht der individuelle Mangel an Mut und Fleiß, der die Mündigkeit des autonomen Menschen verhindert, sondern ein Mangel der Vernunft selbst, eine Überschätzung ihrer Möglichkeiten.

Vernunft steht jetzt selbst auf dem Prüfstand mit dem harten Vorwurf, daß in dem Reden von Autonomie und Selbstbestimmung ihre Möglichkeiten überschätzt werden, und insbesondere die Pädagogik sich von falschen Hoffnungen hat leiten lassen. So haben Wolfgang Fischer[6] und Jörg Ruhloff vom skeptischen Einsatz der Vernunft gesprochen und ihr lediglich die Aufgabe zugedacht, ihre Ergebnisse vor allem in der Pädagogik auf die in ihnen immer mitgegebenen metaphysischen, d. h. unaufgeklärten Reste der Erkenntnis aufmerksam zu machen. Grundsätzliche und die Zeit überdauernde Geltungsansprüche seien nicht zu erwarten, und ihr Anspruch auf die Leitung der Praxis sei eine Anmaßung.

Beide Wissenschaftler sehen ihre kritisch-skeptische Position als radikales Weiterdenken des transzendentalphilosophischen Denken Kants. Er hatte bekanntlich die transzendentalphilosophische Frage dahingehend definiert, daß es nicht um „Erkenntnisse" gehe, sondern um deren Art und Weise, um Recht und Grenze der Vernunft selbst. Die Radikalität dieses Fragens ist die unabweisbare Folge von Kants transzendentaler Apperzeption, weil das „Ich denke" alle meine Vorstellung muß begleiten können.[7] In allem Denken steckt die Unruhe des Reflexiven, wo sich das Denken sein Wissen selbst noch einmal zum Gegenstand des Denkens macht.

---

[6] Vgl. Wolfgang Fischer: Unterwegs zu einer skeptisch-transzendentalkritischen Pädagogik. Sankt Augustin, Academia Verlag 1989.
[7] Vgl. Kant: Kritik der reinen Vernunft B 132.

Das gibt der Fragestellung seine Besonderheit: Deren Richtung geht nicht auf gegenständliche Inhalte, sondern darauf, wie die Vernunft zu ihren Urteilen kommt. Dies ist aber nur unter zwei Bedingungen möglich. Einmal in dem sie selbst tätig wird. Nur in ihrer Praxis kann Vernunft sich zeigen; d. h. nur, wenn sie „Gegenständliches" denkt. Aber zum anderen muß sie eben dieses gegenständliche Denken übersteigen. Die Vernunft wird im Bedenken ihrer Möglichkeit unabweisbar auf die Überholbarkeit der Verstandesleistungen stoßen. Sie wird im Bewußtsein des Wissens um dessen Grenzen, d. h. im Wissen um das unaufhebbare Nichtwissen, auch die Relativität seiner Ergebnisse zu Kenntnis nehmen müssen. Diese mag empirisch benennbar sein, im Hinweis auf eigene Befangenheiten, auf die soziokulturellen Gegebenheiten, Interessen, das Gebundensein in Sprache und Kultur. Diese können trotz aller Beschwörungen von Emanzipation, Befreiung und Selbstbestimmung nicht abgeschüttelt werden. Sie definieren aber die Vernunft grundsätzlich in ihren Grenzen. Der Hinweis auf ihre leibliche Gebundenheit mag zunächst genügen, denn es ist müßig sich vorzustellen, wie denn das Denken sich zeigen würde, wenn es sich von all diesen empirischen Gegebenheiten einmal frei machen könnte. Die Vorstellung einer solchen Utopie bedeutet gleichzeitig das Ende des Denkens überhaupt.

Immer wenn Vernunft tätig wird, zeigt sie ihre Grenze. Aber ohne tätig zu sein, ist sie nicht. Das mag als Banalität erscheinen, verweist aber darauf, daß aller Vernunftgebrauch auch in die Gegenständlichkeit des Denkens verstrickt ist. Nur wenn ich „etwas" denke, kann das Denken faßbar werden, kann Vernunft versuchen, sich selbst auf die Schliche zu kommen. Diese Verdoppelung des Denkens macht seine eigene Praxis äußerst riskant, denn die Gesetze der Vernunft selbst erkennen zu wollen, endet in der Aporie, daß Vernunft genötigt ist, sich selbst zum Gegenstand der Kritik zu machen, und diese Ergebnisse selbst wieder der Endlichkeit und Überholbarkeit zu überlassen.

Alles Denken steht unter dieser es selbst konstituierenden Ambivalenz und macht jeden Vernunftgebrauch, d. h. aber auch sie selbst problematisch.

M. a. W. Vernunft muß sich selbst zum Gegenstand des Denkens machen, wenn sie nicht im naiven dogmatischen Schlummer ihre Ergebnisse naiv behaupten will. Damit ergeben sich schwierige Probleme, die sich in zwei unterscheidbare Fragen definieren lassen.

Zunächst ist zu fragen, ob Vernunft, wenn sie sich selbst zum Gegenstand des Denkens, d. h. zum Objekt macht, noch jene sein kann, die als Prinzip oder Regulativ das Denken zu leiten hat; ob sie noch jene sein kann, die eben diesen Anspruch zu erfüllen aufgerufen ist. Oder anders formuliert: Wenn die Vernunft selbst in den Bereich gegenständlichen Denkens gezogen wird, unterliegt dann nicht jede mögliche Antwort den Attributen, die das Wissen in seiner Gesamtheit definiert: die Geschichtlichkeit und Überholbarkeit ihrer Ergebnisse, ihrer Endlichkeit im Bewußtsein der Abgegrenztheit gegenüber dem Nichtwissen, oder wie etwa Nicolaus Cusanus formulierte gegenüber dem „scibile". Aber: Nur in der reflexiven Wendung der Vernunft vermag sie auch ihr Wissen an Geltung zu binden.

Zum zweiten zeigt sich diese offensichtlich fatale Problematik unserer Vernunft, wenn analytische Kritik dem Dilemma nicht entkommt, in ihrem Gebrauch immer schon das vorausgesetzt zu haben, was sie erst zu bestimmen sucht. Denn der Einsatz der Vernunft setzt die Anerkennung ihrer Möglichkeit voraus. Vernunft kann sich nur mit den Mitteln der Vernunft selbst analysieren. Es besteht die berechtigte Sorge, daß das Denken in jenen vorurteilshaften Zirkelschluß gerät, der immer nur das beweisen kann, was er zuvor als Voraussetzung definiert hat. Wenn hier vom Vorurteil die Rede ist, dann ist damit nicht gemeint ein im voraus angenommenes Urteil über Sachen oder Personen, das im Prozeß von Emanzipation kritisch ausgeräumt werden kann; sondern jene Verstrickung der Vernunft in ihre eigenen Bedingungen, aus denen sie sich nicht befreien kann.

Skeptiker könnten mit einer gewissen Resignation diese Abdankung der Vernunft als Endpunkt der modernen Entwicklung des Nachdenkens über das Denken ansehen. Galt in der scholastischen Philosophie als Wahrheitskriterium die Übereinstimmung von „intellectus et rei", so mußte in der Moderne notwendig die Frage dahin weitergeführt werden, wie denn diese Übereinstimmung als allgemeingültig gesichert sein konnte. Kants kritische Philosophie machte sich deshalb auf, die Vernunft nun selbst einer kritischen Prüfung zu unterziehen, und alle ihre Setzungen mußten sich den Vorwurf gefallen lassen, aus ihren eigenen Befangenheiten nicht heraustreten zu können.

Die verschiedenen Varianten der Kritik haben in manchen Pädagogiken der Gegenwart ihren Niederschlag gefunden. Denen, die nachhaltig am offensichtlich unzeitgemäß gewordenen Anspruch von Vernunft festhalten, wird vorgeworfen, der wahren Befreiung des Menschen, vor allem vom Diktat der Geltung und anspruchsvoller Wahrheit im Wege zu stehen; Kreativität und Emotionalität zu unterdrücken. Dieser irrationale Einwand will die vielfältigen Möglichkeiten menschlicher Selbstverwirklichung betonen und verteidigen, die durch kalte Rationalität verschüttet werden; statt dessen wird die Macht der Gefühle behauptet, ihre orientierende Möglichkeit, als Leiter in der Unsicherheit des Lebens zu fungieren.

Hier ist nicht der Ort, die Relation von Rationalität und Emotionalität zu erörtern. Nur soviel sei zu bedenken gegeben, daß auch Emotionen nur dann zur Leitung menschlicher Praxis taugen, wenn der Handelnde um sie weiß. Dann aber müssen sie zumindest auch vom Bewußtsein begleitet sein. Dadurch wird ihre unmittelbar motivierende Kraft gebrochen, denn nunmehr entgehen sie nicht mehr der Frage nach ihrer Geltung, wie weit oder wie wenig diese auch beantwortet werden kann.

Diese wenigen Sätze radikalisieren die Problematik von neuem: Einerseits wird Pädagogik auf die regulative Kraft der Vernunft nicht verzichten können; andererseits kann man aber mit ihrer angenommenen Notwendigkeit nicht schon den Nachweis ihrer Möglichkeit erschleichen.

Beim Versuch ihre grundsätzliche Möglichkeit auszuloten[8], ist daran anzuknüpfen, daß allem Wissen jene Doppelendig-

---

[8] Wesentliche Anregungen verdanke ich den Beiträgen in der Festschrift für Jörg Ruhloff: K. Helmer, N. Meder, K. Meyer-Drawe, P. Vogel (Hrsg.): Spielräume der Vernunft. Würzburg 2001.

keit zukommt, die einerseits das Wissen um etwas, die andererseits das Wissen des Wissens von diesem „Etwas" meint. So ist Vernunft immer an und auf sich selbst verwiesen, es gibt keinen Richter über ihr, der ihr absolute Gewißheit bescheinigen, bzw. ihr das Urteilen abnehmen könnte.

Diese regulative Kraft der Vernunft muß dem Denken eingeräumt werden, auch mit dem Verweis auf ihre Grenze; und gerade im Eingeständnis ihrer je gegebenen Grenze behauptet sie ihre Universalität. Gerade im Wissen um ihre Endlichkeit, die dem Menschen in seiner empirischen Existenz leidvoll bewußt ist, zeigt sich die andere Seite der Vernunft. Ihre Setzungen sind in ihrer Begrenztheit nicht geltungsindifferent, wohl müssen sie ihren Geltungsanspruch, falls er in Frage steht oder in Frage gestellt wird, stets von Neuem begründen. Das stellt nicht die regulative Kraft der Vernunft in Frage, sondern bestätigt sie in ihrem Richteramt, auch in der Verabschiedung endgültig gesetzter Gewißheiten. Was bleibt, ist die Gewißheit des Fragens, die Gewißheit der Notwendigkeit von Argumentation, die Gewißheit der Überholbarkeit im Bewußtsein ihrer Bedingtheit.

So wie allem Fragen die Möglichkeit einer Antwort inhärent ist, ohne daß diese schon wirklich gefunden wäre, so ist der Vernunft die Absicht auf „Wahrheit" immanent; und selbst, wer mit seiner Vernunft den anderen zu täuschen versucht, kann die Absicht nur in Voraussetzung jener Annahme als zielführend sehen. Wer nicht an Geltungsansprüche „glaubt", kann nicht getäuscht und nicht enttäuscht werden. Er erkauft sich allerdings seine Unverletzbarkeit im Verzicht auf jeden Vernunftgebrauch und demaskiert argumentative Auseinandersetzung als unverbindliches Spiel postmoderner Beliebigkeit.

Ist mit dieser Dialektik der skeptische Einsatz[9] und der problematisierende Vernunftgebrauch[10] widerlegt? Das läßt sich

---

[9] Vgl. Wolfgang Fischer / Jörg Ruhloff: Skepsis und Widerstreit. St. Augustin 1993.
[10] Vgl. Jörg Ruhloff: Bildung im problematisierenden Vernunftgebrauch. In: Borrelli/Ruhloff: Deutsche Gegenwartspädagogik Bd. II, Hohengehren 1996.

nur behaupten, wenn in Skepsis und problematisierender Vernunft nicht selbst wieder die Absicht auf Aufklärung enthalten wäre. Aber sowohl Skepsis als auch der problematisierende Einsatz der Vernunft dokumentieren deren immanenten Sinn: nämlich die Vernunft davor zu warnen, d. h. sich aufzuklären, sich nicht mittels ihrer selbst, über ihre Grenzen hinwegzusetzen.

Damit könnte sich aber eine Problematik besonderer Art andeuten. Nachdem Kant in der Einleitung zu seiner Kritik der reinen Vernunft „demütig" gesteht, daß der Versuch der Vernunft, „Erkenntnis" über alle Grenzen möglicher Erfahrung hinaus zu erweitern", ihr „Vermögen gänzlich übersteige", und er es „lediglich mit der Vernunft selbst und ihrem reinen Denken zu tun habe" spricht er wenig später von Gewißheit. „Was nun die Gewißheit betrifft, so habe ich mir selbst das Urteil gesprochen: daß es in dieser Art von Betrachtungen auf keine Weise erlaubt sei, zu meinen und daß alles, was darin einer Hypothese nur ähnlich sieht, verbotene Ware sei."[11] Gleichzeitig relativiert er diesen Anspruch, weil auch die Aussagen mit Gewißheitsanspruch dem Urteil anheim zu stellen sind, „weil es dem Verfasser nur geziemt, Gründe vorzulegen".[12]

Kant macht noch einmal die diffizile Situation deutlich: Einmal geht es darum, die Grenzen der Vernunft, – wenn hier auch unter einem anderem Aspekt – zu betonen; zum anderen kann sie auf die Gewißheit im Gebrauch ihrer selbst – etwa im Wissen ihrer Grenze – nicht verzichten. Wo sie die Gewißheit um ihre Grenze verliert, gerät sie in Gefahr diktatorisch zu werden; das Denken, vor allem anderer, zu beherrschen. Deshalb bleiben ihre Behauptungen an Gründe gebunden, aber ohne Behauptung wird alles Begründen sinnlos.

Im Rückblick auf die vorgetragenen Gedanken scheint die Konsequenz dieser Überlegung darin zu bestehen, Skepsis und problematischen Vernunftgebrauch auf die in ihnen immanente Logik zu verpflichten. Dann wird das Urteil mitbedenken müssen, daß Skepsis immer auch auf sich selbst zurückbezo-

---

[11] Kant: A.a.O. A XIV f.
[12] Ebenda, A XV.

gen werden muß; daß es unumgehbar ist, den skeptischen Einsatz auch gegen sich selbst zu wenden; denn es ist völlig unmöglich, die Skepsis von eigenen Wissensbeständen fern zu halten; ihr ein unreflektiertes Wissen, wenn auch nur als Methode, zuzugestehen.

Wo Skepsis durch „innere Kriege nach und nach in völlige Anarchie" ausartet, d. h. sich selbst nicht mehr im Dienst eines in ihren Aussagen beanspruchenden Vernunftsgebrauchs begreift, da herrscht nach Kant „Überdruß und (...) Indifferentismus", der, so sehr er sich auch „in einem populären Tone unkenntlich zu machen" sucht, in metaphysische Behauptungen unvermeidlich zurück(fällt)".[13]

Aber diese Kritik soll nicht das letzte Wort sein. Vielmehr ist im skeptischen Einsatz ein ihm immanenter Appell herauszuhören. Dieser betrifft die Tugenden im Gebrauch der Vernunft: Nichts zu behaupten, was man nicht mit Gründen belegen kann und gerade dadurch der Widerlegung die offene Flanke zu zeigen; Obacht zu geben, auf die der Behauptung angemessene methodische Disziplin; seine Geltungsansprüche dem Anderen in ihrer Begrenztheit zu definieren. Dazu gehört ein in der wissenschaftlichen Pädagogik ziemlich vernachlässigter Anspruch: sich dem Anderen verständlich zu machen, ohne den Geltungsanspruch im sprachlichen Populismus zu verraten. Dazu gehört dann auch, daß alles Wissen sich in seiner Bescheidenheit gegenüber dem „scibile" begrenzt weiß, aber auch in seiner Begrenztheit sich als „participatio" am Unendlichen begreifen kann.

Die Beachtung der der Vernunft zukommenden „Tugenden" macht gleichzeitig Forderungen an einen bildenden Unterricht deutlich: alle Vermittlung hat jene Doppelendigkeit zu bedenken, die einerseits das Wissen in seinem gegenständlichen Sinn meint, die andererseits nicht sein Bedingtsein in geschichtlicher und grundsätzlicher Dimension verschweigt. Wo diese Dimension ausgelassen wird, da verfällt das Wissen dem Dogmatismus, bzw. es wird auf seine gesellschaftliche Verwertbarkeit beschränkt.

---

[13] Kant: A.a.O. A X.

Schon Mendelssohn hatte vom „tugendliebenden Aufklärer" gesprochen. Allerdings ihm empfohlen, „lieber das Vorurteil (zu) dulden, als die mit ihm so fest verschlungene Wahrheit zugleich" mitzuvertreiben. Denn der „Mißbrauch schwächt das moralische Gefühl, führt zu Hartsinn, Egoismus, Irreligion und Anarchie".[14]

Im folgenden sind zwei Gesichtspunkte vorzutragen, die den Mißbrauch der Aufklärung aufgrund des skeptischen Bewußtseins einzuschränken vermögen. Das ist einmal der Hinweis auf die Bedeutung von Tradition und zum anderen der auf die Dialogizität pädagogischer Praxis.

Der Verweis von Tradition verpflichtet vagabundierende Aufklärung zur Auseinandersetzung mit der Vergangenheit. Diese ist nicht die Diktatur der Geschichte, wohl aber zeigt sie mehr oder weniger geglückte, vielleicht auch verwerfliche Objektivationen der Vernunft.

Der Hinweis auf Geschichte und Tradition fordert vielmehr, ohne deren normative Kraft zu behaupten, sich ihrer erreichten Wertigkeiten zu vergewissern. Denn wo Aufklärung auf diese Tradition verzichtet, verwirft sie die hier und jetzt gegebenen Möglichkeiten, die ihr aus jener Auseinandersetzung erwachsen, die sie auch daran hindern, die der Vernunft hier und jetzt gegebenen Möglichkeiten einerseits zu unterschätzen, andererseits leichtsinnig zu hypertrophieren.

Aufklärung definiert sich im Prinzip des Dialogs. Im Dialog mit sich selbst, im Abwägen von Argumenten bestätigt Vernunft ihr Richteramt. Dieser interne, intrapersonale Dialog bleibt offen, nicht abschließbar. In ihm findet pädagogisches Handeln seine Intention, wenn es den anderen nicht dominieren will, ihn mit den eigenen Behauptungen und ihren Endgültigkeitsansprüchen nicht überfallen will.

Am Prinzip des Dialogs läßt sich noch einmal der Einsatz auch der problematisierenden Vernunft verdeutlichen. Gegenständliche Behauptungen müssen sich in ihm zur eigenen Relativität bekennen. Damit ist nicht Beliebigkeit gemeint, son-

---

[14] Vgl. Mendelsohn in: Was ist Aufklärung? A.a.O. S. 7.

dern Offenheit und Angewiesensein auf Zustimmung oder Kritik in den Argumenten des Anderen; jede Aussage erweist in ihrer Dialogizität ihre Geltungsgebundenheit und ihre Kontingenz gleichzeitig.

In dieser Gegenseitigkeit läßt sich der Sinn des interpersonalen Dialogs ausmachen. Die Relativität und Individualität jeder Erkenntnis, als Ausdruck der nicht hintergehbaren Individuallage, stiftet im Beieinander von gemeinsamer Geltungsgebundenheit und Andersheit in der Wertigkeit den Sinn des Dialogs. Sie macht ihn als Auseinandersetzung im Behaupten und Widerlegen, im Bezweifeln und Bejahen, überhaupt in bewußtseinsgebundenem Umgang möglich und sinnvoll.

Die Praxis des Dialogs setzt voraus, daß Menschen einander – wie begrenzt auch immer – verstehen können. Dialog, so könnte man im modernen Sprachgebrauch sagen, setzt Spielregeln voraus, die für die Teilnehmer gelten, ohne daß sie gleichzeitig ermittelt werden. Damit ist nicht eine institutionalisierte Ordnung von Rede und Gegenrede gemeint, sondern eine transzendentale Begründung des Dialogs. Wenngleich diese Voraussetzung, in klassischer Sprache als Logosbindung formuliert, in ihrer definierten und gewußten Gewißheit nie eingeholt werden kann, muß sie aber dennoch als verbindlich anerkannt werden. Gerade im Bedenken des Dialogs und seiner Bedingungen kann die Kraft und Verbindlichkeit vorausgesetzter Vernunft definiert werden, ohne dass ihre Aussage Endgültigkeitscharakter gewinnt. Die bleibende und als Spannung des Denkens auszuhaltende Doppelheit von Kontingenz und absoluter Geltungsbindung ist Verhängnis und Auszeichnung der Vernunft gleichzeitig.

Mit dieser keineswegs umfassend ausgeführten Analyse bleibt im Rückblick die Frage, ob Aufklärung als Absicht von Pädagogik infolge von Vernunftkritik zu verabschieden sei, weil Vernunft in all ihren Objektivationen begrenzt und relativ erscheint, und man in der unmittelbaren Berufung auf sie unsicheren und schwankenden Boden betritt. Aber gerade das stiftet ihre Möglichkeit und Notwendigkeit. Sie verabschieden zu wollen, würde das Denken ins Bodenlose fallen lassen. Wohl aber enthält Skepsis in ihrem problematisierenden Gebrauch einen moralischen Appell, zusammengefaßt als Redlichkeit und Bescheidenheit des Denkens, aber auch als Absage an Gleichgültigkeit ihren Ansprüchen gegenüber, und die Ermutigung im Ringen um Geltung. Der Anspruch auf Aufklärung wird angesichts der komplizierter werdenden Umstände des Lebens, der Verführbarkeit der Menschen in der sog. Informationsgesellschaft notwendiger denn je. Ohne sie liefert sich die Pädagogik den jeweils Herrschenden in Politik, Wirtschaft, Konsum, Freizeit und Stimmungsmachern aus.

2.2 GLAUBE, HOFFNUNG UND LIEBE ALS PÄDAGOGISCHE KATEGORIEN

Die Formulierung des Themas ist ungewöhnlich; sie wird Befremden auslösen und Widerspruch hervorrufen. Unschwer wird der mit der philosophischen Tradition vertraute Hörer bzw. Leser in den Begriffen Glaube, Hoffnung und Liebe die vor allem im christlichen Denken entwickelte Lehre von den drei übernatürlichen Tugenden wiedererkennen. Wenn sie hier als pädagogische Kategorien geltend gemacht werden sollen, muss man befürchten, daß Pädagogik in jenen vorwissenschaftlichen Zustand zurückfällt, wo diese wieder unter die Bevormundung durch Theologie gerät. Deshalb wird jene Formulierung dem aufgeklärten Erzieher und Lehrer, noch mehr aber dem Erziehungswissenschaftler, einer der rationalen Argumentation verpflichteten Disziplin, als Provokation erscheinen. Man wird befürchten, daß pädagogisches Handeln mehr durch fromme Gefühle geleitet wird, als sich an einer wissenschaftlich begründeten Theorie zu orientieren.

Man wird befürchten, daß pädagogische Wissenschaft in den Zustand einer Sammlung wohlgemeinter Ratschläge und Appelle aus religiösem Bewußtsein zurückfällt, daß Wissenschaft und Forschung durch religiöses Bekenntnis ersetzt werden und, was als böse Folgen angesehen werden müßte, daß der junge Mensch den Ansprüchen eines religiösen Bekenntnisses unterworfen wird, und damit der Anspruch der Aufklärung und das Recht auf Selbstbestimmung widerrufen wäre.

Diese Befürchtung wird verstärkt durch den Gebrauch des Wortes Tugend. Von ihr zu sprechen scheint unzeitgemäß, weil der Mensch sich aus den in ihr zur Aussage gebrachten Ansprüchen einer überkommenen Moral befreit habe, weil er seine Lebenswirklichkeit nicht mehr hinter verlogenen Konventionen verstecken wolle, weil er das Recht auf Selbstverwirklichung in Anspruch nehmen und nicht in subalterner Unterwerfung auf seine vitalen Möglichkeiten verzichten möchte.

Josef *Pieper* berichtet in einem seiner Traktate von einer Ansprache, die Paul *Valery* vor einigen Jahren vor der französischen Akademie gehalten hat (*Pieper* 1955) In ihr heißt es: „Tugend, meine Herren, das Wort Tugend ist tot, oder mindestens stirbt es aus ... Den Geistern von heute bietet es sich nicht mehr als unmittelbarer Ausdruck einer vorgestellten Wirklichkeit unserer Gegenwart dar ... Ich selbst muß gestehen: ich habe es nie gehört, oder vielmehr – was viel schwerer wiegt – ich habe es immer nur mit dem Vorzeichen der Seltenheit und in ironischem Sinne erwähnen hören in den Gesprächen, die man in der Gesellschaft führt ... Ich (setze) hinzu, daß ich mich auch nicht erinnere, es in den meistgelesenen oder sogar hochgeschätzten Büchern unserer Tage angetroffen zu haben. Endlich ist mir auch keine Zeitung bekannt, die es druckt, noch, fürchte ich, es außer in komischer Absicht zu drucken wagte." Schließlich ist es so weit gekommen, daß das Wort Tugend und tugendhaft „nur noch im Katechismus, in der Posse, in der Akademie und in der Operette anzutreffen ist". Die Rede von Tugend, von übernatürlichen Tugenden insbesondere wird als unzeitgemäß, als Ausdruck einer reaktionären Gesinnung empfunden.

Dennoch soll in dem vorliegenden Referat nichts Geringeres versucht werden, als die Tugenden von Glaube, Hoffnung und Liebe in ihrer Notwendigkeit für pädagogisches Handeln nachzuweisen, im Anspruch von Wissenschaft und stringenter Argumentation ihre übernatürliche Fundierung gleichzeitig weder als sinnlos noch als vernunftwidrig erscheinen zu lassen. M. a. W.: die Ausführungen sind getragen von der Absicht, aus einer philosophischen Analyse des pädagogischen Handelns die Begründung für die Notwendigkeit jener Tugenden als Momente der Lehrerhaltung nachzuweisen.

Für diesen Versuch, Glaube, Hoffnung und Liebe als Kategorien pädagogischen Handelns zu bestimmen, muß die Voraussetzung gelten und in ihren Konsequenzen festgehalten werden, daß man es in allem pädagogischen Umgang mit einer

2.2 GLAUBE, HOFFNUNG UND LIEBE ALS PÄDAGOGISCHE KATEGORIEN 77

personalen Beziehung zu tun hat. Das mag zunächst als selbstverständlich und banal angesehen werden. Die anspruchsvolle Bedeutung dieser Voraussetzung wird jedoch in der daraus folgenden Forderung bewußt, daß pädagogische Führung im anderen eine Person, ein Subjekt zu sehen hat, in dem es ebenso die Menschheit zu achten gilt, wie ich als Subjekt in mir selbst die Menschheit zu heiligen habe. Diese Voraussetzung ist keine willkürliche Annahme. Sie gilt für alle Pädagogik und ist für unser Thema in zweifacher Weise grundlegend: von Glaube, Hoffnung und Liebe kann überhaupt nur im Zusammenhang mit personalem Sein gesprochen werden; und andererseits nur dann, wenn Pädagogik in konstitutionellem Zusammenhang von Selbstbestimmung und Verantwortung, von Freiheit und Bewußtsein zu sehen ist. Erst in dieser apriorischen Bestimmung wird sich das sinngebende Bedingungsgefüge darstellen lassen. Ohne jene Voraussetzung schwindet der Unterschied von Unterricht und Indoktrination, von Erziehung und Dressur, von Bildung und Manipulation, von entfaltetem Menschentum einerseits und einer auf reiner Selbsterhaltung beschränkten biologischen Existenzsicherung bzw. Funktionsertüchtigung andererseits.

Einer Pädagogik, die den Menschen als Person ernst nimmt, verbieten sich alle Formen des Verfügens über den Lernenden bzw. Edukanden. Beistand und Rat, Mahnung und Aufforderung, Trost und Ermutigung, Aufklärung und Belehrung müssen sich dieser ihrer Bedingung bewußt bleiben, wenn sie nicht ihre pädagogische Absicht unterlaufen und widerrufen wollen. Diese ist auf die Entfaltung des Menschentums im Menschen gerichtet, auf Selbstbestimmung und Mündigkeit, auf den gesollten Vollzug zu verantwortenden Selbstseins. Deshalb verbieten sich alle Anleihen bei einem Handeln, das herrschen und verfügen will, das den Anspruch von Freiheit und Bewußtsein zu umgehen sucht, um den Zu-Erziehenden fremden, d. h. nicht seinem Personsein zugehörigen Zwecken zu unterwerfen. Deshalb verbieten sich für die Struktur pädagogischen Handelns alle Analogien zum technologischen Handlungsmodell. In diesem herrscht Zweckrationalität in der Weise, daß mit den Wirkmöglichkeiten zumindest quasi kausaler Gesetzmäßigkeit vorgedachte Zwecke und Programme durchgesetzt werden sollen. Technologisch orientiertes Handeln muß den, mit dem es absichtsvoll umgeht, wie einen ‚Gegenstand', wie ein den wirkenden Gesetzmäßigkeiten unterworfenes Objekt behandeln.

Für Selbstbestimmung bleibt kein Platz, wenn mittels kausaler Gesetzmäßigkeiten der Prozeß gesteuert werden soll, um das gewünschte Ergebnis herzustellen. Gestützt auf das Wissen um das Wirken jener Gesetze lebt das technologische Handlungsmodell von der Vorstellung der direkten Machbarkeit des Erfolges. Es soll nicht verschwiegen werden, daß in der modernen Erziehungswissenschaft die Tendenz, das pädagogische Handeln dem technologischen Modell anzugleichen, aus vielerlei Gründen vorherrschend ist; teils aus Gründen eines am Methodenverständnis der Naturwissenschaften orientierten Wissenschaftsverständnisses, teils in der gesellschaftlich gestützten Erwartung besonderer Effektivität.[1]

Die Frage nach der Möglichkeit pädagogischer Führung unter dem verbindlichen Regulativ der Selbstbestimmung scheint jedoch auf ein allgemeines pädagogisches Dilemma zu verweisen. Denn einerseits gehört es zur Pädagogik, zum Ethos und Engagement pädagogischen Handelns, daß etwas erreicht werden soll. Andererseits scheinen dieser Absicht die Hände gebunden, weil es Freiheit und Bewußtsein zu achten gilt, weil alles auszuschließen ist, was als Fremdbestimmung zu verstehen wäre. Das Interesse am anderen muß also wachgehalten und gleichzeitig gezähmt werden; allem pädagogischen Handeln sind einerseits Intentionen immanent, andererseits darf diese Absicht nicht zur Hypertrophie des Machens entarten, darf man sich nicht einfach vom zukünftigen (und wohl auch vom gegenwärtigen) Zustand der den Pädagogen anvertrauten jungen Menschen ein Bild machen, das es dann mit sozial technischen Mitteln herzustellen gelte.

Pädagogisches Ethos, sofern es nicht in der Ohnmacht des Wollens, in der Unverbindlichkeit und damit im Widerspruch

---

[1] Vgl. hierzu vor allem: Wolfgang *Brezinka*: Grundbegriffe der Erziehungswissenschaft, München/Basel 1974.

zu sich selbst geraten und sich selbst aufheben will, muß nach einer Möglichkeit suchen, die dieses Dilemma aufhebt, muß nach der Möglichkeit eines Handelns fragen, das einerseits seine Absicht nicht aufgibt, sein Engagement am anderen nicht verliert, das andererseits nicht zum Verfügen und zur Fremdbestimmung entartet. Gefragt ist nach einem Handeln, das auf Selbständigkeit, Mündigkeit und Autonomie des anderen gerichtet ist, das also Freiheit und selbständige Verantwortung nicht nur duldet, sondern deren Entfaltung und Stärkung ausdrücklich zum Ziel hat. Gefragt ist nach einem Handeln, dessen Ethos und Engagement ausdrücklich auf die Verwirklichung personalen Seins des anderen Du gerichtet sind, in dem die Absicht des pädagogischen Handelns mit der Absicht der Freiheit des Edukanten koinzidiert. Die sich ergebenden Konsequenzen für pädagogisches Handeln sind in ihrem regulativen Anspruch einzuhalten. Weder vollzieht sich Pädagogik im verfügenden Handeln noch in der Verneinung jeglicher Absicht; vielmehr wendet sich der pädagogische Akt an das Prinzip von Freiheit und Selbstbestimmung, an jene ‚Instanz', die Freiheit und Bewußtsein, Selbstbestimmung und Verantwortung ermöglicht, die der Freiheit Sinn, Richtung und Orientierung gibt. Ein solches Handeln, das Einfluß nehmen will, ohne fremdbestimmend zu werden, am anderen engagiert ist, ohne ihn in eine vorgezeichnete Bahn zu drängen, das absichtsvoll und richtungsbestimmt sein will, ohne den anderen auf ein Bild festzulegen, ein solches Handeln kann sich nur im Prinzip des Dialogischen konstituieren.[2] Unter seinem Anspruch sind die Menschen miteinander verbunden, ohne einander zu manipulieren; unter jenem Prinzip ist die Frage an Kain, wo ist dein Bruder Abel, fundamental verpflichtend, ohne daß sie dazu verführt, sich zum Vormund über ihn zu erheben. Im Dialog sind die Menschen einander verbunden, ohne voneinander abhängig zu sein. Im Dialog herrscht Toleranz, ohne daß man einander gleichgültig ist, ohne daß die in ihm zur Geltung gebrachten Äußerungen der Indifferenz verfallen. Im Dialog sind die

---

[2] Vgl. Marian *Heitger*: Beiträge zu einer Pädagogik des Dialogs, Wien 1983.

Menschen Partner, ohne ihre Verschiedenheit aufzugeben, sie können miteinander reden und argumentieren, ohne die gleiche Meinung zu haben, sie können einander verstehen, aneinander Anteil nehmen, ohne ihre Einmaligkeit aufzugeben.

Das Fundament für diese Beziehung der aktiven Toleranz, der gegenseitigen Achtung ohne Gleichgültigkeit, der Gleichheit in der Ungleichheit, des Verstehens ohne Verlust der Einmaligkeit, der Hinordnung auf den anderen ohne Verzicht auf Eigenständigkeit, – die Bedingung der Möglichkeit für diese scheinbar einander widersprechenden Intentionen ist nur in der alles Dialogische gründenden und begründenden Bindung an Wahrheit zu sehen. Ohne diese Voraussetzung wird jede dialogische Beziehung zur Illusion, wenn sie sich auf gegenseitiges Argumentieren, Begründen und Verstehen einlassen will. Wer argumentiert und begründet, der muß sich an die Argumentationsfähigkeit des anderen, an jene die Würde des Subjekts auszeichnende Instanz wenden, die *Platon* als die Logoshaftigkeit des Menschen, die *Kant* als Richterstuhl der Wahrheit in jedem Menschen vorauszusetzen sich gezwungen sieht.

Wenn man, wie es unser Thema formuliert, Glaube, Hoffnung und Liebe als pädagogische Kategorien zu bestimmen versucht, dann müssen diese sich als Momente der Erzieher- bzw. Lehrerhaltung in jenem das Pädagogische konstituierenden Prinzip des Dialogs nachweisen lassen.

Pädagogische Führung des Unterrichts unter dem Prinzip des Dialogischen muß sich im Anspruch von Selbstbestimmung als Hilfe zum Erwerb von Wissen begreifen. Der Respekt vor dem Subjektsein des Lernenden, gleichzeitig die Beachtung der Natur des Wissens, nötigen in allem Unterrichten, den anderen zu eigenem Wissen durch je eigene Erkenntnis gelangen zu lassen. Denn vom Wissen, das seinem eigenen Anspruch treu bleiben will, kann man überhaupt nur sprechen, wenn der das Wissen Habende und Behauptende für den mit seinem Wissen notwendig verbundenen Geltungsanspruch selbst einsteht, d. h. wenn er vor dem Richterstuhl seiner Vernunft den Akt des Fürwahr-Haltens selbst vollzogen hat.

Wer Geltung für sein Wissen beansprucht, kann diesen Anspruch nicht auf den anderen abschieben; er kann für die von

2.2 GLAUBE, HOFFNUNG UND LIEBE ALS PÄDAGOGISCHE KATEGORIEN 81

ihm behauptete Geltung nicht andere haftbar machen, es sei denn, er behauptet gar nicht dieses als sein Wissen, sondern er sei nur der Sprecher eines von anderen erhobenen Geltungsanspruchs. Aber auch diesem gegenüber muß er jenem Anspruch genügen, das heißt, er muß sich dem Geltungsanspruch anderen Wissens gegenüber anerkennend oder ablehnend verhalten oder mit guten Gründen, das eigene Unwissen bekennend, für jetzt zunächst unentschieden bleiben.

Um Mißverständnissen vorzubeugen, sei hier angemerkt, daß das Prüfen von Geltungsansprüchen nicht als voreilige Rechthaberei gemeint ist, als kaltherzige Analyse aus bloßer Lust an Kritik, daß aber, und auch das muß festgehalten werden, pädagogisch gemeintes Lehren sich unter dem dialogischen Prinzip, d. h. in gegenseitiger Argumentation zu bestimmen hat.

Das ist kein Ideal für besonders ausgezeichnete und geglückte Unterrichtsstunden, für Feiertagsstimmung und schöne Ausblicke, sondern ein verbindlicher Anspruch für jeden Akt pädagogischer Führung in Unterricht und Erziehung.

Wenn Unterricht das ‚Selberdenken' des Schülers wollen muß, weil jeder Mensch sein Wissen nur im Akt des eigenen Einsehens haben kann, dann schuldet der Lehrer dem Schüler, jedem Lernenden die Begründung und Argumentation der von ihm im Lehrgut und in der zu vermittelnden Tradition zum Ausdruck gebrachten Geltung. Er kann sich aus Achtung vor dem Personsein des Schülers nicht mit der bequemen Berufung auf Autorität zufrieden geben oder gar dem anderen die Verpflichtung auferlegen, sich dieses oder jenes merken zu müssen.

Das gleiche gilt für den Bereich der Erziehung. Wenn es ihr um das Tun des Guten geht, wenn sie helfen will, dass der junge Mensch lernt, in seiner Haltung dessen Verbindlichkeit zum Prinzip zu machen, dann ist sie an Einsicht in das Gesollte für eine Handlungsmaxime als Motiv gebunden. Dann hat auch sie dem Prinzip des Dialogischen in Begründung und Beispiel zu folgen.

Dieser Anspruch auf Begründung in Wort und Tat gilt prinzipiell, in jeder pädagogischen Führung, in jedem pädagogischen Akt, er gilt gegenüber jedermann, sofern die Beziehung das Attribut des pädagogischen beansprucht. Die Folge dessen aber ist, daß jedes pädagogische Handeln apriorische Wahrheitsbindung des Menschen zur Voraussetzung hat.

Dieses darf nicht in Frage gestellt, nicht bestritten werden, wenn das Infragestellen nicht aufgegeben, sie muß anerkannt werden, wenn die Möglichkeit pädagogischer Führung nicht aufgehoben werden soll.

Die Gewißheit dieser Bindung stiftet das Prinzip der Bildsamkeit für jeden Menschen und ist identisch mit dem Glauben an die ‚Logoshaftigkeit' aller Menschen.[3] Wenn angesichts jener Gewißheit das Motiv des Glaubens angeführt werden muß, dann ist damit zunächst folgendes gemeint: Die Anerkennung der leitenden Beziehung auf Wahrheit für den Menschen muß unwiderruflich gelten; als Prinzip steht sie nicht zur Disposition wissenschaftlicher Kritik, wenn sich Pädagogik und die Wissenschaft von ihr nicht selbst aufheben wollen.

Gemeint ist in jener Voraussetzung aber auch der Glaube an die eine Wahrheit, die ihren unaufhebbaren Anspruch, ihre unveränderliche, kontinuierliche Identität nicht verliert. In der Partizipation aller Menschen an dem einen bleibenden, unaufhebbaren Anspruch ist die Bedingung der Möglichkeit grundgelegt, daß Lehren und Unterrichten nicht in Zwang und Indoktrination, in Überredung und Manipulation verfallen, sondern in gegenseitiger Argumentation als Hilfe zur je eigenen Überzeugung verstanden werden müssen. Wenn Pädagogik diesem Prinzip zu folgen hat, dann ist dieser Glaube eine notwendige Bestimmung von Lehrerhaltung. Wer diesen Glauben an die dem Menschen gewährte Teilhabe an Wahrheit nicht hat, wer die Argumentabilitas als Ausdruck dieser Bindung leugnet, dem muß aller pädagogisch gemeinte Unterricht als törichtes Unterfangen erscheinen; so wie der hl. AUGUSTINUS es tö-

---

[3] „Darum wird die Wahrheit, die rein aus dem Innersten unseres Wesens geschöpft ist, allgemeine Menschenwahrheit seyn, sie wird Vereinigungswahrheit zwischen den streitenden, die bei Tausenden ob ihrer Hülle sich zanken werden."
Pestalozzi: Sämtliche Werke, Berlin-Zürich 1927 ff., Bd. 1, S. 269.

richt nennt, die Kinder nur deshalb in die Schule zu schicken, um zu lernen, die Worte der Lehrer zu wiederholen; es wäre alles Lehren vergebens, wenn man nicht an die durch den ‚Logos' gestiftete Dialogfähigkeit des Menschen als seine Argumentabilitas glauben würde, wenn man nicht wie AUGUSTINUS hoffen dürfte, daß aus Anlaß des dialogischen Umgangs in den Lernenden das Licht der Wahrheit aufleuchte.

Dieser Glaube an die unverbrüchliche Partizipation des Menschen an der einen Wahrheit ist das Fundament für jenes grundsätzliche Vertrauen, das man einander schenken muß, wenn man überhaupt dialogisch miteinander umgeht. Gemeint ist jenes fundamentale Vertrauen, daß es auch gegenüber Enttäuschungen und Rückschlägen durchzuhalten gilt, selbst da, wo man sich kaum noch vorstellen kann, im argumentativen Umgang etwas auszurichten.

Das hier geforderte Vertrauen ist nicht schwärmerische Stimmung, die von der Wirklichkeit keine Notiz nimmt, ihren Anruf mißachtet, dadurch entweder leichtsinnig oder unverbindlich wird. Der im Gedanken der Bildsamkeit eines jeden Menschen zum Ausdruck kommende Glaube an den Logos und die Logoshaftigkeit des Menschen darf nicht dazu verführen, die Nöte und Gefahren, die konkreten, eingeschränkten Möglichkeiten des Hier und Jetzt zu übersehen.

Pädagogisches Handeln muß den Menschen in seiner konkreten Situation, in seiner Individuallage ernst nehmen. Individuallage ist aber nicht eine statistische Gegebenheit, die es in soziologischen Erhebungen festzustellen gilt. Individuallage ist Ausdruck der je erreichten Wertigkeit des personalen Seins in seiner Logosbindung und darin Ausdruck einer grundsätzlichen Aufgabenhaftigkeit. Wegen der unaufhebbaren Bindung an die eine Wahrheit bleibt Individuallage aufgabenhaft, wenn anders der Gedanke der Geschichtlichkeit nicht seinen Sinn verlieren soll. Vertrauen in diese bleibende Bildsamkeit bedeutet Möglichkeit und Anspruch für Lehrerhaltung. Dieser Anspruch gilt gleichermaßen für das Unterrichten und für die Erziehung. Wo nicht, wie *Kant* formuliert, die Bonität des Herzens vorausgesetzt wird, wo nicht von der Gewißheit des Gewissens die Rede ist, von der Stimme Gottes im Menschen, die es nach *Rousseau* dreimal heilig zuhalten gilt, da hat Erziehung ihr Fundament verloren, da ist Erziehung als dialogische Führung nicht möglich, da entartet sie zur Verhaltenssteuerung unter Mißachtung des Anspruchs von Freiheit und Selbstbestimmung. Wer nicht an die Partizipation des Menschen am „höchsten Gut" glaubt, dem verschließt sich die Möglichkeit personaler Führung in der Erziehung.

Auch hier ist dieser Glaube verpflichtender Anspruch an die Erzieherhaltung. Ihn gilt es durchzuhalten, trotz aller Rückschläge und Enttäuschungen, trotz der Erfahrung von Bosheit, Verschlagenheit, Egoismus und Borniertheit. Auch hier gilt, daß die je erreichte Individuallage kein Endzustand ist, sondern selber wieder zur Aufgabe wird.

Das eröffnet den Blick auf die Tugend der Hoffnung als einer notwendigen pädagogischen Kategorie. Auf Grund des Glaubens an die unverbrüchlich gewährte Teilhabe an Wahrheit und Gutheit in der grundsätzlichen Logosbindung steht der Lehrer und Erzieher der Individuallage seiner Schüler mit der Haltung der Hoffnung gegenüber. Das besagt ein Mehrfaches, das in Konsequenz des Ansatzes zu entfalten ist.

Pädagogisches Handeln darf nicht am technischen Modell ausgerichtet sein, weil es mit Subjekten und nicht mit Objekten zu tun hat. Deshalb verbieten sich Vorstellung und Absicht von der Herstellbarkeit bzw. Machbarkeit des pädagogischen Erfolges; er läßt sich nicht programmieren und nicht berechnen. Das ist nicht Mangel an Rationalität und Wissenschaftlichkeit der Pädagogik; das ist vielmehr Ausdruck und Folge dessen, daß wir es in Unterricht und Erziehung nicht mit verfügbaren Objekten zu tun haben, sondern mit Subjekten, die für ihr Wissen und ihr Handeln selbst einzustehen haben. Wissen und Haltung sind von jedem Subjekt selbst zu vollziehen.

Dennoch kann der Lehrer dem möglichen Erfolg seines Unterrichtens und Erziehens nicht uninteressiert und teilnahmslos gegenüberstehen. Pädagogische Absicht ist auf die Ermöglichung von Wissen und Haltung gerichtet; sie ist getragen von der Hoffnung, daß der Schüler selbst erkennt und das Erkannte verbindlich macht. An die Stelle des berechenbaren Erfolges zu einem geplanten Zeitpunkt tritt die Hoffnung auf Erfolg.

Sie ist nicht Ersatz für mangelnden Glauben an Erfolg, Verschleierung von Resignation, Gleichgültigkeit angesichts der Unmöglichkeit, den anderen nach dem eigenen Programm zu formen, sie ist vielmehr eine dem Schüler geschuldete Haltung, Einstellung und Gesinnung. Diese Hoffnung trägt den Pädagogen, wenn Erfolg nicht sichtbar wird; sie verbietet jene Resignation, die Ausdruck endgültigen Scheiterns und Unvermögens wäre; die dem Menschen den Charakter des Subjektseins nähme, ihm keine Lebensgeschichte mehr zuerkennen würde.

Das Prinzip der Hoffnung ist konstituierend für den pädagogischen Dialog. Wenn man nicht das Recht, ja die Pflicht hätte, zu hoffen, daß der andere zur Einsicht komme, wäre es völlig unsinnig, an dessen Argumentabilitas zu appellieren, sich mit dessen Argumenten auseinanderzusetzen, auf Widerspruch hinzuweisen, an frühere Zusammenhänge zu erinnern. Erziehung in Rat und Beispiel, in Ermahnung und Ermutigung wäre sinnlos, wenn man nicht auf Gewissenseinsicht und erfahrbare Verbindlichkeit hoffen dürfte. Diese Hoffnung ist aufrecht zu halten, so lange der Mensch lebt, so lange er in statu viatoris ist, so lange seine Lebensgeschichte nicht vollendet ist.

Grund für diese Hoffnung im Sinne des Grundsätzlichen ist der Glaube an das unverbrüchliche Anwesen der Wahrheit, ist der Glaube an die Unverlierbarkeit des Richterstuhls der Wahrheit im Menschen, an die bei aller Bosheit und Verwirrtheit bleibende Stimme des Gewissens, die auch dann spricht, wenn der Mensch sich taub stellt, gewissenlos scheint, weil er sich um den Gewissensspruch nicht kümmert.[4] Die bleibende Anwesenheit des Richterstuhles der Wahrheit und Gutheit im Menschen ist der Grund dafür; daß der Mensch sich bekehren, daß er umkehren kann, daß die Hoffnung mit dem ‚verlorenen Sohn' nicht aufgegeben werden darf. Das ist kein stimmungsvolles Gefühl, sondern Verpflichtung, weil die Hoffnung des Lehrers und Erziehers beispielhafter Anlaß dafür ist, daß der junge Mensch die Hoffnung mit sich selbst nicht aufgibt. Hoff-

---

[4] So interpretiert *Kant* die häufig gebrauchte Wendung vom gewissenlosen Menschen. *Kant*: Vom Leitfaden des Gewissens in Glaubenssachen. 4. Stk. § 4.

nung ist ein Prinzip des mitmenschlichen Umgangs der Pädagogik. In ihr dokumentiert sich jene Haltung des Pädagogen, die schon *Platons* Sokrates in der Forderung der Askese ausgesprochen hat mit dem bewußten Verzicht auf das Wirken bzw. das Bewirkenwollen. Sie ist gleichzeitig Ausdruck der Haltung, die nicht resigniert, die den anderen nicht aufgibt, die ihm im Suchen nach dem Wahren verbunden bleibt.

Glaube und Hoffnung finden ihre Erfüllung in der Tugend der Liebe. Dialogische Haltung ist Ausdruck des Respektes vor dem Du, seinem Subjektsein, vor seiner unverlierbaren Würde, die sich in seiner Wahrheitsbindung begründet und dokumentiert. Sie ist damit Ausdruck jener Liebe, in der ich mit dem anderen in der Wahrheitsbindung verbunden bin, in dieser Wahrheitsbindung verbunden bleibe. Liebe als pädagogische Tugend ist gleichzeitig Ausdruck jener Haltung, die den anderen auch in seinem Menschsein als Anderssein grundsätzlich anerkennt. In dieser Liebe sind Rat und Mahnung, Hinweis auf Fehler, Mängel, Widersprüche und Ungereimtheiten Ausdruck der dialogischen Verbundenheit, Ausdruck eben jener Gemeinsamkeit, die den anderen nicht nur in seinem konkreten Sein annimmt und ernstnimmt, sondern darin gleichzeitig an dessen bessere Möglichkeiten glaubt.

Lehren und Unterrichten, Erziehen und Mahnen, sind Ausdruck jener Liebe, die sich auch dann bewährt, wenn Pädagogik fordernd, mahnend wird; denn sie ist Folge jener Logosbezogenheit, in der die Menschen einander zu helfen haben, die Partizipation an der vorausgesetzten Wahrheit zu vollziehen.

Pädagogische Liebe äußert sich in allem Unterrichten und Lehren, denn sie wird zur Verpflichtung, die je erreichte Wahrheit des eigenen Erkennens und Wissens nicht ängstlich und egoistisch vor dem anderen zu verbergen; sie ist vielmehr Verpflichtung, auch den anderen entsprechend seinen Möglichkeiten an der erreichten Wertigkeit des Wahrheitsvollzuges teilnehmen zu lassen.

Das setzt allerdings voraus, daß das Wissen nicht allein unter dem Gesichtspunkt seiner Verwertbarkeit gesehen wird, sondern sich als Teilhabe an der einen letzten Wahrheit definiert. Darum ist die Verpflichtung, den anderen an dieser Wahrheit teilnehmen zu lassen, nicht ein Erfordernis von Arbeitsteilung, technischem Fortschritt und pragmatischem Denken, sondern Ausdruck jenes mitmenschlichen Engagements, das in der Partizipation am Logos dem Menschen hilft, sein Menschsein zu verwirklichen.

Diese Liebe bestätigt sich im Dialog: das Argumentieren ist nicht rechthaberisch, nicht eitel, nicht verletzend und bevormundend, sondern ermöglicht Einsicht, als Teilhabe, und dadurch Verwirklichung des Menschentums. Sie weiß sich auch in der Auseinandersetzung mit dem anderen in der Hinordnung auf das Wahre und Gute verbunden: In ihr wird der andere auch als Anderer, d. h. mit seinen Argumenten und Motiven angenommen, weil er sich in der Frage nach ihnen als Suchender und Ringender erweist und mir gerade darin verbunden ist. Liebe, die nicht nur ein Gefühl der Sympathie ist, sieht jeden in dieser Gemeinsamkeit. Niemand kann und darf daraus entlassen werden. Diese Liebe bleibt Forderung auch gegenüber dem Aggressiven und Aufmüpfigen, gegenüber dem Arroganten und Verkrampften, dem Starken und dem Schwachen; gegenüber dem Versager; sie bleibt Forderung auch angesichts der scheinbaren Erfolglosigkeit, sie bleibt Forderung, wenn der junge Mensch sich von Eltern, Erziehern und Lehrern lossagt, um seinen eigenen Weg zu gehen. Ohne diese Liebe verliert Erziehung ihr Ethos, wird zum Versuch von Herrschaft und Bevormundung, wird Ausdruck des eigenen Egoismus, dem es nicht mehr um das ‚Selbst-Sein' des anderen geht, sondern um die Demonstration der eigenen Überlegenheit, um die Durchsetzung der eigenen Wunschvorstellungen nach einem Programm, das ich für den anderen in der Hybris des – wenn auch häufig kaum bewußten – Machtwillens entworfen habe.

Die hier entwickelte Theorie der Pädagogik und Lehrerhaltung mit den Tugenden Glaube, Hoffnung und Liebe ist in moderner Erziehungswissenschaft ungewöhnlich. Sie wird auf Bedenken und Einwände stoßen. Wird hier nicht eine Theorie entwickelt, die in der Ohnmacht des Sollens ihre Bedeutungslosigkeit einbekennen muß, oder wird diese Theorie, um nicht ohnmächtig zu werden, nicht der Gefahr erliegen, in der Berufung auf jene Tugenden einen irrationalen guten Willen zum umfassenden Machtinstrument werden zu lassen? Oder: Wie ist in Unterricht und Erziehung die mißbräuchliche Berufung auf jene Tugenden zu verhindern? Wie ist zum Beispiel zu verhindern, daß der Glaube nicht zur hybriden Gewißheit des eigenen Wissens wird oder in radikaler Skepsis das Wissen überhaupt mißachtet; wie schützt sich die Pädagogik davor, daß die Tugend der Hoffnung nicht zum Alibi für eigene Bequemlichkeit wird oder doch zum Bewußtsein von der Machbarkeit entartet; wie schützt sich die Pädagogik davor, daß die Tugend der Liebe sich nicht gegen den kehrt, für den sie eigentlich das Beste zu wollen vorgibt; wie schützt sie sich davor, nicht in jene Befürsorgung zu verfallen, die dem anderen den eigenen Atem nimmt?

Noch radikaler werden die Bedenken mit dem Hinweis darauf, daß das Reden von Tugenden einen unerfüllbaren Anspruch stellt, so daß Theorie zum ideologischen Überbau wird, zur Verschleierung einer schlechten Wirklichkeit, die das Bewußtsein von der Notwendigkeit der Veränderung von Praxis verhindert. Mit anderen Worten, stellen die Forderungen von Glaube, Hoffnung und Liebe für pädagogisches Handeln nicht eine unzumutbare Anmaßung dar, die deshalb auch erfolglos bleiben muß?

Wenn angesichts dieser Bedenken an jene Tradition erinnert wird, die Glaube, Hoffnung und Liebe als übernatürliche Tugenden sieht, dann stellt sich die Frage, wie weit durch das Hinübertreten in den Bereich der Religion in der Berufung auf jenes Wissen, das sich für den Gläubigen aus der Offenbarung ergibt, sich ihm eine neue Dimension erschließt, wie weit dem pädagogischen Ethos ein im religiösen Glauben gesichertes Fundament angeboten ist; ein Fundament, das dem philosophisch geforderten Glauben eine von der Philosophie nicht zu bietende Bestimmtheit geben kann.

Josef *Pieper* sagt von jenen Tugenden: „Glaube, Hoffnung und Liebe sind die Antwort auf die Wirklichkeit des dreieinigen Gottes, die dem Christen auf übernatürliche Weise sich enthüllt hat durch die Offenbarung Jesu Christi." In bezug auf die Tugendlehre fährt *Pieper* fort: „Die drei theologischen Tugenden sind nicht nur die Antwort auf diese Wirklichkeit, sondern sie sind zugleich das Vermögen und die Kraftquelle dieser Antwort; sie sind nicht nur die Antwort selbst, sondern sie sind sozusagen auch der Mund, der allein diese Antwort zu sagen vermag" (*Pieper* 1975, 57).

Tugend ist demnach nicht eine Einzelhandlung, auch nicht die Summe vollzogener Handlungen, sie ist vielmehr eine Seinsweise des Menschen, aus der die Akte in ihren Einzelvollzügen gesetzt werden, die den Einzelvollzügen ihren Stempel aufdrückt, die sich als Ausdruck einer Haltung konstituiert und auf diese zurückwirkt. Tugend ist Ausdruck von hochwertig vollzogener Lebensgeschichte und gleichzeitig habitueller Hintergrund für den vereinzelten Vollzug. Sie ist die zur zweiten Natur gewordene Geneigtheit, das jeweils Gute zu tun. Wenn man vor diesem Hintergrund nach der Tugend des Glaubens in ihrer übernatürlichen Fundierung fragt, so wird man an jene philosophische Aussage anknüpfen, daß alles Wissen und alles Vermitteln von Wissen auf eine vorauszusetzende Wahrheit verweist.[5]

Diese ist gegenständlichem Erkennen nicht zugänglich, sie ist anzuerkennen. Man kann sie nicht beweisen, ihre Gewißheit kann nur im Glauben, d. h. im Akt der Hingabe erfahren werden. Sie bedarf der Offenbarung, und als Offenbarung dieser Wahrheit selbst ist ihr jede Ungewißheit genommen.

Mit der Offenbarung als der Präsenz der Wahrheit kann sich der Mensch nicht auseinandersetzen; sie ist frei von Stückwerkhaftigkeit; sie ist kein vereinzelter Geltungsanspruch, sondern Geltung selbst. Im hingebenden Glauben an sie schwindet alle Stückwerkhaftigkeit, ist das Erkennen und Wissen trotz seiner Begrenztheit und Fragwürdigkeit vor bloßer Resignation und dem Verfall an Skepsis und in deren Gefolge dem Verfall an Zynismus entrissen.[6]

---

[5] Vgl. *Kant*: Kritik der reinen Vernunft. A 7: „Die menschliche Vernunft hat das besondere Schicksal in einer Gattung ihrer Erkenntnisse: daß sie durch Fragen belästigt wird, die sie nicht abweisen kann, denn sie sind ihr durch die Natur der Vernunft selbst aufgegeben, die sie aber nicht beantworten kann, denn sie übersteigen alle Vermögen der menschlichen Vernunft."

2. VERNUNFT UND GLAUBE

Nach der Definition des Vatikanischen Konzils ist der Glaube Geschenk und Gnade, an der Wahrheit in ihrer Absolutheit und Zeitlosigkeit als Offenbarung Gottes, in ihrer unverbrüchlichen Treue und Gewißheit teilnehmen zu können. Dieser Glaube macht einerseits die Stückwerkhaftigkeit alles Wissens bewußt, zeigt andererseits ihr ‚Aufgehobensein' in der einen Wahrheit. Der Glaube bewahrt den Menschen in seinem Ringen um Erkenntnis einerseits vor der Hybris, sein zu wollen wie Gott, d. h. die Wahrheit zu erkennen, verfügend mit ihr umzugehen. Sie bezeugt nach dem hl. *Paulus* die Schrift: „Ich lasse die Weisheit der Weisen vergehen und die Klugheit der Klugen verschwinden", denn Gott hat „die Weisheit der Welt als Torheit entlarvt" (1 Kor. 1,19-20). Andererseits bewahrt der Glaube vor totaler Skepsis und radikalem Nihilismus; nach dem Kollosserbrief (2,3 f) sind „in ihm alle Schätze der Weisheit und Erkenntnis verborgen".

Im Glauben läßt sich der Mensch über alle Unsicherheit, über alle Unruhe des Suchens auf die Gewißheit seines Heils ein, so wie *Paulus* im Hohen Lied der Liebe schreibt (1 Kor. 13,9-10): „Denn Stückwerk ist unser Erkennen, Stückwerk unser prophetisches Reden; wenn aber das Vollendete kommt, vergeht alles Stückwerk." Dieser Glaube wird für den Lehrer das sichere Fundament für alles Lehren; die Vermittlung von Wissen ruht auf diesem Glauben; erschließt ihm neuen Sinn, der das Wissen nicht nur als Qualifizierung für vorgesehene Funktionen begreift, sondern als Teilhabe an jener Wahrheit; weil alle endliche Wahrheit Teilhabe an dieser sich im Glauben aus der Offenbarung schenkenden unendlichen Wahrheit ist.

An dieser Gewißheit findet das Unterrichten, auch Mühe und Plage, eine Überhöhung, die ihm einen unverbrüchlichen

---

[6] „Glaube an Gott, du bist der Menschheit in ihrem Wesen eingegraben, wie der Sinn vom Guten und Bösen, wie das unauslöschliche Gefühl von Recht und Unrecht, so unwandelbar fest liegst du als Grundlage der Menschenbildung im Inneren unserer Natur."
Pestalozzi: Sämtliche Werke, a.a.O. Bd. I, S. 273.

Sinn gibt.⁷

In diesem Verständnis von Lehren und Lernen definiert sich das Argumentieren als Dienst an der Wahrheit selbst: Die Beachtung ihrer Gesetze, die Überwindung von Vorurteilen, das Bemühen um den Abbau von Egoismus und Borniertheit, Redlichkeit und Lauterkeit im Denken und Argumentieren sind Ausdruck der Ehrfurcht vor der einen Wahrheit, deren Gewißheit im Glauben gegenwärtig ist.

Sofern die Gewißheit der Offenbarung gleichzeitig die Gewißheit des Heilswerkes offenbar macht, ist in und mit der Tugend des Glaubens die der Hoffnung verbunden. Die Tugend der Hoffnung gründet in der Gewißheit des göttlichen Heilswillens. In dem schon mehrfach genannten Korintherbrief schreibt *Paulus* (2,7.ff.): „Vielmehr verkünden wir das Geheimnis der verborgenen Weisheit Gottes, die Gott vor allen Zeiten vorausbestimmt hat zu unserer Verherrlichung. Wir verkünden, wie es in der Schrift heißt, was kein Auge gesehen und kein Ohr gehört hat, was keinem Menschen in den Sinn gekommen ist. Das Große, das Gott denen bereitet hat, die ihn lieben."

Der göttliche Heilswille begründet die Hoffnung, dieser unendlichen Wahrheit teilhaftig zu werden, d. h. zur ewigen Anschauung berufen zu sein. Im Römerbrief ist zu lesen (5,5): „Die Hoffnung läßt nicht zugrunde gehen, denn die Liebe Gottes ist ausgegossen in unsere Herzen durch den Heiligen Geist." Diese Hoffnung überdauert allen augenfälligen Mißerfolg, weil dieser der Gewißheit des göttlichen Heilswillens nichts anhaben kann. Diese Gewißheit kann dem Lehrer Gelassenheit geben, ohne die Sorge um Bildung zu verraten. Die Tugend der Hoffnung mildert die Hektik, sie weiß um das endgültige Aufgehobensein des Menschen in der liebenden Zuwendung Gottes. In der Hoffnung bekunden wir unsere Krea-

---

⁷ „Alle Weisen gaben uns Licht und Wahrheit, aber Jesus allein zeigte der Menschheit den Vatter und, im Kinderglauben an diesen Vatter, Erziehung, Bildung und Vervollkommnung ihres Wesens."
Pestalozzi, Sämtliche Briefe, Zürich 194, Bd. III: S. 89, zit. nach Johannes *Schurr: Pestalozzis* Abendstunde, Passau 1984, S. 50.

türlichkeit, bekennen wir uns in statu viatoris, „denn", so sagt PAULUS (8,24), „wir sind gerettet, doch in der Hoffnung. Hoffnung aber, die man schon erfüllt sieht, ist keine Hoffnung. Wie kann man auf etwas hoffen, das man sieht? Hoffen wir aber auf das, was wir nicht sehen, dann harren wir aus in Geduld."

Diese Hoffnung gilt gegenüber jedem Menschen, sie gilt gegenüber seiner gesamten Lebensgeschichte, mögen einzelne Zeitstrecken noch so bedrückend und niederziehend sein. Diese Hoffnung gilt dem Begabten und Unbegabten, Behinderten und Gesunden, Trotzigen und Ergebenen, Verstockten und Aufgeschlossenen, denn sie ist getragen von der Gewißheit, daß jeder zum Heil berufen ist, zu einem Heil, das mehr ist als alles Können und Wissen, das mehr ist, als alle Ertüchtigung und weltliche Qualifikation. In diesem Glauben ist Hoffnung keine Zumutung; das Heil ist allen Menschen verheißen, der Erlösungswille ist allgemein, niemand – auch nicht der Boshafteste und Verstockteste – ist von jenem Heilswissen ausgeschlossen.

Deshalb kann der Gläubige in dieser Hoffnung wirklich leben, sie gegenüber allen Menschen auch in scheinbarer Hoffnungslosigkeit durchhalten. Dies bestätigt *Paulus* im Hebräerbrief (6,18 ff.): „So sollten wir durch zwei unwiderrufliche Taten, bei denen Gott unmöglich täuschen könnte, einen kräftigen Ansporn haben, wir, die wir unsere Zuflucht dazu genommen haben, die dargebotene Hoffnung zu ergreifen. In ihr haben wir einen festen und sicheren Anker der Seele, der hineinreicht in das Innere hinter dem Vorhang."

Die Tugend der Liebe schließlich, wie sie als Forderung für alle Pädagogik konstitutiv ist, erfährt eine über die philosophische Begründung hinausgehende übernatürliche Fundierung durch die in der Offenbarung Wirklichkeit gewordene Liebe Gottes zu den Menschen. Die aus dem Glauben kommende Liebe weiß um die Sohnschaft aller Menschen, weiß um die Liebe Gottes, wie sie im Erlösungswerk ihre unausschöpfliche Überhöhung gefunden hat. Im Galaterbrief formuliert PAULUS diesen Zusammenhang, nämlich „den Glauben zu haben, der in der Liebe wirksam ist" (5,7). Die Erlösung hat alle Menschen zu Brüdern gemacht auf eine Weise, die über jedes sog. kollektive Bewußtsein hinausgeht; sie hat eine Liebe gestiftet, die nicht ohne emotionale Zuwendung bleibt, aber vom unmittelbaren Empfinden der Sympathie oder Antipathie unabhängig ist, die auch bei Rückfragen, bei Aggression, bei Beleidigung, Verletzung und Mißachtung ihr Fundament nicht verliert. Denn im Johannesevangelium steht das Herrenwort: „Ich habe ihnen den Namen bekannt gemacht und werde ihn bekannt machen, damit die Liebe, mit der du mich geliebt hast, in ihnen ist und damit ich in ihnen bin." (Joh. 17,26). Die Tugend der Liebe hat ihr Fundament in der Liebe Gottes, deshalb vollendet sie sich, – wenn man so hoch greifen darf –, im Gebet füreinander; und alle dialogische Verbundenheit sollte darin ihre Erfüllung finden. Wir alle kennen das Hohelied der Liebe aus dem ersten Korintherbrief (13,1-13). Es bekundet die Inhalte des pädagogischen Ethos auf seine besondere Weise: „Die Liebe ist langmütig, die Liebe ist gütig. Sie ereifert sich nicht, sie prahlt nicht, sie bläht sich nicht auf. Sie handelt nicht ungehörig, sucht nicht ihren Vorteil, läßt sich nicht zum Zorn reizen, trägt das Böse nicht nach. Sie freut sich nicht über das Unrecht, sondern freut sich an der Wahrheit. Sie erträgt alles, glaubt alles, hofft alles, hält allem stand. Die Liebe hört niemals auf."

So wird die Tugend der Liebe zum Inbegriff pädagogischer Haltung; in ihr gewinnen Glaube und Hoffnung ihre letzte Erfüllung, sowie sie zum Grundgebot christlichen Lebensvollzuges wird.

Paulus betont diesen Zusammenhang, wenn er schreibt (1,12 f.): „Jetzt schauen wir in einen Spiegel und sehen nur rätselhafte Umrisse, dann aber schauen wir von Angesicht zu Angesicht. Jetzt erkenne ich unvollkommen, dann aber werde ich durch und durch erkennen, so wie ich auch durch und durch erkannt worden bin. Für jetzt bleiben Glaube, Hoffnung, Liebe, diese drei; doch am größten unter ihnen ist die Liebe."

Wenn von der Tugend der Liebe die Rede ist, dann kann ihre Fundierung im göttlichen Heilswillen einen Zusammenhang deutlich machen, der für den Gedanken der Bildung überhaupt, für das Ethos des Pädagogen insbesondere eine unverzichtbare Dimension eröffnet.

Nach dem Wort des Herrn erfüllen sich alle Gebote in der Gottesliebe und in gleicher Weise in der Nächstenliebe. Diese aber korrespondiert der Selbstliebe: „Liebe Deinen Nächsten wie Dich selbst." Die Bejahung und Annahme des Du steht mit der Bejahung und Annahme des eigenen Ich in einem korrelativen Verhältnis. Für die Pädagogik bestätigt sich dieser Sachverhalt in dem Zusammenhang von interpersonalem und intrapersonalem Dialog und Umgang. Wenn wir an den Vollzug des Lehrens und Lernens denken, dann ist der interpersonale auf den intrapersonalen Dialog gerichtet, damit die argumentative Auseinandersetzung im Dialog zur intrapersonalen Überzeugung führt, zum Akt der Selbstbestimmung als Vollzug der Zustimmung zum Geltungsanspruch vor dem Richterstuhl der je eigenen Vernunft. Im pädagogischen Vermittlungsprozeß ist der interpersonale Dialog in hoffender Intention auf den intrapersonalen Vollzug gerichtet, findet in ihm seine Erfüllung.

Der intrapersonale Umgang, die Beziehung zu sich selbst ist aber auch maßgeblich für den interpersonalen Dialog. M. a. W.: die Beziehung zu sich selbst steht in direktem Zusammenhang mit der Beziehung zum Du; die Selbstliebe als Selbstachtung bedeutet kantisch gesprochen, die Menschheit in mir heilig zu halten, um die Menschheit im anderen heilig zu halten.[8] Gleichzeitig weiß der redlich mit sich selbst Umgehende, dessen intrapersonaler Dialog nicht im borniertem, selbstgefälligen Vorurteil steckenbleibt, um die eigene Begrenztheit, um Schuld und Verstrickung, um die Verwirrungen des Herzens, um das Böse, um die Gefühle von Neid, Haß und Mißgunst.

Damit stellte sich die Frage, ob und wie der Mensch bei aller Schuldhaftigkeit zu sich selbst noch „ja" sagen kann, um auch zum Du „ja" sagen zu können; wie soll er sich im Wissen um Schwäche und Schuld selbst annehmen, um den anderen

---

[8] Vgl. *Pestalozzi*: Sämtliche Werke, Berlin-Zürich 1927 ff., Bd. III, S. 232: „Der Mensch kennt Gott nur, insofern er den Menschen, das ist, sich selber kennet. – Und ehret Gott nur, insofern er sich selber ehret, das ist, insofern er an sich selber und an seinen Nebenmenschen nach den reinsten und besten Trieben, die in ihm liegen, handelt."

annehmen zu können? Dem Gläubigen eröffnet sich im Heilswillen Gottes, in der Erlösungstat Christi eine Möglichkeit, die gleich weit entfernt ist von Leichtsinn und von Verzweiflung. Der Glaube bedeutet Versöhnung mit Gott, ist Glaube an die Vergebung von Schuld.

In diesem Glauben kann sich der Mensch annehmen, in der Liebe Gottes kann er sich selbst lieben, um dann auch den anderen lieben und annehmen zu können. In der Gewißheit göttlicher Liebe, die trotz des Bewußtseins der eigenen Schuld dem Menschen geschenkt ist, bleibt die Tugend der Liebe trotz allen Versagens, trotz Schuld und Verstrickung Geschenk und Anspruch gleichzeitig. In der vom Erlösungswerk gestifteten Liebe sind und bleiben die Menschen trotz der Sünde verbunden.

Glaube, Hoffnung und Liebe sind inhaltliche Bestimmungen des pädagogischen Ethos, sofern pädagogische Führung dialogisch sein muß und die Logoshaftigkeit des Menschen als transzendentale Bindung, als Richterstuhl der theoretischen und praktischen Vernunft im Menschen anzuerkennen hat; als leitende Beziehung auf Wahrheit, als Bonität des Herzens im Gewissen stiftet sie die Möglichkeit von Unterricht und Erziehung.

Für den Gläubigen erfährt dieser philosophisch geforderte Glaube seine Fundierung, seinen Halt und seine Festigkeit in der Gewißheit angesichts der in der Offenbarung ihm zuteil gewordenen Wahrheit und göttlichen Liebe. Das gleiche gilt für die Tugend der Hoffnung. Im Glauben ist jedem Menschen die Berufung zum Heil geoffenbart. Kein Versagen, keine Schuld muß in Verzweiflung münden. Vergebung ist gewährleistet, Vorsatz auch im Bewußtsein der Unsicherheit ist kein unnützes Beginnen. Im Glauben an die Erlösung ist kein Mensch verloren; so daß die Tugend als Hoffnung allen Menschen, unabhängig von Alter, Geschlecht, Rasse, Klasse und Nation, unabhängig von ihren Umständen und Verhältnissen zukommt. Glaube und Hoffnung vollenden sich in der Liebe, die sich durch nichts erschüttern läßt. Der Gläubige gewinnt die Kraft zu dieser Liebe aus der unverbrüchlichen Treue Gottes gegenüber den Menschen. Diese Liebe trägt jenes Ethos, das den pädagogischen Beruf nicht zum lästigen Job werden läßt, die vielmehr das pädagogische Engagement selbst als Erfüllung ihres Anspruches begreift.

Abschließend gilt es auf zwei angesichts der Behandlung des Themas nahestehende Einwände einzugehen. Einerseits könnte die Kritik sich dahingehend artikulieren, daß Religion und pädagogische Wissenschaft nur äußerlich verbunden sind, daß die Notwendigkeit, pädagogisches Ethos in religiösem Glauben zu verankern, nicht schlüssig und stringent deutlich gemacht werden konnte. Zum anderen kann die Kritik darauf verweisen, daß die Ausführungen im Allgemeinen und theoretisch Abstrakten verbleiben und deshalb für den Lehrer und seine Praxis nicht recht fruchtbar werden können.

Zum ersten wäre festzuhalten, daß Glaube, Hoffnung und Liebe als Tugenden zum pädagogischen Ethos gehören, daß pädagogisches Handeln in Unterricht und Erziehung an sie gebunden ist. Wer pädagogisch handeln will, der muß die in ihnen gemeinte Verbindlichkeit anerkennen. Ihr Anspruch ergibt sich aus der anthropologischen Voraussetzung der ‚Logoshaftigkeit' des Subjekts.

Sie definieren den Menschen in seiner Hinordnung auf Transzendenz. Ohne diese Hinordnung auf Transzendenz würde pädagogisches Handeln sein Fundament verlieren.[9] Gleichwohl ist festzuhalten, daß die inhaltliche Bestimmtheit dieser Transzendenz mit rational diskursivem Denken nicht in ‚gegenständlichen' Aussagen einzuholen ist. Das mag einerseits das Hinübertreten in das Reich des Glaubens sinnvoll erscheinen lassen; macht aber auch deutlich, daß die Forderung des Glaubens durch wissenschaftlichen Fortschritt nicht überflüssig werden kann.

Pädagogisches Ethos ist ein Anspruch an jede Lehrer- und Erzieherhaltung. Das Geschenk der übernatürlichen Tugenden

---

[9] Vgl. dazu Hans-Georg *Gadamer*, der in diesem Zusammenhang auf ein Wort *Hegels* verweist: „Ein Volk ohne Metaphysik sei wie ein Tempel ohne Allerheiligstes ein leerer Tempel, in dem nichts mehr wohnt und der deshalb selber nicht mehr ist."
Hans-Georg *Gadamer*: Vernunft im Zeitalter der Wissenschaft, Frankfurt am Main 1976, S. 10.

von Glaube, Hoffnung und Liebe ist kein Ersatz für eigenes Bemühen; vielmehr gewinnt dieser Anspruch für den Gläubigen eine Überhöhung, die ihn vor Pervertierung und Resignation gleichermaßen bewahrt und der eigenen Anstrengung eine aller Unsicherheit überlegene Sinngebung bietet.

Das Wissen um das Nichtwissen, um die unaufhebbare Begrenztheit unseres Wissens verführt ohne Glauben leicht zu radikaler Skepsis. Die Erfahrung der Ohnmacht pädagogischen Handelns ohne im Glauben fundierte Hoffnung wird zur Resignation oder zum Machbarkeitswahn des Menschen, der im Gleichseinwollen mit Gott seine Kreatürlichkeit vergißt: Liebe ohne Fundament im Glauben an den göttlichen Heilswillen und die darin gestiftete Gotteskindschaft aller Menschen wird zum romantischen Gefühl oder sie führt in der unerfüllbaren Radikalität ihres Anspruchs zur Verzweiflung.

Mit all dem ist nicht gesagt, daß der im landläufigen Sinne ‚Nichtgläubige' kein guter Erzieher sein könne bzw. daß der Gläubige schon auch der bessere Erzieher sei. Damit ist aber wohl gesagt, daß der Gläubige im gnadenhaften Geschenk des Glaubens und der übernatürlichen Tugenden ein Fundament für pädagogisches Handeln finden kann, das ihm Halt und Sicherheit, Vertrauen und Zuversicht gibt.

Abschließend stellt sich natürlich die Frage: Welche Bedeutung können diese theoretischen Aussagen für die pädagogische Praxis haben? Zunächst ist vor dem Mißverständnis zu warnen, als ob Berufung auf Offenbarung und Glauben das Unterrichten und Erziehen effektiver, friktionsfreier, insgesamt weniger anstrengend mache. Gleichermaßen ist vor dem Mißverständnis zu warnen, als ob durch Berufung auf die Gewißheit des Glaubens bzw. im Vollzug übernatürlicher Tugenden missionarischer Machtwille bis hin zur Indoktrination abgeleitet und gerechtfertigt werden könne.

Wenn von Tugenden die Rede ist, dürfte aber auch klar sein, daß keine Handlungsanweisungen geboten werden, sondern die Frage der Haltung des Erziehers und Lehrers angesprochen ist. Tugenden meinen jene hohe Wertigkeit menschlichen Seins, die als Ergebnis der je eigenen Lebensgeschichte die Konstanz des Bemühens repräsentiert. Tugenden sind nicht Verhaltensdispositionen, die trainierbar wären und die die Funktionstüchtigkeit perfektionieren. Sie sind vielmehr konkret gewordene Seinsweisen des Menschen in der konstanten Hinordnung auf das Gute. Sie erwachsen aus dem ständigen Bemühen, das Richtige zu wollen und zu vollziehen. Sie äußern sich im Handeln, und sie bilden sich durch das Handeln. Wenn von übernatürlichen Tugenden die Rede ist, dann wird dieser Zusammenhang nicht verneint, sondern er wird überhöht durch das Geschenk der Gnade im Glauben. Das gibt dem konkreten Handeln in seiner Hinordnung auf und aus den übernatürlichen Tugenden eine Dimension, die den Anspruch von pädagogischem Ethos nicht mehr als Zumutung erscheinen läßt.

Wenn man die gegenwärtige Kritik an Schule und Pädagogik, an Unterricht und Erziehung genauer analysiert, dann zeigt sich bald, daß pädagogische Praxis nicht so sehr am Mangel des intellektuellen Wissens und technisch-didaktischen Könnens leidet, sondern am pädagogischen Ethos, an der Einstellung, Gesinnung und Haltung des Lehrers gegenüber den Kindern, gegenüber den zu vermittelnden Inhalten und schließlich gegenüber dem eigenen Beruf. Deshalb scheint eine Besinnung auf Ethos und pädagogische Tugend an der Zeit.

Es wäre allerdings ein Verhängnis, wenn man Wissenschaft und Ethos gegeneinander ausspielen würde, vielmehr wäre zu wünschen und zu fordern, daß Wissenschaft selbst auf die Notwendigkeit jenes Ethos verweist.

Dann wird pädagogisches Ethos zur Verpflichtung, im wissenschaftlichen Bemühen sich jenes Wissen zu vermitteln, das pädagogische Verantwortung ermöglicht.[10] Wissenschaftliche Pädagogik wird damit selbst zu einer Theorie des pädagogischen Ethos, das aufgrund der dialogischen Beziehung auch immer darum weiß, daß weder Wissenschaft noch pädagogi-

---

[10] „Solches Denken erreicht uns etwa in der Idee des Guten *Platons*, im Denken des Denkens eines *Aristoteles*, im gleichgewordenen Logos des *Johannes* ... in den Ideen von Gott, Freiheit und Unsterblichkeit *Kants*, im Absoluten des *Fichte, Schilling und Hegel*, im Sein des Seienden *Heideggers*." Johannes *Schurr: Pestalozzis* Abendstunde, Passau 1984, S. 16.

sches Ethos, auch nicht dessen Fundierung in den übernatürlichen Tugenden pädagogischen Erfolg garantieren. Wer das erwartet, der verkennt den Anspruch jener göttlichen Tugenden und das in ihnen grundgelegte Verhältnis von Theorie und Praxis.

Glaube, Hoffnung und Liebe enthalten keine konkreten Handlungsanweisungen, wohl aber verweisen sie auf jene Haltung, die Papst Johannes Paul II. vor Wissenschaftlern, Künstlern und Publizisten bei seinem Besuch in Wien forderte: „Übersehen und überhören Sie ihn nie: den hoffenden, liebenden, angsterfüllten, leidenden und blutenden Menschen. Seien Sie sein Anwalt, hüten Sie seine Welt: die schöne gefährdete Erde. Sie treffen sich dabei mit den Anliegen der Kirche, die unverwandt auf jenen schaut, über den Pilatus sagte ‚Ecce homo'. Jesus Christus – Gottes und des Menschen Sohn – ist der Weg zur vollen Menschlichkeit. Er ist auch das Ziel. Möge es vielen geschenkt werden, ihn neu zu erkennen – auch durch Sie."

Literatur
Brezinka, Wolfgang: Grundbegriffe der Erziehungswissenschaft, München/Basel 1974.
Gadamer, Hans-Georg: Vernunft im Zeitalter der Wissenschaft, Frankfurt a. M. 1976.
Heitger, Marian: Beiträge zu einer Pädagogik des Dialogs, Wien 1983.
Kant, Immanuel: Werke, Wiesbaden 1956.
Pestalozzi, Johann Heinrich: Sämtliche Werke, Berlin/Zürich 1927 ff.
Pieper, Josef: Über das christliche Menschenbild, München 1955.
Schurr, Johannes: *Pestalozzis* Abendstunde, Passau 1984.

3. Norm oder Dogma?

3.1 Über den Begriff der Normativität in der Pädagogik

Im Jahre 1921 veröffentlichte Theodor Litt in den Kantstudien einen Aufsatz über „Das Wesen des pädagogischen Denkens", den er im Anhang der Neuauflage seiner Schrift „Führen oder Wachsenlassen" unter Kürzung der beiden letzten Absätze neu abdruckte. Darin beklagt er die Unsicherheit im Selbstverständnis der Pädagogik. „Bis zum Augenblick ist man nämlich fern von jeder Übereinstimmung darüber, von welcher Art die Methodik des Denkens sei, die den wissenschaftlichen Charakter der Pädagogik ausmache[1]." Die Überwindung dieses Zustandes werde dadurch erheblich behindert und erschwert, daß die Vertreter der einen Forschungsrichtung glauben, „denen der anderen geradezu die Wissenschaftlichkeit ... abstreiten zu müssen". Ebenso bedenklich wird die Situation, wenn man sich mit unverbindlichen Deklarationen über die Verschiedenartigkeit der „Standpunkte" zufriedengibt und sich im Hinweis auf Weltanschauungen und irrationale Qualitäten der Verpflichtung zur Kritik und strengen Argumentation enthoben glaubt.

Wer auf dem Hintergrund der gegenwärtigen Situation von der wissenschaftlichen Pädagogik über ihre normative Grundlegung sprechen will, sieht sich sogleich mit anderen Konzeptionen pädagogischen Selbstverständnisses konfrontiert, deren verbreitetste Ausformung Wilhelm Flitner in der hermeneutisch-pragmatischen Methode dargestellt hat. Ihr geht es um das Verständnis, die Auslegung und Deutung der „Erziehungswirklichkeit". Sie sucht darin ihre eigene Fragestellung gegen-

---

[1] Th. Litt: Führen oder Wachsenlassen, Stuttgart, ⁵1952, S. 83.

über der Philosophie im Anschluß an Schleiermacher und Dilthey im hermeneutischen Verfahren zu begründen. Anders die sogenannte ‚normative Pädagogik'. Sie versteht sich in enger Verbindung zur Philosophie, ja, sie definiert Pädagogik als „Prinzipienwissenschaft" (Hönigswald), im Grunde also als philosophische Diszipiin. Häufig wird ihr deshalb vorgeworfen, daß sie ihre Grundsätze und Prinzipien durch einfache Deduktion aus vorliegenden und vorherrschenden philosophischen Systemen gewinne[2]. Diese Identifikation mit der Philosophie, in der der Verlust eigenständiger pädagogischer Begriffe und einer eigenen Fragestellung befürchtet wird, und die so empfundene Abstraktheit normativer Pädagogik mit ihrer Distanz zur sogenannten Erziehungswirklichkeit haben der von Schleiermacher und Dilthey ausgehenden ‚geisteswissenschaftlich-verstehenden' Pädagogik ein deutliches Übergewicht in der gegenwärtigen Repräsentation dieser Wissenschaft gegeben. Wilhelm Flitner spricht deshalb vom Zusammenbruch der normativen Systeme[3], nachdem insbesondere Frischeisen – Köhler[4] in der Auseinandersetzung mit Natorp zumindest die neukantianische Version im Hinweis auf die geschichtliche Konkretheit und Irrationalität des Lebens in ihre Grenzen verwiesen habe. Demgegenüber meint Richard Hönigswald, daß noch so laut vorgetragene und häufig wiederholte Totengesänge das Ende des transzendentalen Begriffs der Pädagogik weder herbeiführen noch bestätigen. Und in der Tat, die pädagogische Forschung und fortschreitende Erarbeitung ihrer Grundlagen würde sich einen unverzeihlichen Fehler zuschulden kommen lassen, wollte sie die Entscheidung in dieser Frage weitgehend jenem unglückseligen Umstand verdanken, der die repräsentativen Begründer dieser Pädagogik Hönigswald, Cohn, Cassirer, Siegfried Marck und Alfred Petzelt entweder auf Grund ihrer Zugehörigkeit zur verfolgten Rasse oder aus

---

[2] E. Weniger: Die Eigenständigkeit der Erziehung in Theorie und Praxis, Weinheim 1952, S. 141 ff.
[3] W. Flitner: Stellung und Methode der Erziehungswissenschaft, in Z. f. Päd., 1956/2.
[4] M. Frischeisen – Köhler: Bildung und Weltanschauung, 1921.

anderen ideologischen Gründen im Jahre 1933 oder etwas später zwang, ihre Lehrstühle zu verlassen[5].

Weder dem Vermächtnis der genannten Wissenschaftler noch dem Anliegen und Fortschritt der pädagogischen Wissenschaft würde man einen guten Dienst erweisen in der bloßen Darstellung der normativen oder der auf philosophischer Grundlage aufbauenden kritischen Pädagogik. Denn auch die Pädagogik hat in ihrem wissenschaftlichen Fortschreiten nicht die Aufgabe zu sagen, was andere gedacht und geschrieben haben, sondern wie die zu behandelnde Sache sich verhält. Es geht nicht um die Rechtfertigung von persönlichen Meinungen, sondern um das Recht der Probleme, der kritischen Begründung dessen, was pädagogische Wissenschaft sei.

Wenn die Forschung bei der Erklärung und Fixierung von Standpunkten stehenbleibt, so mag das zwar dem gesellschaftlichen Zustand der pädagogischen Wissenschaft entsprechen, verurteilt diese aber zu weltanschaulich-ideologischer Erstarrung. Wer sich auf seinen Standpunkt zurückzieht, verzichtet auf Rechtfertigung und entzieht sich der Kritik. Ihm bleibt schließlich nichts mehr, als daß er sich nach Hegel auf „sein inwendiges Orakel beruft", indem er erklärt, „daß er dem weiter nichts zu sagen habe, der nicht dasselbe in sich finde und fühle." Dabei tritt er die Humanität mit Füßen. „Denn die Natur dieser ist, auf die Übereinkunft mit anderen zu dringen." Den Verzicht darauf kann sich die Pädagogik am allerwenigsten erlauben; muß es ihr doch um die methodische Begründung einer Theorie gehen, die, jedenfalls der Intention nach, der Praxis, dem erzieherischen Verhalten also, Richtlinien zu geben imstande ist. Das bedeutet keinesfalls, daß auf Standpunkte im Sinne verbindlicher Entschiedenheit verzichtet werden solle. Läßt man ihnen gegenüber jedoch die kritische Rechtfertigung außer acht, so scheint das Ende des wissenschaftlichen Denkens und der kritischen Auseinandersetzung herbeigeführt. Aus den verschiedenen Standpunkten gewinnt

---

[5] Herwig Blankertz: Der Begriff der Pädagogik im Neukantianismus. Weinheim 1959. Anmerkung 74.

die pädagogische Forschung vielmehr ihre Probleme, die sie in definierter Standpunktfreiheit zu lösen sucht[6]. Ich wiederhole: damit ist nicht die Unentschiedenheit von Überzeugungen, Aussagen oder Haltungen gemeint, sondern das Verwiesensein auf eine letzte Geltung, an der sich Standpunkte in ihrer Gültigkeit zu begründen haben, um in ihrer Wertigkeit bestimmt werden zu können.

Damit ist der Rechtfertigungsgrund und die Methode unseres Vorgehens aufgewiesen. Sie erfüllt sich nicht in der Darlegung und Beschreibung verschiedener pädagogischer Standpunkte, sondern in einer durch das Problem der Pädagogik selbst gestellten Aufgabe: Ob der Sachverhalt der Pädagogik den Begriff der Normativität mit Notwendigkeit erfordert, der Möglichkeit nach zuläßt und was er zu leisten imstande ist?

Wie immer man die Wissenschaft der Pädagogik im einzelnen auch bestimmen mag: einer Konsequenz wird man nicht ausweichen können. Es geht ihr um die Bestimmung und Begründung dessen, was Pädagogik überhaupt sei. Auch die hermeneutische, deskriptive oder vergleichende Pädagogik kommt um diesen Sachverhalt nicht herum, muß sie doch vor allem Vergleich und aller Hermeneutik entschieden haben, was denn als pädagogische Tatsache zu gelten habe und anerkannt werden darf. Auch die Erklärung, im Verzicht auf ausdrückliche kritische Rechtfertigung sich den Tatsachen unmittelbar zuwenden zu wollen, entbindet nicht von der „Anstrengung des Begriffs". Die hier angedeutete Konsequenz geht angesichts des besonderen Sachverhaltes der Pädagogik noch weiter: Ob man etwa mit W. Flitner sagt, Pädagogik sei „Reflexion am Standort der Verantwortung" oder mit Th. Litt, sie wolle und solle die Theorie eines Handelns sein, „um aus ihrer gedanklichen Verarbeitung Nutzen zu ziehen für die Praxis der Erziehung", immer zielt die wissenschaftliche Pädagogik auf die Gestaltung der Praxis von Erziehung und Unterricht. Selbst Dilthey muß diese Voraussetzung anerkennen, wenn er als Grundproblem der Pädagogik die Frage stellt, wie „aus der

---

[6] Vgl. R. Hönigswald: Analysen und Probleme. Vom philosophischen Standpunkt Stuttgart 1959, S. 25 ff.

Kenntnis dessen, was ist, die Regel über das, was sein soll, entspringt". Damit sind zwei notwendige Voraussetzungen ausgesprochen. Das pädagogische Tun schien in der Weise definiert, daß es der pädagogischen Reflexion – wenn auch in noch so begrenzter Form – zugänglich ist. Man muß geradezu annehmen, „daß das erzieherische Tun nach gewissen Erkenntnisgrundlagen verlangt"[7].

Die zweite Konsequenz ist die, daß die pädagogische Praxis durch den Einsatz des menschlichen Willens, wie weit auch immer, mitgestaltet werden kann.

Entscheidend für den weiteren Fortgang unserer Überlegungen ist eben, „daß das pädagogische Verhalten, auch wenn es sich im Unterlassen äußern sollte, als ein Tun muß beurteilt, daß es als solches Tun aus Grundsätzen muß verstanden werden können"[8]. Wenn pädagogische Praxis immer auch menschliches Handeln ist, das in besonderer Weise der Verantwortung unterliegt, so ist damit gleichzeitig die Forderung nach Grundsätzen bzw. Prinzipien erhoben, in deren verbindlicher Befolgung Verantwortung ermöglicht wird. Denn in ihnen erst kann sich pädagogische Praxis als sinnvoll rechtfertigen, verliert sie ihre Zufälligkeit und Willkür. Wo also Pädagogik als praktisches Tun und Theorie, als Bedenken dieses Tuns in die kritische Reflexion aufgenommen wird, sieht sich diese mit Notwendigkeit auf Rechtfertigungsgründe verwiesen. Überschaut man den Prozeß unserer Überlegungen, so stellt der Zusammenhang sich folgendermaßen dar. Die Notwendigkeit von Prinzipien in der wissenschaftlichen Pädagogik ist mit dem Sachverhalt der Pädagogik unmittelbar gegeben. Denn die Gestaltung ihrer Wirklichkeit begründet sich weder in der Durchsetzung vorgegebener Legalität oder auch Weltanschauung noch in der unkritischen Anpassung an einen scheinbaren Werdeprozeß des Lebens. Pädagogische Führung zielt auf die Gewinnung eines definierten Standortes in der Welt, auf die Ordnung des Ich selbst, die die der Welt gleichzeitig miteinbezieht.

---

[7] Th. Litt: Führen oder Wachsenlassen. S. 89.
[8] R. Hönigswald: Grundlagen der Pädagogik. München 1926, S. 25.

Die Aufgabe der pädagogischen Theorie kristallisiert sich heraus: sie hat jene Sollensgehalte zu entfalten, die dem Lebensvollzug seinen Sinn geben, die als vorausgesetzte Bedingungen des Menschentums seine Verwirklichung und damit pädagogische Praxis ermöglichen und definieren. Diese notwendige Voraussetzung hebt sich selbst nur dann auf, wenn Pädagogik als funktionales Gefüge verstanden werden könnte, wenn sie selbst die Struktur des technischen Vorgangs annimmt, wenn also m. a. W. die Differenz zwischen kausalem Geschehen und psychischem Vollzug negiert werden dürfte. Man muß sich allerdings darüber im klaren sein, daß damit jene Kulturwirklichkeit, die wir Pädagogik nennen, ihren Platz verloren hätte und somit unsere Reflexion von allem Anfang an fiktiv und gegenstandslos wäre.

Bevor die verschiedenen Einwände zu Wort kommen sollen, muß auf eine weitere Konsequenz aufmerksam gemacht werden. Prinzipien, durch die die Praxis bestimmt zu werden verlangt, müssen von anderer Valenz sein als diese. Das Begründende ist dem zu Begründenden logisch vorgeordnet. Die Aufhebung dieser Differenz würde die Forderung nach Begründung überflüssig machen und den Sinn der wissenschaftlichen Pädagogik aufheben. Denn gleichzeitig müßte man sich zu der Voraussetzung bekennen, daß das Faktische eben durch seine bloße Faktizität der Forderung nach Begründung und Rechtfertigung bereits genügen würde. Pädagogische Verantwortung und ihre Reflexion wird überflüssig und gegenstandslos.

Aus diesem circulus vitiosus führt nur die Einsicht heraus, daß in der Erziehung „niemals eine Auffassung dessen, was ist, und eine Bestimmung dessen, was sein soll, von außen zusammentreten und in den vermittelnden Sätzen einer ‚angewandten Wissenschaft' ihre Verbindung suchen"[9]. Sollen und Sein, Theorie und Praxis stehen vielmehr im Verhältnis von Prinzip und Vollzug, Begriff und Tatsache, Bedingung und Bedingtem. Normativität ist daher als regulatives Prinzip gemeint, das die

---

[9] Th. Litt: Führen oder Wachsenlassen, S. 104.

3.1 Über den Begriff der Normativität in der Pädagogik

verschiedenen Fälle im zeitlichen Ablauf regiert. Das Prinzip selbst ist in diesem Sinne außerhalb dieses zeitlichen Verlaufs, da es ihn bestimmen muß.

Nun ist gerade auf Grund dieses Sachverhaltes von Dilthey und seiner Schule der Angriff gegen das Normative in der Pädagogik vorgetragen worden. Im wesentlichen sind es folgende Argumente, die hier ins Feld geführt werden.

Unter dem Gesichtspunkt des Normativen sei die pädagogische Praxis auf Grund ihrer historischen Einmaligkeit nicht zu erfassen. Das Leben entziehe sich dem Zugriff einer in Begriffen sich darstellenden Theorie und entfalte unabhängig von ihr seine eigene Welt. Prinzipien seien Abstraktionen, die die Konkretionen der Wirklichkeit, die wirklichen Erlebnisse nicht erreichen. Angesichts der Irrationalität des Lebens einerseits, seiner historischen Bedingtheit andererseits, bleibe der Versuch, Prinzipien aufzustellen ein frommer Wunsch; und so er gelingen sollte, würde die bunte Mannigfaltigkeit der Wirklichkeit in ein Prokrustesbett gezwängt, in dem sie ihr Eigentliches und Schönstes, eben das nicht in Begriffen Faßbare, sondern nur im Gefühl Erlebbare verlöre. Dilthey selbst hat diesem Einwand sein grundsätzliches Gewicht gegeben. Eine allgemeingültige systematische Pädagogik ist letztlich deshalb nicht möglich, weil man das, was der Mensch sei und wolle, erst im unendlichen Verlauf der Geschichte erfahre und nur aus der Tiefe des irrationalen Lebens[10].

Dieser Einwand Diltheys geht auf ein zentrales Problem. Angesichts seiner Wucht, unterstützt von den Erkenntnissen der historischen Schule, scheint sich eine Abwandlung der normativen im Sinne der geisteswissenschaftlichen Pädagogik anzubieten, die eine größere Nähe zur Wirklichkeit herzustellen sucht. Man versucht deshalb, jene für die Gestaltung der Praxis notwendigen Gesichtspunkte im Sinne der Hermeneutik aus der Deutung der pädagogischen Wirklichkeit und ihrer Geschichte zu gewinnen. Man fordert die Pädagogik auf, sie sol-

---

[10] W. Dilthey: Über die Möglichkeiten einer allgemeingültigen pädagogischen Wissenschaft. Ges. Schriften, 3. Aufl., Stuttgart 1958, VI. Bd., S. 57.

le sich orientieren an geschichtlichen Bewegungen, die von gewisser Dauer sind. Ihnen ist der zu Erziehende anzupassen, damit er die Aufgaben seiner Zeit sieht und erfüllt. Schon Schleiermacher hatte ja die Pädagogik verwiesen an die Idee des Guten, so wie sie sich in der Zeit darstellt[11]. An sie sei die heranwachsende Generation anzupassen, wenn die Erziehung nicht lebensfremd werden wolle.

Wird dieser Ansatz konsequent zu Ende gedacht, so ergibt sich folgende Situation: Entweder erwartet man den Fortschritt des Lebens von einer Teleologie des Seelenlebens, so wie es Dilthey angenommen hatte oder man erstickt im Traditionalismus und Anachronismus, wenn Bildung nichts anderes ist, als Anpassung an bereits Gegebenes.

Dem sucht man zu entgehen, durch den Hinweis darauf, daß im historisch Gewordenen ja auch schon die Linien der zukünftigen Entwicklung vorgezeichnet seien. Eine Pädagogik, die nicht rückschrittlich sein wolle, sondern in einem ausgewogenen Verhältnis von Zukünftigem und Vergangenem, von Tradition und Fortschritt sich bewegen wolle, müsse solche in die Zukunft weisenden Tendenzen mitbeachten und in sich aufnehmen. Pädagogische Verantwortung sei eben erst möglich in der Dialektik von Vergangenheit und Zukunft. So plausibel sich eine solche Formulierung anhört, so wenig ergiebig ist sie für die Antwort auf unser Problem. Zunächst ist der Blick in die Zukunft versperrt. Selbst Entwicklungstendenzen sind nur vage Andeutungen. Wollte man sie zum Maß pädagogischer Führung machen, so müßte man sich einerseits zur Voraussetzung eines determinierten Geschichtsverlaufs bekennen, andererseits würde man den eigenen pädagogischen Ansatz – zumindest als überflüssig – aufheben, da die Geschichte – eben auch die des Geistes – in festen vorgeschriebenen, der freien Gestaltung nicht mehr zugänglichen Bahnen verlaufen soll. Der entscheidende Einwand jedoch gegen die Maßgebung des Pädagogischen durch die Vergangenheit oder Zukunft ergibt

---

[11] D. E. Schleiermacher: Pädagogische Schriften. Vorlesungen aus dem Jahre 1826. Düsseldorf 1957, S. 11 ff.

sich aus dem als möglich angenommenen Verzicht auf Rechtfertigung gegenüber einem überzeitlichen Geltungsanspruch. Wo aber der Pädagoge glaubt, ohne den Begriff der Geltung auskommen zu können, muß die kritische Begründung seiner Zwecke und Ziele ausfallen. Es degradiert sein Tun zum bloßen Mittel und damit, wie Langeveld sagt, zum Zuhälterdienst[12].

Noch aber geben sich die Befürworter einer lebensnahen, definiert unphilosophischen „Methode" des pädagogischen Denkens nicht geschlagen. Muß nicht, so lautet ihr Einwand, die Maxime des Handeln je und je aus der einmaligen Situation hermeneutisch erschlossen werden, und hält nicht gerade sie alle Momente für eine Bestimmung des pädagogischen Tuns in ihrer Konkretheit bereit? Wird es auf diese Weise der pädagogischen Theorie nicht möglich, den Zusammenhang mit der konkreten einmaligen Lebenswirklichkeit besonders eng herzustellen?

Dabei ist jedoch ein Zweifaches zu bedenken: Die hermeneutische Deutung der pädagogischen Wirklichkeit rechnet immer schon mit Kriterien, nur, daß man, indem man diese Voraussetzung nicht beachtet, sich der Möglichkeit begibt, sich kritisch zu rechtfertigen. Noch dazu läßt sich ein Ansatz pädagogischer Intention nur dort aufweisen, wo das Verstehen der Situation ein Zweifaches umfaßt. Einmal die tatsächliche Lage und zum anderen die darin wahrgenommene konkrete Möglichkeit einer Höherführung. Z. B. richtet sich das pädagogische Verstehen eines Zöglings einmal auf dessen konkretes Sein, auf seine Anlagen, Begabungen, besonderen Schwierigkeiten und Nöte und gleichzeitig in diesem Akt des Verstehens auf die darin enthaltenen, weiter zu entwickelnden Möglichkeiten etwa in bezug auf vertieftes Wissen und begründetere Haltung, insgesamt auf eine höhere Wertigkeit dieses Ich. Ins Allgemeinere gehoben besagt das: Erst unter der Bedingung der Geltung, auf pädagogischen Vollzug bedacht, unter dem Begriff der Normativität, wird an der einen Wirklichkeit die Dif-

---

[12] M. Langeveld: Die Schule als Weg des Kindes. Braunschweig 1960, S. 15.

ferenz von Sein und Sollen unter gleichzeitigem Bedenken ihrer Zusammengehörigkeit offenbar. Normativität ist deshalb für die Pädagogik keine schmückende Beigabe, wenn die pädagogischen Entscheidungen argumentierbar bleiben sollen und nicht nur „Einsatz der persönlichen Tat" und „Sache des Willens"[13], woran die Theorie keinen Anteil hat. Wenn die pädagogische Wirklichkeit sich der theoretischen Durchdringung entzieht, räumt sie der Willkür oder dem Unvermögen den Platz. Ernst Grisebach hat diese Konsequenzen für die Pädagogik in aller Form deutlich gemacht. Bei ihm wird pädagogische Führung gänzlich unmöglich, da die Wirklichkeit nicht faßbar ist und auf Grund theoretischer Reflexion auch keine Anweisungen für ihre Bewältigung erwartet werden kann[14].

Es erhebt sich in diesem Zusammenhang als letztes die Frage, ob denn philosophisch gemeinte Prinzipien dem Einspruch der Geschichtlichkeit und Irrationalität der einmaligen Wirklichkeit zu weichen haben, m. a. W.: Ist es denn eine ausgemachte Sache, daß Prinzipien die Wirklichkeit verfehlen müssen? Die Frage wird sich entscheiden an dem, was als Theorie zu verstehen ist und wie sie gewonnen wird. Th. Litt fordert: die pädagogische Theorie muß die Konkretheit der Lage mit in sich aufnehmen und darf „nicht eine Allgemeingültigkeit anstreben, durch die sie die Fühlung mit dieser Lage verlieren" würde[15]. Das deutet auf die besondere Beschaffenheit pädagogischer Prinzipien in bezug auf die Praxis hin. In Konsequenz dieser Überlegung betont R. Hönigswald: „Der Begriff verschont nicht nur wenn es gut geht die Wirklichkeit; auch fristet er sein Dasein nicht gleichsam neben ihr. Er selbst ‚ist' nur, sofern er

---

[13] E. Weniger: Die Eigenständigkeit der Erziehung in Theorie und Praxis, Weinheim, o. J. (1952), S. 57: „Die neue Erziehung bedarf letzten Endes nicht des Beweises durch irgendeine Theorie ... sie ist, erwachsen aus ursprünglichen Lebenserfahrungen, eine Sache des Willens, sie verlangt eine Entscheidung, die ihr durch keine Theorie abgenommen werden kann, und den Einsatz der persönlichen Tat."
[14] E. Grisebach: Die Grenzen des Erziehers und seine Verantwortung. Halle (Saale) 1924, S. 5 ff.
[15] Th. Litt: a. a. O., S. 118.

die Wirklichkeit bestimmt; und nur eine bestimmte und zu bestimmende Wirklichkeit ‚ist‘[16]." Das betrifft sowohl die Geschichtlichkeit als auch die Irrationalität. Von jener zu sprechen, setzt den Begriff der Geschichte voraus, und ihre Variabilität und deren Deutung ist erst auf der Grundlage apriorischer Prinzipien möglich. Die Irrationalität steht nicht außerhalb des Begriffs, und zwar insofern, als sie ohne diesen Rückbezug eben auch nicht als Irrationales begriffen werden kann. „Pädagogische Prinzipienlehre macht also vor der Irrationalität gewisser Verhaltensweisen und Ziele des Pädagogischen nicht nur nicht halt, sie hat sie in ihrer spezifischen Irrationalität zu umspannen, zu begreifen[17]."

Die gewonnenen Einsichten drängen auf die Beantwortung der Frage nach der spezifischen Methode der Gewinnung solcher Prinzipien, damit sie die ihnen zugedachte Funktion erfüllen. Sie sollen einerseits im Sinne eines invarianten Geltungsanspruches zeitlos, d. h. philosophischer Natur sein, sie sollen andererseits die Fülle der Fälle, d. h. aller Fälle, sofern sie pädagogisch genannt werden können, umfassen. M. a. W.: Wo ist der logische Ort und wie hat pädagogische Wissenschaft vorzugehen, wenn sie zu pädagogischen Prinzipien gelangen will?

Ihr logischer Ort kann nach allem nur im Bereich des *Apriori* gefunden werden; denn es geht um Bedingung und nicht um Bedingtes. Mit Recht spricht Natorp vom regulativen Prinzip. Es herrscht im Bewußtsein; nicht im empirischen, sondern im transzendentalen. Will man einen klassischen historischen Hinweis, so sei auf Platons präexistente Ideenschau hingewiesen, angesichts derer sich Bildung als der unendliche Prozeß der Wiedererinnerung an den Logos und dessen Verbindlichkeit als durchgängige Aufgabe darstellt.

Wenn aus dem Gesagten die Forderung entspringt, Prinzipien des pädagogischen Vollzugs unabhängig von jedem empirischen Dasein zu gewinnen, so ist damit keineswegs Beziehungslosigkeit gemeint und die Kluft zwischen Sein und

---

[16] R. Hönigswald: Über die Grundlagen der Pädagogik, ²1927, S. 15.
[17] R. Hönigswald: Über die Grundlagen der Pädagogik, 1918, S. 15.

Sollen erneut aufgerissen. Wenn hier zwischen beiden unterschieden werden muß, so doch nur, um ihren Zusammenhang auf definierte Weise neu zu fordern. Aus dem Sein entspringt nicht einfach das Sollen, noch so viele Indikative begründen keinen Imperativ. Aber insofern Prinzipien als Ausdruck des Sollens gelten wollen, drängen sie ständig zur Gestaltung der Wirklichkeit.

Damit ist der Weg für die Beantwortung der Frage nach der Möglichkeit pädagogischer Prinzipien vorgezeichnet. Sie können nicht aus dem tatsächlichen Sein abgelesen werden; auch eine hermeneutische Deutung der Erziehungswirklichkeit gelangt nicht zu ihnen. Sie wollen und müssen andererseits eben dieses Sein, diese Erziehungswirklichkeit bestimmen. Sie sind also nur möglich als ‚Analysis der Wirklichkeit'. Angesichts ihrer vielfältigen und drängenden Aufgabe weiß sich Pädagogik als Wissenschaft immer wieder aufgerufen zur Definition ihrer Normativität, des Menschentums im jeweiligen Menschen.

In dieser Erkenntnis gewinnt die Pädagogik ihr Fundament, ein letztes Maß aller Erziehung, die Verwirklichung des Menschentums. Die Richtung dieser Bestimmung geht über alle Einzelziele hinaus, ist jenseits aller erreichten und unerreichten Enden von pädagogischen Prozessen; sie ist kein höchstes Ideal, sondern die Bedingung aller Ideale; denn hier ist nicht das Bildungsziel eines empirischen Ich, sondern des reinen Ich angesprochen, damit es für alle Menschen aller Stände, aller Nationen und zu allen Zeiten gelten kann. Demnach ist Pädagogik „die Theorie der Anleitung des Menschen zur Erfüllung seiner Bestimmung"[18]. Gegen diese Aussage meldet sich nun der alte Einwand im neuen Gewande. Angesichts dieser allgemeinen Bestimmung vermißt Frischeisen – Köhler die Rücksicht auf den konkreten Zögling. Ohne sie, insbesondere ohne Rücksicht auf das psychische Wachstum des Zöglings „erhalten wir aus den transzendentalen Gesetzen, welche die Bildung der Inhalte bestimmen, noch keine Gesetze über die Bildung, die die zum transzendental geformten Inhaltsbewußtsein fort-

---

[18] R. Hönigswald, a. a. O., ²1927, S. 60.

schreitende Subjektivität des Zöglings bestimmen"[19]. Wieder ist es also das Leben, das „noch immer dem logischen Machtwillen, der wenigstens in dem Gesetz der Richtung die unbedingte Herrschaft des Logos postuliert, getrotzt hat ..."[20] Im Namen der Einmaligkeit des Zöglings wird hier der Normativität in der Pädagogik Einhalt geboten. Zweifellos ist das vorgetragene Anliegen ernst zu nehmen. Hat es doch die Pädagogik in ihrem praktischen Vollzug, – und auf den bleibt alle Theorie gerichtet – niemals mit dem reinen Ich zu tun, sondern mit dem durch Anlage, Umwelt, Zeitgeist und entwicklungspsychologischer Situation in seiner Konkretheit bestimmten Kind. Die hier angesprochene Individuallage fordert ihr Recht in Unterricht und Erziehung. Der Pädagoge kann sich nicht über sie hinwegsetzen, wenn er seinen Erfolg nicht von vornherein in Frage stellen will, wenn seinem Tun ein Ansatz und Anlaß gegeben sein soll, wenn er nicht in allgemeine Gleichmacherei verfallen will. Es fragt sich nur, ob auf Grund dieser Einsicht die normative Bestimmung suspendiert werden müsse oder könne.

Individuallage als Konkretion des einmaligen Menschen fällt nicht aus der Grundbestimmung des Menschlichen heraus. Sie ist die Bestimmtheit des Psychischen zu einem fixierten Zeitpunkt. Als solche stellt sie die Einheit vollzogener Stellungnahme dar und kann nicht in Parallele zum fixierten Zeitpunkt eines kausalen Ablaufes gesehen werden. Deshalb ist Individuallage, auch wenn sie unter den besonderen Bedingungen psychischer Entwicklung steht, immer als augenblickhafte Wertigkeit des hier erreichten Menschentums zu verstehen. Damit aber steht sie ausdrücklich unter der Bedingung der Natur des Ich, denn erst in ihr hat sie ihre eigene Bestimmtheit erreicht, erst unter ihr aber auch wird Individuallage verständlich. Sofern Individuallage eines Menschen seine Wertigkeit zeigt, ist sie als Bedingung des Pädagogischen überhaupt anzusehen. Nicht in dem Sinne, daß das Subjekt maßgebend wür-

---

[19] M. Frischeisen – Köhler: Bildung und Weltanschauung, S. 100 f.
[20] M. Frischeisen – Köhler: a. a. O., S. 110.

de, sondern insofern, als in der verstandenen Wertigkeit die Erziehungsbedürftigkeit im Hinblick auf den unendlichen Prozeß der Verwirklichung des Menschentums als Anruf an den Erzieher deutlich wird. Würde man das Kind in seiner Individuallage nicht unter der Norm des Logos sehen, sondern selbst als maßgebend, so müßte das den Prozeß des Pädagogischen aufheben, da man offensichtlich an sein Ende gekommen wäre.

Es zeigt sich hier, daß ein letzter Bestimmungsgrund die Beachtung der konkreten Lage keineswegs erschwert oder gar unmöglich macht, sondern im Gegenteil sie erst recht ermöglicht. Dabei ist nun entscheidend darauf hinzuweisen, daß die hier gemeinte letzte Bestimmung des Menschen im Sinne der Normativität nicht die konkrete Bestimmung in der Zeit vorwegnimmt. Sie hat gegenüber den Einzelzielen formalen, nicht indifferenten Charakter. Sie ist deren Bestimmungsgrund, ihr Maß, an dem sich alle Einzelziele und Aufgaben zu messen haben, wenn sie Anspruch auf Verwirklichung stellen.

Damit tritt die letzte Frage in ihrer Besonderung in den Horizont unserer Überlegung. Wo ist die Grenze des Normativen in der Pädagogik, welche Funktion kann es mit Recht erfüllen? Schleiermacher hat ihm den Vorwurf gemacht, daß es auf Grund seiner Abstraktheit für den pädagogischen Vollzug das Wichtigste, nämlich die Richtlinien ihrer Anwendung, nicht mitliefere[21]. Zweifellos, so sagt er, bleibt allemal ein außerordentlicher Abstand zwischen der moralischen Formel und dem geschichtlich-individuellen Leben. „Es ist von den allgemein gedachten Werten zu der konkreten Lebenswirklichkeit kein unmittelbarer Übergang möglich[22]." Damit scheint die Grenze der im Normativen gebundenen Theorie markiert. Das ist jedoch kein Mangel. Die Vorstellung von einer Theorie, die im Sinne von Regeln und Rezepten alle konkreten Anweisungen für jeden Fall gibt, würde den Vorgang der Erziehung mit dem der technischen Bearbeitung in unmittelbare Analogie bringen und somit ihren besonderen ‚Gegenstand', nämlich den leben-

---

[21] F. D. E. Schleiermacher: A. a. O., S. 8.
[22] Frischeisen – Köhler: Pädagogik und Ethik, in: Philosophie und Pädagogik. M. Weinheim ²1962, S. 104.

digen Menschen verfehlen. Anders bei einer auf Normativität angelegten Theorie. Der Erzieher kann und soll durch sie nicht aus seiner Verantwortung in den konkreten Entscheidungen am Fall entlassen werden. Pädagogische Theorie im Sinne einer Prinzipienlehre kann und will ihm das nicht abnehmen. Aber sie ist die Bedingung der Möglichkeit verantwortungsvoller Entscheidung, insofern in ihr um jenes Maß gerungen wird, das seinen Entscheidungen ihren Sinn und ihr Recht gibt. Damit erfüllt sie die vornehmste Aufgabe theoretischer Reflexion überhaupt.

Eine zweite Grenze normativer Pädagogik muß, um Mißverständnisse zu vermeiden, deutlich werden. Die Prinzipien, auf die ihr wissenschaftliches Bemühen zielt, sind zeitlos. Menschliche Reflexion gelangt aber auch hier nur zu stückwerkhaftem Begreifen. Diese Differenz darf – auch angesichts des Allgemeingültigkeitsanspruchs der Invarianten – nicht vergessen werden, da man sich sonst all jenen Vorwürfen aussetzte, die von seiten und im Namen der Geschichte und des konkreten Lebens vorgetragen werden. Allzu schnell erstarren formulierte Prinzipien, Normen im überlieferten Sinne zu ideologischer Endgültigkeit, die dann von den Aufgaben einer neuen Zeit überrankt werden, ihnen gegenüber machtlos werden, weil sie ihre bestimmende Funktion verloren haben. Man verstehe recht: das bedeutet keinen Verzicht auf invariante Geltung pädagogischer Prinzipien; menschliches Denken muß sich nur im empirischen Vollzug seiner Begrenztheit bewußt bleiben.

Zu welchen Ergebnissen haben unsere Überlegungen geführt? Pädagogik, sofern sie an Geltung gebunden ist, sofern sie also Verwirklichung des Menschentums in hoher Wertigkeit will, ist auf Prinzipien verwiesen. Das steht nicht im Widerspruch zur Geschichtlichkeit und Konkretheit des Lebens und des einzelnen. Pädagogische Theorie als Prinzipienwissenschaft ist vielmehr so zu begreifen, daß die Fülle des Lebens und die bunte Vielfalt und Mannigfaltigkeit seines Vollzuges im Gedanken der Ordnung festgehalten werden kann. Pädagogische Prinzipien sind nicht zu gewinnen in einfacher Ableitung aus philosophischen Systemen; sie haben zwar philosophischen Charakter, werden aber erfaßt bei der Analyse der pädagogischen Wirklichkeit als Bedingung dieser selbst. Pädagogische Theorie gewinnt so, zwar in ihrer Argumentation unabhängig, aber aus Anlaß der empirischen Wirklichkeit und für sie den letzten Bestimmungsgrund ihrer selbst; in der gültigen Verwirklichung der Natur des Ich als Maß und Richtschnur für alle Einzelziele und Aufgaben. Es ist deshalb sinnvoll, solche Theorie nicht als System starrer Normen, sondern im Sinne einer offenen Systematik zu verstehen.

Im Rückbezug auf Normativität erhält jetzt auch jener Begriff seine definierte Möglichkeit, der im Zentrum des Pädagogischen steht. Gemeint ist die pädagogische Führung im Lehrer-Schüler-Verhältnis. Sie kann nicht mehr und auch nicht weniger wollen, als den zu Erziehenden in allem unter die leitende Führung der Wahrheit zu stellen, damit er lerne, ihr in allem zu gehorchen.

Normativität als Forderung des Logos begründet das dialogische Verhältnis von Lehrer und Schüler. Unter ihr bleibt der Zögling unabhängig vom Erzieher, damit er im unendlichen Prozeß der Argumentation und Motivation lerne, sich in dieser Bindung selbst zu bestimmen, um die Wertigkeit seines Menschentums immer aufs neue besorgt zu sein. Pädagogische Führung entartet unter dieser Voraussetzung weder zur Fremdbestimmung des Heranwachsenden, noch verzichtet sie auf die Richtungsbestimmtheit des Weges. Denn in ihr herrscht weder der Lehrer noch der Schüler, sondern jener Logos, dem beide in Argumenten und Motiven dienen.

Normativität in der pädagogischen Theorie darf also nicht im Sinne festgesetzter Ziele als den Kasernenbauten des Geistes, wie es Dilthey ausdrückte, verstanden werden. Vielmehr wird durch sie die Erziehung frei gesetzt für mögliche Ziele, insofern diese in jener ihre Rechtfertigung und Begründung finden. Das theoretische Anliegen der Pädagogik bestimmt sich also in dem Versuch, immer auf jenen letzten Bestimmungsgrund zurückzugehen, damit in ihm alle Einzelfragen und Einzelaufgaben bei aller Geschichtlichkeit und Einmaligkeit ihr Maß finden.

3.2 Personale Pädagogik
Rückfall in Dogmatismus oder
neue Möglichkeit der Grundlegung?

Personales Denken scheint in der Pädagogik gegenwärtig eine gewisse Renaissance zu erleben. Wenn es konstitutiv zum Selbstverständnis der Pädagogik als einer Wissenschaft gehört, kritisch über sich selbst nachzudenken, wirft dies einige schwerwiegende Fragen auf.

Kritische Selbstreflexion ist keine müßige intellektuelle Selbstbespiegelung einer ansonsten arbeitslos gewordenen akademischen Disziplin. Sie ist fundamentaler Bestandteil der Pädagogik als einer Wissenschaft, deren Praxis in besonderer Weise auf Rechtfertigung angewiesen ist. Rechtfertigung ist nicht nur gefordert, weil Pädagogik ein Handeln von Personen darstellt, sondern zudem, weil das Handeln der Pädagogik als einer praktischen Wissenschaft auf Personen gerichtet ist. Es stellt sich die Frage, ob nicht jede Vorzeichenpädagogik, die gebotene Selbstreflexion vorzeitig aus der Sorge heraus abbricht, wenn nicht sogar unterbindet, sie könne den in erzieherischen Handlungsfeldern Tätigen als zu theoretisch und als zu wenig praxisrelevant erscheinen. Daran schließt sich die Frage an, ob sich nicht jeder pädagogische „Ismus" vorschnell positionell festlegt und diese Festlegung als gegeben und nicht weiter fragwürdig hinnimmt, indem er seine Voraussetzungen lediglich bekenntnishaft absichert.

Daraus ergeben sich zwei grundsätzliche Fragen hinsichtlich personaler Pädagogik.

1. Steckt hinter der Bezeichnung „personale Pädagogik" der klangheimliche Versuch einer Wiederbelebung einer spätestens seit der Aufklärung überwunden geglaubten Vorzeichenpädagogik? Erliegt personale Pädagogik womöglich er-

neut der Gefahr, in einen Dogmatismus zu verfallen, der den Anspruch auf Wissenschaftlichkeit schon durch aller Reflexion vorweggenommene und der Reflexion dadurch entzogene Behauptungen zunichte macht? Wird die Pädagogik hier womöglich einem zirkulären und tautologischen Denken ausgeliefert, in dessen Ergebnissen sich nichts anderes widerspiegelt als die zuvor gemachten eigenen Annahmen?
2. Hat personale Pädagogik, auch Personalismus genannt, wie jeder pädagogische „Ismus" eine Praxis zur Folge, die auf ein dogmatisch-normativ bestimmtes Ziel festgelegt ist? Handelt es sich bei personaler Pädagogik um die Theorie einer Praxis, die die Absicht und das Wollen pädagogischen Handelns normativ bestimmt, ohne kritische Rechtfertigung einzufordern oder zuzulassen?

Die beiden genannten Fragen gehören ebenso konstitutiv zusammen wie Theorie und Praxis.[1] Wissenschaftlicher Dogmatismus in der Theorie hat normativ vereinnahmte Praxis zur Folge, wie in umgekehrter Richtung normativ vereinnahmte Praxis Ausdruck von theoretischem Dogmatismus ist. Ohne jeden Zweifel enthält die Geschichte der Pädagogik zahlreiche Entwürfe und Konstruktionen, die ihre Position durch ein vorgesetztes Attribut von vornherein zu erkennen geben. Dabei lassen sich zunächst zwei Arten von vorzeichenhafter Festlegung der Pädagogik unterscheiden.

1. Im ersten Fall soll eine besondere Spezifizierung des Aufgabenfeldes bezeichnet werden: man denke an Schulpädagogik, an Freizeitpädagogik, Sonderpädagogik u.a.m. Hier kennzeichnen die Attribute verschiedene abgrenzbare Einzelaufgaben in dem weiten Feld von Erziehung, auf die sich die jeweilige Theorie und Praxis konzentriert. Die hier verwendeten Vorzeichen definieren nicht ein besonderes Selbstverständnis von Pädagogik, sondern in diesem Zusammenhang folgt die Pädagogik der Tendenz der modernen Wissenschaft zu fortschreitender Spezialisierung.

---

[1] Vgl. zu dieser Frage auch Marian Heitger: Zum problematischen Verhältnis von Theorie und Praxis in der Pädagogik, in: Pädagogik - wozu und für wen? Hrsg. von Winfried Böhm, Stuttgart 2002.

3.2 PERSONALE PÄDAGOGIK 119

2. Ganz anders verhält es sich im zweiten Fall, wenn durch ein vorgestelltes Attribut die Pädagogik sich selbst in einem bestimmten Sinn festlegt, so daß ein solcher „Ismus" auch schon Zielangaben und Verfahrensweisen enthält.
Unter der vorliegenden Fragestellung gilt die Aufmerksamkeit zunächst offensichtlich dem an zweiter Stelle beschriebenen Sachverhalt. Derartige Konzeptionen von Pädagogik galten insbesondere nach 1945 als obsolet. Die Indienstnahme der Pädagogik für die Ideologie schien alle derartigen Versuche gründlich diskriminiert zu haben. Denn hier war augenscheinlich geworden, daß jede „Vorzeichenpädagogik" in ihrer Theorie von Denkverboten umstellt ist und in ihrer Praxis das Leben der Menschen im politisch gewünschten Sinne zu diktieren versucht. Nationalsozialistische Pädagogik verstand sich als die einzig mögliche richtige Pädagogik. Wer ihrer Theorie nicht entsprach, mußte mit Lehrverbot rechnen; wer sich nicht ihrer Praxis beugte, mußte mit Entlassung und politischer Verfolgung rechnen.

Angesichts dieser verheerenden Folgen der Indienstnahme von Pädagogik sollte die Pädagogik von jeder Form dogmatischer Festlegung freigehalten werden. Dennoch sind bekanntlich immer wieder Formulierungen aufgetaucht, die es im Hinblick auf Theorie und Praxis nicht bei der einfachen Bezeichnung Pädagogik und Erziehung belassen wollten: Beispiele dafür lassen sich bis in die Gegenwart hinein zur Genüge anführen; man denke nur an die sogenannte antiautoritäre Erziehung, die humanistische Erziehung und Pädagogik oder in jüngerer Zeit auch die skeptische Pädagogik. In diesem Zusammenhang stellt sich die Frage, warum der Pädagogik, bzw. den Pädagogen der offensichtlich unausrottbare Hang zu eigen ist, ihre Position durch Attribute zu kennzeichnen.

Zunächst könnte man in den Vorzeichen ein Bestreben zu größerer Klarheit und Eindeutigkeit vermuten. Wer seine Pädagogik mit einem Attribut auszeichnet, gibt seine Position zu erkennen. Wer von sozialistischer Pädagogik spricht, läßt seine Mitstreiter und Kontrahenten ebensowenig im Unklaren wie derjenige, der seine Pädagogik als christlich, humanistisch, emanzipatorisch oder skeptisch ausgibt. Das Attribut dient der

Bilanzwahrheit, kennzeichnet die eigene Position, verschweigt nicht den eingenommenen Standpunkt.

Dagegen scheint zunächst nichts zu sprechen. Die Beifügung dient der größeren Transparenz, schafft mehr Eindeutigkeit und erleichtert die Auseinandersetzung. Man gibt Ziel und Absicht, Vorgehen und Methode von Anfang an zu erkennen; man ermöglicht dem Benutzer von pädagogischen Theorien eine rationale Wahl; angesichts eindeutig definierter Positionen kann eine rationale Entscheidung getroffen werden, ob man sich beispielsweise einer emanzipatorischen, humanistischen, sozialistischen, kommunikativen oder eben auch einer personalen Pädagogik zuwendet.

Ähnlich scheint es sich mit der häufig anzutreffenden wissenschaftstheoretischen Festlegung durch ein vorgesetztes Attribut zu verhalten. Man spricht mit Selbstverständlichkeit von einer empirischen, von einer hermeneutischen, von transzendentalphilosophischen oder einer transzendentalkritisch-skeptischen Pädagogik. All das sind Unterscheidungen und zugleich Zuordnungen, die geeignet erscheinen, die Vielfalt methodischer Ansätze zu kennzeichnen und die kritische Auseinandersetzung mit ihnen zu erleichtern. Man weiß gleich bzw. glaubt zu wissen, wer gemeint ist; man kennt bzw. glaubt, das ganze Arsenal von vorliegenden Argumenten pro und contra zu kennen.

Die durch definierte Attribute deutlich werdende Vielzahl von Positionen, von Zielen, Methoden und wissenschaftstheoretischen Vorgehensweisen in der Pädagogik entspricht einem Trend, der in der Rezeption der Postmoderne durch die Pädagogik ausnahmslos als begrüßenswert aufgefaßt wird. Der Widerstreit zwischen verschiedenen Positionen dokumentiert die Abkehr vom Einheitsdenken und einem damit verbundenen „Imperialismus". Differenzierung und Vielfalt bricht den Zwang zur Einheit. In ihr wird die Geschichtlichkeit des Denkens, die Absage an absolute Geltungsansprüche deutlich, sie dokumentieren die Vorläufigkeit aller Entwürfe.[2] Deshalb ist

---

[2] Vgl. Wolfgang Fischer / Jörg Ruhloff: Skepsis und Widerstreit. Neue Beiträge zur skeptisch-transzendentalkritischen Pädagogik, Sankt Augustin 1993.

die Vielzahl sich unterscheidender Pädagogen kein beklagenswerter Zustand, sondern Ausdruck einer Freiheit des Denkens und der Anerkennung von Individualität und Variabilität des Pädagogischen.

Gerade diese Argumentation birgt allerdings eine unübersehbare Frage in sich. Es bleibt die alte sokratische Frage bestehen, was diesen verschiedenen Pädagogiken denn zugrunde liegt, das ihre Zusammengehörigkeit stiftet; es bleibt die Frage bestehen, was sämtliche verschiedene Vorzeichen-Pädagogiken zu Variationen *der einen Pädagogik* macht. Wo diese Frage nicht gestellt und keine Antwort auf sie versucht wird, da verlieren auch Spezialisierung und Differenzierung ihren Sinn. Denn Spezialisierung und Differenzierung sind nur denkbar, wenn man sich auf ein für alle Variationen Identisches bezieht, das dann spezifiziert und differenziert wird. Wird dagegen das Vorhandensein des Identischen geleugnet, muß das Reden von verschiedenen Pädagogiken zu einer zufälligen Ansammlung von Denkentwürfen werden, die der nicht mehr diskussionsfähigen Willkürlichkeit verfallen. Das gilt natürlich auch von den verschiedenen normativen Ansprüchen, die in den attributiven Bestimmungen enthalten sind. Alle diese Bestimmungen gelten nicht schon durch ihre Benennung, sie bedürfen der Rechtfertigung. Deshalb muß die Frage nach der Begründung der Normen gestellt werden, die Sozialismus oder Liberalismus, die Emanzipation oder Skeptizismus als Absicht und Ziel des Pädagogischen bzw. ihrer Theorie vorstellen.

Die Problematik, die mit sogenannten Vorzeichenpädagogiken einhergeht, ist nicht zu unterschätzen. Sie tritt vor allem dort zutage, wo im Anspruch der Verbindlichkeit von Theorie, die konstitutive Beziehung von Theorie auf Praxis Ausdruck findet. Denn, wie immer man Pädagogik auch verstehen mag, in ihr wird stets ein normativer Anspruch erhoben, der durch einen vorweg bezeichneten „Ismus" näher bestimmt und als konkreter Anspruch formuliert wird. Jede Pädagogik ist ihrer Natur nach durch einen normativen Anspruch definiert; es wird kaum zu bestreiten sein, daß aller Pädagogik ein Sollen innewohnt. Dieser Anspruch ist zunächst formal, etwa wie das Wissen des Wissens. Seine inhaltliche Bestimmtheit läßt sich nicht durch ein vorweg behauptetes Attribut festlegen, wenn Pädagogik nicht zur bloßen Dressur und Verfügungsdisziplin entarten soll. Das gerade macht die Pädagogizität des Sollens aus, daß sie dem Gedanken der Selbstbestimmung des Menschen nicht widersprechen darf.[3]

Allerdings scheint in pluralistischen Gesellschaftssystemen wiederum die Unsicherheit und Orientierungslosigkeit so groß, daß die Sehnsucht nach einer inhaltlichen, vorgegebenen und fraglosen Bestimmung des Sollens verständlich scheint. Wo diese fehlt, so wird befürchtet, droht Selbstbestimmung in willkürliche, beliebige Selbstverwirklichung auszuarten.[4]

Hier scheint für die Pädagogik ein sie bedrängendes und gleichzeitig unlösbares Problem offenkundig zu werden. Einerseits läßt eine bloß formale Aussage die Erziehung in Ratlosigkeit und Unsicherheit, andererseits droht die Pädagogik in jeder inhaltlichen Bestimmung zur Verfügungsdisziplin zu pervertieren. Sie täuscht im Denken da Sicherheit und Gewißheit vor, wo dessen Begrenztheit offensichtlich ist.

Wie steht es nun angesichts dieses Dilemmas mit dem Versuch, eine personale Pädagogik zu konzipieren? Muß nicht auch sie an jenem Dilemma scheitern, daß die allgemeine Unsicherheit nur dogmatisch und dadurch im wahrsten Sinne anti-pädagogisch beseitigt werden kann? Ist die sogenannte personale Pädagogik ein tauglicher Versuch, einerseits der postmodernen Tendenz zur Beliebigkeit und der skeptischen Tendenz zur Aussageverweigerung zu entkommen, ohne andererseits an den gewichtigen Einwänden gegenüber dogmatisch vorgegebenen normativen Festlegungen zu scheitern?

Zunächst könnte personale Pädagogik für sich reklamieren, daß sie gerade alle Formen der Fremdbestimmung verhindern

---

[3] Vgl. Marian Heitger: Das Sollen und die Pädagogik der Entsprechung. In: Jörg Ruhloff und Klaus Schaller (Hrsg.): Pädagogische Einsätze. Festschrift für Theodor Ballauff zum achtzigsten Geburtstag. St. Augustin 1991, S. 61–69.

[4] Vgl. dazu Winfried Böhm: Kritische Reflexionen zum Begriff der Selbstverwirklichung als postmodernes Bildungsziel. In: Ders.: Entwürfe zu einer Pädagogik der Person. Bad Heilbrunn 1997, S. 41–59.

will. Personsein, so erklärt der Personalismus, ist durch Freiheit und Selbstbewußtsein, Selbststand und Sozialität, Verantwortung und Geschichtlichkeit bestimmt.[5] Darin scheinen heute philosophische Tradition und die Lehre der christlichen Kirche übereinzustimmen.[6] Wenn das nicht bloß verbale Versicherung sein will, um sich gegenüber Kritik zu immunisieren, wenn das Attribut „personal" nicht ein Rückgriff auf eine Ideologie, auf ein vorgegebenes Normsystem, auf ein politisches Programm sein will, dann müßte sich just aus der Analyse dieses Attributs der normative Gehalt der Pädagogik, der ihr immanente Sollensanspruch entwickeln lassen.

Bevor diese Aufgabe angegangen wird, ist jedoch noch eine Frage zu berücksichtigen, die dieser notwendig vorausgeht. Die grundlegende Frage klingt recht banal und könnte deshalb als eine überflüssige intellektuelle Spielerei abgetan werden; gemeint ist die Frage nach der Legitimität der Pädagogik überhaupt, nach der ihrer Theorie auferlegten Problematik, pädagogisches Handeln zu legitimieren.

Auf diese grundsätzliche Frage gibt es zwei Antworten: Entweder wird die Notwendigkeit einer Begründung pädagogischen Handelns anerkannt oder sie wird bestritten. Im ersten Fall muß das Fragen weitergehen, und es muß die Möglichkeit der Begründung gezeigt werden. Im zweiten Fall ist das Problem erledigt; weiteres Nachdenken wird nicht nur überflüssig, sondern auch sinnlos. Pädagogisches Handeln folgt den Gesetzen biologischer Antriebe, dem physikalischen Gesetz der Stärke, dem Zufall, der Beliebigkeit.

Jedermann dürfte einsehen, daß diese zweite Antwort nicht haltbar ist, weil sie die Faktizität ihrer selbst bestreiten müßte. Denn in dem Augenblick, in dem die Frage nach Legitimation

---

[5] Vgl. dazu Giuseppe Flores d'Arcais: Die Erziehung der Person. Grundlegung einer personalistischen Erziehungstheorie. Aus dem Ital. übers. von Winfried Böhm, Stuttgart 1991.
[6] Vgl. z. B. die Pastoralkonstitution des 2. Vatikanischen Konzils Nr. 17: „Die Würde des Menschen verlangt daher, daß er in bewußter und freier Wahl handle, das heißt personal, von innen bewegt und geführt und nicht unter blindem innerem Drang oder bloßem äußeren Zwang."

gestellt wird, kann sie nicht mehr einfach abgewiesen werden, sie kann nur mehr oder weniger redlich und vernünftig beantwortet werden. Denn selbst da, wo die Berechtigung der Frage geleugnet und delegiert wird, indem man sich auf naturhaft biologische Vorgänge wie den Mechanismus von Macht und Determination beruft, wird eine Antwort gegeben.

Das nimmt der gestellten Frage nicht ihre Schwierigkeit. Diese bleibt. Alle Versuche einer Antwort scheinen immer auf die Notwendigkeit einer nächsten Frage zu verweisen; etwa die Legitimationsversuche im Hinweis auf gesellschaftliche Bedürfnisse, Erwartungen, politische Interessen. Immer bleibt die Frage, was denn diese legitimiere. Anders ist die Situation, wenn die Faktizität der Pädagogik und die der damit verbundenen Fragen anerkannt wird und die ihnen immanenten Voraussetzungen bedacht werden. Dieses Fragen glaubt davon ausgehen zu müssen, daß, wenn von Pädagogik überhaupt die Rede ist, wenn ihre Problematik zur Sprache kommt, gleichzeitig vom Menschen gesprochen werden muß. Denn der Mensch ist es, der sich Gedanken über die Pädagogik macht; er ist es, von dem pädagogisches Handeln ausgeht; er ist es, auf den sich pädagogisches Handeln bezieht. Offensichtlich muss wenn von Pädagogik die Rede ist, ein sie bedenkendes Subjekt vorausgesetzt werden. Wenn von Pädagogik im Sinne einer Praxis die Rede ist, dann muß ein handelndes Subjekt vorausgesetzt werden, das um sein Handeln weiß, sonst könnte es seine Praxis überhaupt nicht zum Gegenstand des Fragens machen. Wenn von pädagogischem Handeln als bewußtem Handeln die Rede ist, dann muß von einem Subjekt die Rede sein, das dieses Handeln reflektiert. Wer andererseits dem Adressaten pädagogischen Handelns das Personsein nicht zuerkennt, muß dem anderen vorenthalten, was er für sich in Anspruch nimmt, muß den Unterschied zwischen Dressur und Erziehung ebenso leugnen wie den zwischen Lehren und Indoktrination bzw. Programmieren, weil er dem Adressaten seiner Praxis Denken, Selbstbewußtsein und Freiheit vorenthält.

Dieses analysierende Denken sieht sich heute mehr denn je dem Vorwurf ausgesetzt, in zirkulärer Befangenheit steckengeblieben zu sein, in einem Zirkelschluß, in dem nichts anderes zur Aussage gebracht würde, als im Begriff von Pädagogik schon enthalten sei. Dieses transzendentale Denken, so lautet der Vorwurf, begründet nichts, bringt keinen Erkenntnisfortschritt, weil nur das bewiesen wird, was ohnehin vorausgesetzt ist. Zirkuläres Denken täuscht Wissenschaft vor, ohne selbst neue Erkenntnisse hervorzubringen.

Dieser Einwand wiegt schwer; denn er trifft nicht mehr und nicht weniger als die Möglichkeit von wissenschaftlicher Pädagogik. Aber gerade in Anbetracht solcher Kritik kann es der Pädagogik nicht erspart bleiben, die eigenen Bedingungen ihrer Möglichkeit zu bedenken. Alle Einzelfragen verweisen, insofern sie ihre Pädagogizität behaupten, auf die Notwendigkeit, das sie verbindende Fundament deutlich zu machen. Ohne „Grundlegung" bleibt Pädagogik grundlos. Das gilt auf zweifache Weise: als grundlose Wissenschaft verfällt sie dem Nichts. Jede Grundlegung wird bodenlos, wenn sie die eigenen Voraussetzungen nicht anerkennt. Jede Praxis wird grundlos in dem Sinne, daß es für das Handeln keinen legitimierbaren Grund mehr gibt, d. h. die Praxis von Unterricht und Erziehung entartet zu willkürlicher Machtausübung.

Das Denken der Pädagogik ist insofern zirkulär, als es die Notwendigkeit des Bedenkens der eigenen Voraussetzungen nicht leugnen darf, sondern ihren eigenen Grund bedenken muß. Sie wird dadurch weder tautologisch, noch täuscht sie dadurch Wissenschaft vor. Im Gegenteil: erst wenn Pädagogik die mit ihr selbst gesetzten Voraussetzungen bedenkt, eröffnet sich die Möglichkeit der Pädagogik, den Dogmatismus zumindest partiell zu überwinden.

Auf dieser Grundlage kann die Konzeption von personaler Pädagogik wieder ins Spiel kommen. Denn sie will, so die diesen Überlegungen zugrundeliegende These, die im Begriff von Pädagogik selbst gelegenen Denkvoraussetzungen offenlegen und benennen. Sie tut dies, um an ihnen gleichzeitig Weg und Ziel von Pädagogik selbst zu verdeutlichen. Es muß also dabei bleiben: Wer von Pädagogik spricht, sich über ihre Berechtigung, ihre Absichten und Verfahren Gedanken macht, der ist auf das selbst denkende und verantwortlich handelnde Subjekt verwiesen, das dadurch seine Personalität erweist.

Damit ist ein prinzipieller „Sach-Verhalt", genauer ein prinzipieller Ich-Verhalt gemeint. Denn in diesem Bedenken geht es nicht um Gegenständliches, nicht um Sachen, sondern um das Denkenkönnen von Sachen, um das Ich, das denkt und urteilt. Insofern dieser Ich-Verhalt den Menschen definiert, spreche ich von Person; insofern dieser Ich-Verhalt die Pädagogik als Pädagogik bzw. in ihrer Pädagogizität definiert, spreche ich von personaler Pädagogik, bzw. vom notwendigen Personalismus in der Pädagogik.

Damit ist die Überlegung bei der Beantwortung jener Frage angelangt, ob das Attribut des Personalen der Pädagogik angemessen ist und was dieses Attribut des Personalen für die Pädagogik zu leisten vermag.

Die erste Frage scheint durch die Überlegung beantwortet, daß das Personale im Begriff von Pädagogik mitgedacht werden muß. Damit ist auch entschieden, daß es hier nicht um eine dogmatische Festlegung ihrer Theorie geht und ebensowenig um eine normative Festlegung ihrer Praxis. Dennoch, und das wäre der Sinn jenes Attributs, soll eine richtungsweisende Voraussetzung herausgehoben werden, die es erlaubt, ohne normativ bestimmte Vorgabe, ohne die Verführung zu aufklärungswidersprechendem dogmatischem Schlummer ein Fundament, eine Grundlegung für die Pädagogik zu gewinnen.

Dabei muß das Denken selbst behutsam vorgehen, um nicht in den Fangeisen der Selbsttäuschung hängen zu bleiben. Eine Grundlegung will den Grund für etwas legen, das um seine Unsicherheit weiß. Die Unsicherheit in der Pädagogik betrifft sowohl Sinn und Zweck ihres Tuns als auch die Art und Weise, wie jene zu Werk gebracht werden können. Wenn Pädagogik mit ihren Absichten und ihrer Praxis nicht im Bodenlosen versinken will, dann muß sie auf einen Grund gelegt sein. Jede Grundlegung muß das Gründende schon voraussetzen. Grundlegung kann also nichts anderes bedeuten, als das Grundlegende zu Bewußtsein zu bringen. Genau dieses wird im Begriff einer personalen Pädagogik versucht: Eine Grundlegung, die das Gründende zum Vorschein bringt.

Grundlegend ist für alle Pädagogik die Beantwortung der Frage nach ihrer Absicht bzw. ihren Absichten. Dabei kann die

Aufzählung möglicher Zwecke nicht befriedigen. Denn sie unterstreicht und aktualisiert die Frage nach der ihnen allen notwendig zugedachten Pädagogizität; so wie schon Natorp formulierte, es könne gar keine Ziele der Pädagogik geben, wenn es nicht ein Ziel gäbe. Personale Pädagogik behauptet dieses Ziel im Hinweis auf den Menschen als Person. Sie kann keinen anderen Zweck ihrer selbst anerkennen, als den, der der Person selbst zukommt.

Gemeint sind demnach nicht Ziele oder Zwecke, die diese oder jene Person in ihrer empirischen Existenz sich setzt, äußert, empfindet, behauptet; etwa in der Berufung auf konkrete Ziele und Pläne oder auf individuelle Bedürfnisse oder Begabungen. Gemeint ist vielmehr das Personale im Sinne des Personseins eines jeden Menschen.

Solche Aussagen klingen formal und werden häufig als inhaltsleer oder gar als nichtssagend erachtet. Dabei wird allerdings der in diesem Formalen durchaus bestimmte radikale Anspruch übersehen. Personale Pädagogik hält daran fest, daß Ziele und Zwecke pädagogischen Handelns nicht aus gesellschaftlichen Erwartungen, politischem Wollen, geschichtlichen Erinnerungen abgeleitet werden und durch den Hinweis auf deren Faktizität gerechtfertigt werden können. Mit anderen Worten versteht sich personale Pädagogik nicht als ein Instrument zur Durchsetzung historisch empirisch vorgegebenen Wollens. Personale Pädagogik steht weder im Dienst des Zeitgeistes noch im Auftrag einer Tradition oder vorausberechneten Zukunft. Sie verneint deren tatsächliche Ansprüche aber auch nicht in vorurteilshafter Festlegung, sondern sie bricht lediglich deren ungefragten normativen Anspruch durch den Hinweis auf das Personsein des Menschen.

Diese Zwecksetzung durch das Personsein ist kein der Pädagogik von außen aufgedrängter oder auferlegter normativer Anspruch, sondern er formuliert eine mit der Pädagogik selbst gegebene und deshalb *denknotwendige Normativität*. Das Attribut des Personalen formuliert die radikale Absage an alle Versuche ihrer Indienstnahme. Sie bricht die normative Anmaßung gesellschaftlichen Wollens, ohne dessen limitiertes Recht im Einzelfall dogmatisch und ohne Prüfung zu bestreiten.

Schließlich bringt personale Pädagogik erst jene Bedingungen zum Vorschein, auf Grund derer erst von Erziehung, Unterricht und Bildung im definierten, d. h. in einem dem Pädagogischen entsprechenden Sinn gesprochen werden kann.

Gemeint ist das Personsein des Menschen, sofern mit diesem dem Menschen das Denken zugesagt und zugemutet ist, und zwar ein Denken, für dessen Geltungsanspruch der Denkende selbst einzustehen hat. Wenn dieser Satz stimmt, dann gehört zum Denken gleichzeitig die Notwendigkeit, dessen Geltungsanspruch zu prüfen, d. h. den Richterstuhl für Wahr und Falsch im Denkenden selbst vorauszusetzen. Dies ist gemeint, wenn dem Personsein Geltungsbindung zugesprochen wird. Diese Geltungsbindung ist also kein Zusatz zum Denken, sondern eine dem Denken immanente Bestimmung.

Auch diese Aussage gilt vielen als zu formal, scheint vielen aufgrund ihrer Inhaltsleere als eine bedeutungslose Gedankenlosigkeit. Wer das behauptet, versteht sich nicht auf das philosophische Denken und dessen weitreichende praktische Konsequenzen. Denn Geltungsbindung der Person ist Bedingung der Möglichkeit von Lehren und Lernen. Erst unter ihrer Voraussetzung kann so gelehrt und gelernt werden, daß der Lernende selbst Wissen erwirbt; ein Wissen, das durch eigenes Fürwahr-halten seinem eigenen Anspruch genügt. Wiederum könnte man sich den Vorwurf, nur zirkulär zu denken, zuziehen, wenn Lernen dergestalt auf die pädagogisch gemeinte Möglichkeit des Wissens bezogen wird, daß alles Wissen an ein eigenes Für-wahr-halten gebunden und dieses auf Geltungsbindung verwiesen ist. Die vermeintlich zirkuläre Tautologie macht allerdings eine folgenreiche Anforderung an und in allem Lehren und Lernen deutlich. Dies sei an einigen Konsequenzen angedeutet.

Personale Pädagogik sieht im Lernen nicht das Mitteilen von Kenntnissen, von Informationen. Wenn Wissen vermittelt werden soll, dann muß im Lehren ein Lernen gewollt sein, das eigenes Fürwahrhalten als seinen Zweck anerkennt. Eigenes Fürwahrhalten ist auf die Aktivität des Lernenden verwiesen. Wenn niemand für irgendeinen anderen den Geltungsanspruch des Fürwahrhaltens übernehmen kann, dann bedeutet Lernen auch gleichzeitig die Entfaltung von Vernunft im Sinne von Geltendmachen von Aussagen.

Weil das Denken von Personen geltungsgebunden ist, ist es gleichzeitig auf den anderen, besser auf jeden anderen bezogen. Kein Geltungsanspruch gilt nur für mich bzw. nur für einen ausgewählten Kreis oder gar nur für einen einzelnen. Der Geltungsanspruch gilt für alle denkenden Personen; er muß den Anspruch auf Allgemeingültigkeit erheben. Wenn der Begriff der Geltung sich nicht selbst widersprechen und aufheben will, muß auf seinen Anspruch auf universelle Verallgemeinerung geachtet werden.

Das schließt eine weitere Konsequenz ein: Keine Person kann aus der Gemeinschaft der Denkenden ausgeschlossen werden. Der Anspruch der Allgemeingültigkeit richtet sich an jede Person, unabhängig von ihrer empirisch geschichtlichen Erscheinungsweise. Dies impliziert die weitere Schlußfolgerung, daß sich jeder Mensch, sofern er als denkende Person gedacht werden muß und unter der Geltungsbindung steht, immer im Lehren und Lernen bewegt und somit apriori durch Bildsamkeit ausgezeichnet ist. Folglich enthält personale Pädagogik die Forderung, jeden Menschen grundsätzlich in seiner Bildsamkeit anzuerkennen. Personale Pädagogik behauptet damit zugleich einen universalen Anspruch: universal, in dem Sinn, daß kein Denken, wann und wo es auch stattfinden möge, sich der Geltungsbindung des Denkens entzieht; aber auch universal in dem Sinn, daß sich kein Denkender von dieser Geltungsbindung lossagen kann, ohne sein Personsein zu leugnen. Wenn Personalität sich in Geltungsbindung definiert, wenn diese einen normativen Anspruch enthält, wenn dieser Anspruch nicht ins Leere gehen soll, dann ist damit auch die Forderung verbunden, in menschlichem Handeln den Mechanismus von Kausalität zu übersteigen. Im Hinblick auf pädagogische Führung bedeutet das, den Verlockungen der Macht zu widerstehen. Macht dokumentiert sich im Verfügen-wollen. Alles Verfügen rekurriert auf die Möglichkeit der gesetzmäßigen Kausalität von Reiz und Reaktion. Die pädagogische Forderung des Verzichts auf verfügende Macht, gilt gleichermaßen für den Lehrenden wie für den Lernenden: Für jenen, damit er diesem sein Lernen unter dem Geltungsanspruch des Denkens ermöglicht, damit der Lernende dem Argument als nicht bestochener Zeuge vor dem Richterstuhl der Vernunft selbstdenkend Recht zusprechen kann; für diesen, für den Lernenden, damit er sich nicht aus Bequemlichkeit fadenscheinigen Meinungen unterwirft, sich überreden läßt, um die Anstrengung des „Sich-Überzeugens" zu vermeiden.

Wenn es zum Personsein des Menschen gehört, daß er für sein Handeln einzustehen hat, weil er dessen Urheber ist, daß er deshalb zur Rechenschaft gezogen werden kann, dann muß Geltungsbindung für die gesamte Aktivität des Ich vorausgesetzt werden. Auch diese Aussage ist kein empirisches Urteil, das lediglich im Hinblick auf einige Individuen Geltung beansprucht; es handelt sich vielmehr um eine prinzipielle Aussage, die für den Menschen gilt, sofern ihm Personalität zukommt. So wie Person im Selbstzwecksein die Ursache ihres Handelns ist, so stellt sich die Person im Handeln unter den Richterstuhl der eigenen praktischen Vernunft. Das ist die Bedingung von Erziehung, wenn deren Pädagogizität nicht mißachtet, d. h. die Differenz zwischen Erziehung und Manipulation sowie Verhaltenssteuerung nicht übersehen werden soll. Personale Pädagogik fordert eine Handlungsweise, die nicht eine Überwältigung von Personen, sondern deren Freigabe zum Ziel hat. Diese Freigabe bedeutet nicht ein Handeln in Beliebigkeit, sondern den Vollzug von Geltung, ein verantwortungsbewußtes Handeln.

Personale Pädagogik erkennt und anerkennt die unüberschreitbare Grenze der Erziehung, die in der Personalität des anderen begründet liegt; Erziehung kann und will den anderen niemals von seinem Recht und seiner Pflicht zur Selbstbestimmung entbinden. In diesem Sinn ist Erziehung eine Absage an Macht, die in ihrer Ohnmacht nicht richtungslos ist.

Personale Pädagogik definiert – um es banal zu sagen – jede pädagogische Beziehung als personal. Damit wird jeder Versuch ermächtigender Verfügung grundsätzlich abgelehnt. Das personale Band zwischen Menschen ist nicht durch instrumentalisierende Macht, nicht durch Verfügen oder Zwang definiert, sondern durch Dialog. Der Verzicht auf Macht bedeutet nicht das Ende von Interpersonalität, sondern definiert sie im Begriff des Mit-Seins, des Gleichseins unter der Geltungsbindung, unter der grundsätzlichen Verschiedenheit des Personseins im Selbstvollzug von Lebensprozessen; wo Individualität nicht ein zufälliges empirisches Ergebnis durch die je verschiedene Situierung in Raum und Zeit ist, sondern durch den Anspruch, Zweck seiner selbst zu sein. In diesem Gleichsein und Ungleichsein von Personen definiert sich menschliche Gemeinschaft und gewinnt ihre Pädagogizität. Die modernen Begriffe von Toleranz und Integration, von Interkulturalität und Universalität erhalten erst auf und vor diesem Hintergrund ihren pädagogischen Stellenwert.

Damit kehren die Überlegungen zu der Ausgangsfrage zurück, ob mit der Wiederbelebung des Gedankens personaler Pädagogik, der Klärung ihrer Probleme und der Orientierung ihrer Praxis etwas pädagogisch Unverzichtbares geleistet wird. Die Einwände gegen „Vorzeichen-Pädagogiken" müssen auch im Hinblick auf eine kritische Beurteilung personaler Pädagogik ernst genommen werden. Personale Pädagogik wird immer wieder mit dem Vorwurf konfrontiert, sie beruhe auf dogmatischem, zirkulärem oder tautologischem Denken. Personaler Pädagogik wird unterstellt, es handele sich bei ihr um den Versuch, die in der Postmoderne betriebene Abschaffung des Subjekts im Begriff der Person rückgängig zu machen, um nach wie vor an einer Gestalt wissenschaftlicher Pädagogik festhalten zu können, die gegenüber der Praxis absolute Verbindlichkeit behauptet.

Die hier vorgetragenen Überlegungen kommen zu dem Schluß, daß sich jene Unterstellungen als unbegründet erweisen, da personale Pädagogik auf nichts weiter denn auf die *denknotwendigen* Bedingungen der Möglichkeit von Erziehung aufmerksam macht. Es wird widerlegt, daß es sich bei personaler Pädagogik um ein zirkuläres tautologisches Denken handelt, ohne deshalb schon dem fragwürdigen Glauben an einen linearen Fortschritt das Wort zu reden. Zirkuläres Denken stellt keinen Makel, sondern die dem philosophischen Denken angemessene Denkleistung dar, die verhindert, daß Pädagogik grundlos wird, indem sie den im Begriff der Pädagogik liegenden Grund erhellt. Das kann nur gelingen, wenn in strenger Konsequenz die der Pädagogik immanenten Prinzipien expliziert werden. Dabei wird deutlich, daß das Attribut „personal" kein Additivum zum Begriff „Pädagogik" darstellt, sondern die in ihr gegebenen Voraussetzungen zur Sprache bringt.

Bei dem Attribut „personal" handelt es sich keineswegs um einen wohlklingenden, dekorativen, tautologischen Zusatz. Dieser Einwand wäre dann berechtigt, wenn jede Form von Pädagogik immer schon die eigenen Bedingungen der Pädagogik, die ihre Theorie und Praxis enthält, erkennen und anerkennen würde. Jedoch unterliegen pädagogische Ansätze unter dem Druck des Modischen und der gesellschaftlichen Interessen ständig der Gefahr, ihren eigenen Sinn zu verfehlen.

Angesichts dieser Gefahr ist das Attribut „personal" kein der Pädagogik angehefteter Pleonasmus, keine überflüssige Zierde, sondern eine geschichtlich immer wieder notwendige Besinnung auf sich selbst; gegen die diskriminierenden Unterstellungen der Antipädagogik, gegen die resignierte Verweigerung der Verbindlichkeit von Theorie in der skeptischen Pädagogik, gegen die immer wieder drohenden Versuche der Instrumentalisierung von Pädagogik durch Staat, Politik, gesellschaftliche Interessen und Verführungen der Macht.

Im Begriff Personalismus gewinnt Pädagogik ihre Eindeutigkeit, ohne der Gefahr dogmatischer Vereinnahmung zu erliegen, ohne den Menschen auf bestimmte Normen festzulegen. Das Attribut des Personalen setzt Akzente, die den Begriff der Bildung definieren: Personalismus sieht den Menschen als Zweck seiner selbst, sie sieht ihn im Licht geltungsgebundenen Denkens und Handelns und damit auch in unverzichtbarer sozialer Bindung. Einer Bindung, die nicht Macht und Verfügung über den anderen bedeutet, sondern die Anerkennung des Anderen als Alter-Ego; einer Beziehung, die in der Begegnung nicht eine pragmatische Gelegenheit zur Bereicherung erblickt, sondern eine unausweichliche Aufforderung, das eigene Sein im Personsein zu definieren. Das alles sind Momente jener Menschenbildung, in deren Zweck Pädagogik sich sinnvoll konstituieren kann.

4. Pädagogik zur Praxis

4.1 Zum problematischen Verhältnis von Theorie und Praxis in der Pädagogik

Die Problematik des zu verhandelnden Verhältnisses besteht darin, daß Praxis hier nicht als *fatum*, sondern als *factum* gesehen werden muß. Ob das als notwendige Voraussetzung der Abhandlung behauptet werden kann, muß im Verlauf der Gedankenführung gezeigt werden. Hier lautet die Ausgangslage: Praxis, die in Relation zur Theorie gesetzt wird, geschieht nicht, sondern wird vollzogen. Sie ist eine Tatsache als Sache der Tat von Menschen. Damit kommen Überlegungen ins Spiel, die nicht auf der Denkebene der Beschreibung von Gegebenheiten abgehandelt werden können, sondern als deren Bedingungen zu bedenken sind. Es wird im Folgenden nicht um die Beschreibung dieser oder jener Praxis gehen, wie sie dieser oder jener Lehrer vollzogen hat: darum, wie er eine Unterrichtsstunde organisiert, wie er den pädagogischen Umgang mit einem Behinderten gestaltet hat. Das mögen mehr oder weniger gelungene Beispiele pädagogischen Handelns sein; sie geben keine Antwort auf die zur Debatte stehende Frage, ob und wie die Praxis auf eine Theorie angewiesen ist und durch sie angeleitet werden kann.

I.

Die Frage nach der Anleitung der pädagogischen Praxis läßt sich auf ganz verschiedene Weise stellen und bearbeiten. Einerseits stellt sich die *Frage nach dem Sinn* der Praxis; die Frage der Theorie ist dann die: Was soll die Praxis, was ist ihre Absicht? Eine andere Frage ist, *wie* die Praxis zu gestalten ist, wenn Sinn und Ziel vorgegeben sind. Mit anderen Worten: Was sind die geeigneten pädagogischen Mittel, um das im voraus bestimmte Ziel zu erreichen? Man denke z. B. an eine berufliche Qualifikation – zumeist als einem Bündel von Erfordernissen, die mit einer bestimmten Position verbunden sind – als Arzt, Rechtsanwalt, Ingenieur oder Metallarbeiter.

In der Reduktion auf das „Wie" ist dem pädagogischen Denken die schwere Last einer Zielbestimmung abgenommen. Andere Instanzen haben dieses Geschäft für sie längst erledigt. Ihr bleibt die keineswegs zu verachtende oder als minderwertig anzusehende Frage, an welchen Inhalten, in welchen Organisationsformen, mit welchen didaktischen, Mitteln, mit welchen Erziehungsmaßnahmen der vorgegebene Zweck erreicht werden kann.

Das diese Mittel bestimmende Regulativ ist im Begriff der *Effektivität* zu sehen. Effektiv ist eine Maßnahme, eine Praxis dann, wenn sie möglichst zeit- und kostensparend das vorgeschriebene Ziel bei größter Wahrscheinlichkeit des Erfolgs zu erreichen sucht. Im Bereich von Wirtschaft und Technik sind diese Kriterien im Sinne erfolgsorientierten, ökonomischen Handelns selbstverständlich, die Pädagogik ist auf dem besten Wege, sich jenem Trend zu unterwerfen.

Das ist kaum zu übersehen, wenn vielfach und zunehmend immer häufiger Schulen und Bildungseinrichtungen durch ihre Praxis zur Sicherung eines wirtschaftlichen Standortes herangezogen werden. Immer wieder wird in pädagogischen, vor allem in bildungspolitischen Diskussionen die Forderung erhoben, Schulen und Unterricht müßten lebensnah sein, die Ausbildung bis in die Universitäten wäre praxisnäher zu gestalten, hätte sich an den wirtschaftlichen Erfordernissen zu orientieren.

Damit kann ganz Verschiedenes gemeint sein. Das macht die Auseinandersetzung mit jenen Forderungen schwierig. Denn es ist ja nichts dagegen einzuwenden, wenn dem Lehrer empfohlen wird, sich in seiner Praxis auf die Wirklichkeit des Kindes einzulassen, sich ihm verständlich zu machen, von der Wirklichkeit seiner Lebensumstände auszugehen, sie zum Anlaß zu nehmen, um sein Interesse zu wecken, ihm seine Welt verständlich zu machen, benennbar, beschreibbar und vielleicht auch berechenbar und beherrschbar. Keinesfalls kann der Hinweis auf Lebensnähe aber die Forderung enthalten, das Kind möge angehalten und darauf festgelegt werden, zu lernen, sich den sogenannten Lebensumständen anzupassen; es sei denn, man habe Hoffnung und Mut verloren, den sogenannten „unabänderlichen Entwicklungen" entgegenzutreten, so daß der Mensch vor der Macht der Umstände nur noch kapitulieren könne, sich mit ihnen zu arrangieren habe, wenn er nicht als Verlierer oder Versager dastehen möchte.

Zur Bestätigung der Lebensuntüchtigkeit des theoretisierenden Geistes ruft man dann noch Goethes Faust zum Zeugen an, aus dem immer zitiert wird, daß „grau" alle Theorie sei und im Gegensatz dazu „grün des Lebens goldner Baum". Eine besonders blamable Berufung: Man übersieht dabei geflissentlich, daß dieser Satz aus Mephistos Mund kommt. Er will den jungen Studenten davon abhalten, zu sehr nachzudenken, und empfiehlt ihm statt dessen, sich ins bunte Leben zu stürzen. Und tatsächlich könnte man sich fragen: Was hilft alles Theoretisieren? Entscheidend ist die Tat. So hatten schon die Diktatoren Theorie und Denken als zeitvergeudend, als gefährlich angesehen; und bei Shakespeare können wir lesen: „Der Cassius hat einen hohlen Blick, er denkt zu viel, solche Menschen sind gefährlich."

Im Mainstream des Zeitgeistes hat auch die Gegenwart dem theoretischen Denken weitgehend abgeschworen. Gefragt sind Menschen der Tat, Manager, die nicht zurückblicken, die – mit anderen Worten – rücksichtslos sind.

Diese Tendenz ist nicht nur aus dem vorherrschenden Nützlichkeitsdenken abzuleiten. Vielmehr und gleichzeitig ist sie das Ergebnis der vermeintlichen Ohnmacht der Theorie selbst und rührt aus dem verheerenden Bild, das sie der Öffentlichkeit bietet: Was die einen für rechtens halten, wird von den anderen verworfen. Was die einen als zielführende Reform propagieren, wird von den anderen als Übel angesehen. Differenzen hat es in der Wissenschaft, insbesondere in der Pädagogik, immer wieder gegeben. Neu ist aber jene postmoderne Gleichgültigkeit, mit der sich verschiedene Auffassungen auch in ihrer Gegensätzlichkeit abgefunden haben. Sie beunruhigen kaum noch jemanden, man hat sich arrangiert, mit allem und allen seinen Frieden geschlossen, erklärt die Vielfalt von Meinungen als Reichtum – wobei man vergessen hat, daß dieser Reichtum in der Provokation zur Auseinandersetzung mit Argumenten besteht.

Wenn aber Theorie die Kraft verloren hat, Orientierung für die Praxis zu sein, dann ist diese auf sich selbst gestellt. Das bedeutet aber wieder nichts anderes, als daß das der Praxis immanente Telos zur bestimmenden Herrschaft gelangt. Dieses Telos ist, wie schon eingangs gesagt, das der Effektivität.

Die Theorie hat Strategien zu entwickeln, wie man die Effektivität sichern und steigern könne. Die für die pädagogischen Einrichtungen angekündigten und inzwischen zum Teil durchgeführten Evaluationen können gar nicht anders, als zu versuchen, die Effektivität von Lehre und Forschung zu überprüfen; sie zwingen damit auch die Wissenschaft und ihre Institute und Institutionen unter die Maßgabe von erfolgssichernden Strategien.

Bevor das Verhältnis von Theorie und Praxis ausdrücklich unter pädagogischem Aspekt abgehandelt werden soll, sind einige allgemeine Bemerkungen zu dieser Relation zu machen, die dann – wie von selbst – zum pädagogischen Gesichtspunkt führen.

II.

Daß von einem Verhältnis von Theorie und Praxis überhaupt die Rede ist und die Rede sein muß, hat seinen Grund in der eigentümlichen Art des Denkens, das in seiner Reflexivität sowohl sich selbst als auch das eigene Handeln umfaßt. Das Denken schließt das Bedenken des Denkens und des ihm folgenden Tuns ein. Der Handelnde muß um sein Tun wissen können. Genau deshalb ist Praxis ein Faktum und kein Fatum. Im Wissen um sein Tun erwächst dem Menschen die Möglichkeit, für seine Praxis einzustehen. Das schließt die Frage nach ihrem Sinn, nach ihrem Telos ein.

Des Menschen Praxis ist darauf eingerichtet, bestimmte Zwecke zu erreichen: Diese können in vielen Fällen selbst wieder zu Mitteln für andere Zwecke werden: etwa durch zielgerichtete Arbeit seinen Reichtum zu vermehren, durch eine ausgewählte Diät oder Medizin seine Gesundheit wiederherzustellen oder zu erhalten. Hier dient Praxis einem Telos, das außerhalb ihrer selbst gelegen ist. Das Telos der Diät ist nicht sie selbst, sondern die Gesundheit, und deren Telos wiederum kann im Wohlbefinden ausgemacht werden.

Das Besorgen einer Praxis tritt in den Zusammenhang einer neuen Zweck-Mittel-Relation. Zwecke werden zu Mitteln für jeweils andere Zwecke. Diese Reihe läßt sich fortsetzen, bis es gelingt, einen Endzweck zu bestimmen: das Leben, die Gesundheit, das eigene Wohlergehen, das Glück. Diese Zwecke, deren Zweckhaftigkeit durchaus plausibel erscheint, stellen der pädagogischen Praxis respektable Aufgaben.

Die Pädagogik kann in ihrer Theorie erforschen, wie die geeigneten Mittel für die ihr so gesetzten Zwecke zu erreichen und in geschickter, d. h. zielgerichteter Weise einzusetzen sind. Der Mensch soll tauglich werden zu allen möglichen Zwecken. Die „Geschicklichkeit" ist Ziel aller unserer Ausbildungen, für berufliche und gesellschaftliche Praxis.

Diese zu erwerbende „Geschicklichkeit" aber erfüllt noch nicht das, was die Pädagogik mit dem Menschen als seinem Endzweck zu tun hat. Denn sie würde dabei eine im wahrsten Sinne des Wortes maßgebende Möglichkeit und Notwendigkeit des Menschen und seines Denkens unterschlagen: Dieses hat nicht nur das Vermögen, bei gegebenen Zwecken die geeigneten Mittel ausfindig zu machen und deren Einsatz zu üben. Vielmehr gibt das Denken dem Menschen das Vermögen, sich selbst Zwecke zu setzen. Dieses Vermögen enthält die Forderung, sich über Zwecke und schließlich über den Endzweck überhaupt Rechenschaft zu geben. Der Mensch als Person unterscheidet sich von der ganzen Natur eben dadurch, daß er ein zwecksetzendes Wesen ist.

Das schließt ein, daß er nicht nur als Mittel für Zwecke außerhalb seiner selbst gebraucht werden darf, daß er vielmehr als zwecksetzende Person anerkannt wird, so daß der Endzweck des Menschen nicht in der Tauglichkeit für mögliche Zwecke zu sehen ist. Im Setzen von Zwecken erweist der Mensch seine Verantwortlichkeit, d. h. nichts anderes, als daß er sich nicht instrumentalisiert bzw. sicht nicht instrumentalisieren läßt.

Das Telos des Menschen begründet sich in seiner Würde, d. h. darin, Zweck seiner selbst zu sein. Die Frage, zu welchen anderen Zwecken der Mensch existiere, kann nicht mehr gestellt werden. Das entspricht der Formulierung, die Kant zur Bestimmung des kategorischen Imperativs gefunden hat. „Handle so, daß du die Menschheit sowohl in deiner Person, als in der Person eines jeden anderen jederzeit zugleich als Zweck, niemals bloß als Mittel brauchest." (Vgl. Grundlegung zur Metaphysik der Sitten, S. 79)

Dies definiert als Gebot den Endzweck aller Erziehung. Es definiert aber auch in einer ersten Konsequenz die Relation von Theorie und Praxis in der Pädagogik. Da, wo es um Menschenbildung und Moralität geht, verbietet sich eine technische Zweck-Mittel-Relation. Denn dieser liegt stets der Versuch zugrunde, den jungen Menschen auf von außen zugemutete Zwecke festzulegen: mit einem geeigneten Instrumentarium ein gewünschtes Verhalten herbeizuführen.

Damit sind Meinungen, die dem Gedanken der Erziehung widersprechen, zurückzuweisen. Der Mensch als Person darf nicht einem kausalen Zugriff unterworfen werden, weil damit seine Zwecksetzung durch sich selbst unterlaufen wäre. Denn „die moralische Persönlichkeit ist nichts anderes als die Freiheit eines vernünftigen Wesens unter moralischen Gesetzen [...], woraus folgt, daß eine Person keinen anderen Gesetzen als denen, die sie (entweder allein, oder wenigstens zugleich mit anderen) sich selbst gibt, unterworfen ist" (Vgl. Kant: Einleitung in die Metaphysik der Sitten, S. 329 ff.).

Anders mag es mit dem Zweck der Tauglichkeit sein. Tauglichkeit ist Mittel für mögliche Zwecke; insofern kann man sie auch mit Mitteln herbeizuführen versuchen: durch die Anwendung von Strategien, durch didaktische Methoden, erprobte Erziehungsmittel, Modelle und erfolgversprechende Entwürfe.

Ganz anders ist das Verhältnis von Theorie und Praxis zu bestimmen, wenn es um den Menschen als zwecksetzende Person geht. Hier ist die Absicht pädagogischer Theorie dadurch definiert, daß man lernen soll, sich selbst Zwecke zu setzen bzw. dem Zweck seines Menschseins gerecht zu werden, d. h. sich als Zweck seiner selbst in Freiheit zu begreifen.

In diesem Sinne kann man sagen, der höchste Zweck des Menschseins sei die Selbstbestimmung. Diese ist weder mit der immer noch angepriesenen Selbstverwirklichung zu verwechseln, die man angeblich in den fernen Ländern erreicht, noch ist sie jene zur Phrase verkommene leichtsinnige Willkür, noch ist sie jene Selbstherrlichkeit, in der sich der Mensch von allen Bindungen emanzipiert hat. Schon Thomas von Aquin spricht von jenen „vernunftbegabten Substanzen, die Herrschaft haben über ihr Tun und nicht bloß zum Tun getrieben werden wie die anderen, sondern durch sich selbst tun" (S. th. qu. 29, a. 5).

Angesichts der Forderung von Selbstbestimmung wird es schwierig, überhaupt ein konstruktives Verhältnis von Theorie und Praxis zu konstituieren. Bevor der Versuch einer Antwort unternommen werden kann, drängen sich zwei weitere Fragen auf. Das „Objekt" pädagogischer Praxis ist als Subjekt durch Einmaligkeit definiert und durch das Prinzip der Identität. Beides ergibt sich aus dem „Sachverhalt", daß das Ich als Person sich zu sich selbst verhält. Denn Individualität der Person ist nicht mit der von Sachen zu verwechseln; sie meint vielmehr, sich aus eigener Kraft in seiner Einmaligkeit bestimmen zu können.

Selbstbestimmung und Einmaligkeit machen auf jeden Fall eine Relation von Theorie und Praxis in einem kausal-mechanistischen Verständnis unmöglich. Zusätzlich wird der Möglichkeit, für die Praxis eine Theorie der Veränderung anzunehmen, durch das Prinzip der Identität widersprochen. Schon für John Locke gründet sie in der Person, als einem Wesen, das „Vernunft und Überlegung besitzt und sich selbst als sich selbst betrachten kann"; gemeint ist ein „Sich-selbst-gleich-Bleibendes eines vernünftigen Wesens" (Versuch über den menschlichen Verstand. 2. Buch. Über die Ideen, Kap. 27).

Damit wird die Frage nach der Möglichkeit einer Theorie, die auf irgendeine Weise auf die Praxis Einfluß nehmen will, erneut fragwürdig: Wie kann eine Theorie auf eine Person einwirken, deren pädagogisches Programm auf Selbstbestimmung gerichtet ist? Wie kann pädagogische Theorie allgemeine Sätze aufstellen, wenn deren Adressaten Einmaligkeit beanspruchen? Wie kann eine Theorie erarbeitet werden, die das „Anderswerden" zum Ziel hat, aber gleichzeitig das Prinzip der Identität anerkennen muß?

III.

Selbstbestimmung und theoretisch geleitete Praxis schließen sich dann aus, wenn diese zur Fremdbestimmung wird. Wenn Selbstbestimmung die Befreiung von Zwängen und Getriebensein meint, dann gibt es dafür keine Mittel oder Strategien, denn diese schließen immer Fremdbestimmung ein. Theorie muß für eine Praxis der Selbstbestimmung nach einer Handlungsform fragen, die wirkt und gleichzeitig nicht kausal wirkt, bzw. die wirkt und gleichzeitig freigibt. Eine solche Theorie kann nur die des Dialogs ein. Seine Praxis gibt den anderen einerseits zu seiner Selbstbestimmung frei, nötigt diese aber unter den Anspruch auf Geltung. Das Wesen des Dialogs heißt Begründung, in Wort und Tat, in Argument und Maxime: Begründung, die fordert, sich von Zwängen und angemaßten Autoritäten freizumachen.

Pädagogische Theorie im Prinzip des Dialogs führt zu einer Praxis, deren Absicht auf das reflexive Selbstverständnis der Person gerichtet ist. In ihr findet der Gedanke der Einmaligkeit sein Recht. Sie definiert sich in dem je einmaligen Verhältnis der Person zu sich, in der einmaligen Koinzidenz von Prinzip und Fall. Dialog lebt von dieser Einmaligkeit jeder Person, von der Gleichheit und Ungleichheit, die im Begriff der Koinzidenz gegründet ist. In prinzipieller Gebundenheit sind alle gleich; im empirischen Vollzug und dessen Wertigkeit gewinnt das Subjekt seine Ungleichheit in der Einmaligkeit. Sie macht den Dialog möglich und fruchtbar. Einmaligkeit der Person ist nicht Ausdruck des Ergebnisses der empirischen Zufälle des

4.1 Zum Verhältnis von Theorie und Praxis in der Pädagogik

Lebens, von Ort und Zeit, von Umständen des Daseins. Diese Einmaligkeit kommt Tieren und Gegenständen gleichermaßen zu. Einmaligkeit der Person ist Ausdruck der Art, wie sich das Ich zu sich verhält, ist Ausdruck und Folge seines reflexiven Seins, im Wissen um sein Tun. Im Prinzip des Dialogs führt Theorie in der Praxis nicht zur Gleichschaltung, zur Monotonie, in der der andere keinen Bestand hat.

Selbst z. B. das Lehren eines für alle verbindlichen Gegenstandes hebt diese Einmaligkeit nicht auf, denn jeder hat sein Wissen, dessen Anspruch auf Geltung dennoch allgemein bleibt. Eines ist das Wissen in der Einmaligkeit des Gewußten; ein anderes ist der allem Wissen, unabhängig von Person und Umstand, zukommende Geltungsanspruch.

Bleibt noch die Frage nach der Identität der Person und dem in jedem Verhältnis von Theorie und Praxis anzutreffenden Willen zur Veränderung. Mit anderen Worten: Wie ist eine auf Veränderung bedachte pädagogische Praxis möglich, die dem Prinzip der Identität nicht widerspricht? Wiederum gilt es zunächst, Identität im Personsein des Menschen zu definieren. Identität ist nicht starres Gleichbleiben, unauflösbare Festigkeit des einen „Charakters", sondern die allen Veränderungen des Ich zugrundeliegende Form vom Bewußtsein seiner selbst. Diese Identität verbindet Vergangenheit mit Gegenwart und allfälliger Zukunft. Auch sie ist Ausdruck jener Weise persongebundener Reflexion, in der der Mensch um sich weiß, in der er planend um seine Zukunft weiß, in der er erinnernd sich seine Vergangenheit vergegenwärtigen kann. Gerade die Form der Reflexivität der Person macht es, daß der Mensch sich ändern kann und mit sich identisch bleibt. Er ändert sich, nicht andere ändern ihn.

Diese Identität als konstituierende Möglichkeit des Subjekts macht Selbstbetrachtung möglich.[1] In ihr findet alle pädagogische Praxis ihr Telos, in dem sie auf die in der Reflexivität aufgegebene Intrapersonalität verwiesen ist. Diese Intention macht

---

[1] Vgl. Kant: „Selbstbetrachtung wird zum Urteil über das, was man ist, in Vergleichung mit dem, was man sein sollte." Über den Gemeinspruch: Das mag zwar in der Theorie richtig sein, taugt aber nicht für die Praxis." A 277/78.

es, daß pädagogische Praxis nicht zur Illusion wird, daß Theorie nicht zur reinen Gedankenspielerei verkommt, die einer ohnmächtigen Praxis keine Orientierung zu bieten hätte. Vielmehr ist sie Aufforderung und Hilfe zur Selbstbetrachtung, ohne sich der Hybris hinzugeben, diese ersetzen zu wollen. Sie stellt Fragen, die das intersubjektive Fragen des anderen anregen, ihn ermutigen, ihn aber auch vor Selbstbetrug schützen wollen.

Daß Theorie als Anleitung für Praxis diese vor allem zu Takt und Behutsamkeit aufzurufen habe, dürfte selbstverständlich sein: z. B. keine Fragen zu stellen, die der andere sich, in anderer Weise und vielleicht nicht artikuliert, selbst stellen kann. Der Hinweis auf Selbstbetrachtung hat in der Erziehung nur auffordernde Bedeutung, weil das Personsein des anderen, dessen Identität, gerade in der Frage nach sich selbst zu respektieren ist. Das stellvertretende Fragen des anderen bleibt möglich, weil Identität sich unter einer alle bindenden Geltung definiert. Da diese Geltung jedoch von niemandem und nie endgültig bestimmt werden kann, bleibt jene Grenze für alle Praxis der Pädagogik, die den Menschen als „Subjekt des moralischen Gesetzes" sieht und nicht nur anerkennt, sondern dessen Autonomie in ihrer Absicht hat. Eben darum darf Pädagogik nicht versuchen, den anderen einer „Absicht zu unterwerfen, die nicht nach einem Gesetz aus dem Willen des leitenden Subjekts selbst entspringen könnte" (Kant: Kritik der praktischen Vernunft, A 156).

IV.

Wenn wir diese knappen Ausführungen zum Verhältnis von Theorie und Praxis in der Pädagogik zusammenfassend darstellen wollen, so gilt als erstes die Voraussetzung, daß hier von *Person* die Rede sein muß: sowohl von der Person, die ihre Theorie praktisch werden lassen will in bezug auf den anderen, den Zögling, den Lernenden, als auch von der Person, auf die die pädagogische Praxis gerichtet ist.[2]

---

[2] Vgl. hierzu die zahlreichen Publikationen von Winfried Böhm zum Thema von Person und personaler Pädagogik.

Das macht die gänzliche Unterschiedenheit zu jener Theorie-Praxis-Relation aus, wo ein Zweck verfolgt wird, der außerhalb des „Gegenstandes", auf den diese Praxis gerichtet ist, liegt. Man denke an die „Natur", die insgesamt als Mittel verstanden werden kann, mit dem Zweck der Lebenserhaltung des Menschen in einem umfassenden Sinne. Daß solche Herrichtung auch in pädagogischen Einrichtungen betrieben wird, um die Tauglichkeit des Menschen für die seine Existenz sichernden Zwecke zu erreichen, wird man nicht bestreiten wollen. Dabei kann man allerdings die kritische Anmerkung nicht unterdrücken, daß der Zeitgeist im Verfallensein an das Ökonomische alles Pädagogische unter diesen Nutzen zu zwingen versucht, bis hin zu den Universitäten. Um es mit einem gebräuchlichen Wort aus unserer Zeit auszudrücken: Die Bildung wird zugunsten der Ausbildung abgeschafft, das merkantile Denken herrscht über die Humanität; und dann wundert man sich, wenn Unterdrückung des anderen, selbst Gewaltbereitschaft, Egoismus und Individualismus das Bild der Gesellschaft prägen. Wenn pädagogische Theorie auf Menschenbildung gerichtet ist, dann muß ihr „die Menschheit in seiner [d. h. des Menschen] Person heilig sein".

Wie aber, so lautet die daraus sich ergebende Frage, ist dann noch ein Verhältnis von Theorie und Praxis zu begreifen? Zunächst einmal, so muß mit allen Konsequenzen festgehalten werden, hat Theorie nicht ein „Subjekt-Qbjekt"-Verhältnis zur Voraussetzung, sondern es geht um Subjekte, die grundsätzlich gleich und doch ungleich und verschieden sind. Theorie ist keine Anleitung zur Bearbeitung eines Objekts, sondern definiert eine Beziehung zwischen Personen. Eine sinnvolle Beziehung von Theorie und Praxis ist nur möglich, wenn dem Menschen ein Telos zugeschrieben werden kann, das die Theorie als Zweck der Erziehung bestimmt. Diese Zuschreibung wird zur Zumutung, wenn sie nicht im Menschen selbst, d. h. in der Person, ihr Fundament findet.

Dies korrespondiert mit der Notwendigkeit, daß alle Theorie, sofern sie in sich ein Telos enthält, eine Beziehung auf Praxis gewinnt. Dem scheint eine unüberbrückbare Schranke entgegenzustehen. Wie kann von einem Telos die Rede sein, wenn

Person sich in der Freiheit der Selbstbestimmung definiert? Aber gerade dies ist das Telos, das dem Menschen eigentümlich ist: *sich in Freiheit selbst zu bestimmen*. Denn im Vollzug seiner selbst handelt es sich nicht um naturwüchsige Entwicklung, sondern um eine dem Menschen zugedachte Aufgabe: sich von all dem zu befreien, was seine freie Selbstbestimmung hindert. Theorie kann deshalb keine anwendbaren Strategien entwickeln, mit denen man glaubt, die Praxis konstruieren zu können.

Theorie muß um der Freiheit des Handelnden und des Adressaten willen formal sein. Dieser Formalismus ist keine Einschränkung, wie immer behauptet wird – er ist vielmehr Bedingung der Freiheit. Sie ist der gleichzeitig mit der Freiheit verbundene Aufruf zur Anstrengung. Der Handelnde muß selbst in Ansehung des Einzelfalles die Verwirklichung des Prinzips in der Theorie entscheiden.

Theorie, die dem Praktiker diese Aufgabe abnimmt oder sie in hybrider Selbstüberschätzung bestreitet, bevormundet den Handelnden, nimmt ihm seine Verantwortung, weshalb mancher Praktiker geradezu erpicht auf jene vorgedachte und instrumentell verfaßte Theorie ist. Dabei aber wird Praxis zum Vollzug zuvor entwickelter Modelle und alsbald auch zum Vollzug vorgeschriebener Ideologie bzw. politischer Macht.

Eine Theorie, die formale Prinzipien entwickelt, entbindet die Praxis nicht von der ihr zugemuteten Verantwortung. Sie läßt sie aber auch nicht hilflos, ohne Orientierung. Zwar versagt sie dem Praktiker den bequemen Weg der Anwendung von Regeln und Mitteln mit dem Versprechen auf sicheren Erfolg. Aber sie liefert ihn auch nicht der Macht von Schulbürokratie, dem modischen Geschrei des pädagogischen Marktes, dem politischen Wollen der jeweils Herrschenden aus; sie ermöglicht ihm vielmehr ein Denken und Handeln in eigener Verantwortung.

Theorie und Praxis sind durch das Band der Verbindlichkeit miteinander verbunden. Verbindlichkeit ist jener Vollzug, der das als richtig Eingesehene in seinem Handeln verwirklicht. Es kann nicht verwundern, daß unter diesem Aspekt pädagogische Praxis unter den Anspruch der Moralität gerät: einer Moralität, die sich nicht nur im Befolgen vorgeschriebener Gesetze definiert, sondern die dem folgt, was eigene Vernunft dem Handeln vorschreibt.

Unter diesem Gesichtspunkt gerät das gewohnte Bedenken des Verhältnisses von Theorie und Praxis erneut in eine gewisse Fragwürdigkeit. Denn Theorie kann nicht aus einem festen Gefüge von Sätzen bestehen, sondern muß immer auch Aufklärung und Aufforderung zu eigenem Denken sein: Aufforderung zum pädagogischen Argumentieren, zu Kritik und Begründung.

Das ist auch der Grund dafür, daß der sogenannte meßbare Erfolg für die Geltung theoretischer Entwürfe nicht maßgebend sein kann. Das scheitert zunächst daran, daß man kein kausales Verhältnis zwischen pädagogischer Praxis und feststellbarem Erfolg ausmachen kann, so daß man von dem Ergebnis, d. h. von der Wirkung, nicht auf die Ursache schließen kann oder diese sich durch jene rechtfertigen ließe. Das mag viele irritieren: aber wenn man die Phänomenologie der Zeit zu Rate zieht, dann wird plausibel, daß pädagogischer Erfolg nicht im zeitlichen Ablauf bestimmbar ist. Man denke etwa daran, daß einem die Richtigkeit eines Rates erst nach Jahren deutlich werden kann, so daß die Ratgebung keineswegs sinnlos oder überflüssig wird, selbst dann nicht, wenn der Erfolg vom Ratgeber gar nicht mehr erlebt wird.

Es mag den Leser dieser Zeilen verwundern, daß in dem vorliegenden Aufsatz nicht auf die vielen Abhandlungen zum Thema *Theorie – Praxis* eingegangen wurde, wie sie in allen pädagogischen Schulrichtungen vorliegen. Zwei Gründe können dafür abschließend angeführt werden:

Da ist einmal die Thematik dieses Bandes, der nach der *Pädagogik selbst – wozu und für wen? –* fragt. Diese kritische Frage geht über den enggezogenen Kreis der meisten für unser Thema einschlägigen Studien weit hinaus. Sie zielt auf den Sinn von Theorie überhaupt.

Deshalb konnte es hier auch nicht darum gehen, die Relation von Theorie und Praxis in den verschiedenen Positionen abermals nachzuzeichnen und noch einmal zu würdigen (oder diesen die eigene als die besser argumentierte gegenüberzustellen). Das ist vielfach und oft geschehen. Heute und hier ist die Frage radikaler gestellt, wie denn überhaupt Pädagogik als Wissenschaft, also als Theorie, noch ein Telos entfalten und begründen kann, um – in der Praxis verwirklicht zu werden.

Selbstkritischer Nachsatz
Zum Abschluß der Überlegungen drängt sich mir die ganz grundlegende Frage auf, ob man überhaupt die Relation von Theorie und Praxis problematisieren und zum Thema machen kann, wenn Pädagogik sich als philosophische Disziplin begreift. Denn alle Philosophie, sofern sie nicht als Einzelwissenschaft betrieben wird, hat das Telos auf den Vollzug bei sich. In diesen Vollzug kann niemand von außen eingreifen, denn der freie Wille kann nicht durch andere bestimmt werden. Pädagogik als Wissenschaft hätte dann die Aufgabe, das Philosophieren zu lehren – sofern dieses überhaupt möglich ist. Dieses Philosophieren aber wird dann selbst zur Praxis, sofern mit ihr *Menschenbildung* gemeint ist. Anders mag sich die Situation darstellen, wenn es um Ausbildung und Qualifikation von Menschen für bestimmte Positionen geht.

Hier ist nicht von der Ohnmacht der Theorie für die Praxis die Rede, wie sie Wolfgang Fischer und Jörg Ruhloff in ihren Analysen zum skeptischen Einsatz der Pädagogik formuliert haben. Im Gegenteil: Hier soll Theorie im philosophischen Verständnis als mittelbare Praxis zur Debatte gestellt werden.

Literatur
Winfried Böhm, (1995): *Theorie und Praxis.* Eine Erörterung des pädagogischen Grundproblems. Würzburg. 2. Aufl.
– (1997): *Entwürfe zu einer Pädagogik der Person.* Bad Heilbrunn.
– (1999): „Personne et éducation"; in: Éducation et philosophie, ed. Jean Houssaye. Paris, S. 161–176.
Erziehungswissenschaft oder Pädagogik? (1998). Hrsg. von Winfried Böhm und Angelika Wenger-Hadwig. Würzburg.
Wolfgang Fischer/Jörg Ruhloff, (1993): *Skepsis und Widerstreit.* Sankt Augustin.
Heitger, Marian (1978): *Manipulative Tendenzen gegenwärtiger Pädagogik.* Würzburg.
– (1983): *Beiträge zu einer Pädagogik des Dialogs.* Wien.
Kant, Immanuel (1968): „Über den Gemeinspruch: Das mag zwar in der Theorie richtig sein, taugt aber nicht für die Praxis"; in: *Werke* (Akademieausgabe), Bd. VIII. Berlin, S. 273–313.

- (1978): *Grundlegung zur Metaphysik der Sitten* (1785). Hrsg. und eingeführt von Theodor Valentiner. Stuttgart.
- (1968): *Metaphysik der Sitten* (1797). Werke in zehn Bänden, Bd. 7. Darmstadt.
- (1990): *Kritik der praktischen Vernunft* (1788). (PhB 38) Hamburg.

Locke, John (1981): *Versuch über den menschlichen Verstand.* Bd. I. (PhB 75). Hamburg.

Der Mensch – das Maß der Bildung? (1994). Hrsg. von Angelika Wenger-Hadwig, Innsbruck.

Thomas von Aquin: *Summa theologica.*

4.2 Das Allgemeine der allgemeinen Pädagogik

Die Allgemeine Pädagogik oder auch das Allgemeine in der Pädagogik findet in der modernen Erziehungswissenschaft kein besonderes Interesse. Das wird deutlich in den geltenden Lehr- und Studienplänen, angesichts der Bildungspolitik, die den Lehrstühlen für spezielle Pädagogiken den Vorzug gibt und die Allgemeine Pädagogik dem Sparstift opfert, weil ihnen keine gesellschaftliche Notwendigkeit zukommt. Auch auf dem Büchermarkt prävalieren Veröffentlichungen, die Anleitung für spezielle Aufgabenfelder bieten. Deren gesellschaftliche Notwendigkeit scheint unübersehbar: man denke an die Not der Behinderten, an Hilfen für besonders Gefährdete, Süchtige und Verwahrloste, an junge Menschen mit latenter und steigender Gewaltbereitschaft. Man denke auch an die Probleme in Beruf und Wirtschaft, an die im Umgang mit Ausländern etc. Die Liste von speziellen Herausforderungen an die Pädagogik läßt sich fast beliebig erweitern; und je nach politischer, wirtschaftlicher und gesellschaftlicher Opportunität werden von den Mächtigen im Lande besondere Akzente gesetzt. Immer handelt es sich um operationalisierbare, begrenzte pädagogische Aufgabenfelder, für die eine spezielle Ausbildung angemessen scheint. Zwar wird immer noch – vor allem in Sonntagsreden – von der allgemeinen Menschenbildung und ihrem besonderen Wert geredet. Das aber scheint vielfach nur Alibihandlung zu sein, weil in einem ziemlich diffusen Öffentlichkeitsbewußtsein für sog. Allgemeinbildung immer noch ein, wenn auch antiquiertes und romantisierendes Ansehen angenommen wird. Die Realität der Bildungspolitik ist längst andere Wege gegangen. Die konkrete Not der pädagogisch Hilfsbedürftigen hat angesichts der knappen Ressourcen im öffentlichen Haushalt Vorrang.

4.2 Das Allgemeine der allgemeinen Pädagogik

Dem wird man aus pragmatischer Sicht kaum widersprechen können. Die eigentlichen Bedenken gegen eine Allgemeine Pädagogik und ihre Konzeption als eine ernstzunehmende Wissenschaft ergeben sich allerdings aus anderen Überlegungen. Vereinfachend lassen sich zwei miteinander eng verknüpfte Argumentationen anführen:

Das Allgemeine ist als Gegenstand wissenschaftlicher Forschung und Lehre besonders schwierig. Nur was abgrenzbar, was von anderen unterscheidbar ist, läßt sich als Forschungs- und Lehrgegenstand benennen. Das sog. Allgemeine bleibt diffus, nicht greifbar, als Aufgabe nicht definierbar.

Dem korrespondiert ein Zweites; wer in der modernen Wissenschaft vom Allgemeinen redet, setzt sich der Gefahr des Rückfalls in eine überwunden geglaubte Metaphysik aus, bzw. er läuft Gefahr, den Boden rationaler Argumentation zugunsten dogmatischer Setzung zu verlassen und hinter das Postulat von Aufklärung zurückzufallen.

Wer vom Allgemeinen spricht, zieht sich damit den Vorwurf der ideologischen Verblendung zu, weil über das Allgemeine keine argumentierbaren Aussagen getroffen werden können, so daß das Allgemeine zum Unwahren wird, weil es die Wahrheit der wirklichen Zustände verdeckt, die konkreten gesellschaftlichen Verhältnisse verschleiert und notwendige Veränderungen behindert.[1] Daraus wird vielfach abgeleitet, daß die Beschäftigung mit dem Allgemeinen nicht so sehr einem wissenschaftlichen, sondern eher einem gesellschaftlichen Interesse entspringt, nämlich dem der Stabilisierung und Konservierung gesellschaftlicher Verhältnisse und Herrschaft.

Auf der anderen Seite ist nicht zu übersehen, daß die Verabschiedung des Allgemeinen in der Pädagogik zu Problemen geführt, Leerstellen hinterlassen hat, die offenbar durch Ersatzbegriffe aufgefüllt werden müssen.

Nicht zu übersehen ist das merkwürdig beschwörende Gerede von Ganzheit, von notwendiger Vernetzung, zu der bei-

---

[1] Vgl. dazu die Analysen von Max Horkheimer/Theodor W. Adorno: Dialektik der Aufklärung. Fischer Taschenbuch Verlag, 1969.

zutragen die Pädagogik immer aufgefordert wird. Nicht zu überhören ist das Gerede von Schlüsselqualifikationen, mit denen allzu enge Spezialisierungen überwunden werden sollen.

Offensichtlich scheint es nicht so einfach, den Gedanken des Allgemeinen aus der modernen Erziehungswissenschaft zu eliminieren: denn schließlich ist die Frage nicht zu unterdrücken, ja sie drängt sich geradezu auf, was es denn gestattet, die verschiedenen Spezialisierungen mit dem gemeinsamen Attribut des Pädagogischen zu verbinden. M. a. W., was denn das Gemeinsame der verschiedenen Aufgaben sei, das sie unter ein und demselben Attribut verbindet? Ist das lediglich eine schmückende Beigabe, ein logischer Ordnungsbegriff oder ist in ihm ein appelativer Anspruch angemeldet, der z. B. die Heilpädagogik nicht auf eine bloß humanitäre Versorgung von Behinderten reduziert, der etwa in der sog. Altenpädagogik nicht nur eine ökonomische Versorgung alter Menschen einmahnt, oder in der Freizeitpädagogik nicht nur eine angemessene Beschäftigungstherapie sieht, sondern mehr; so daß die Frage zu stellen ist, was denn dieses mehr sein könne?

Die uns bewegende Fragestellung nach Recht und Grenze der Thematisierung des Allgemeinen in der Pädagogik – die Frage nach ihrer Notwendigkeit und Bedeutsamkeit stellt sich in antinomischer Schärfe. Sie dokumentiert eine Entwicklung, die an und in vielen Wissenschaften zu beobachten ist. Die Chemie und die Medizin, die Geistes- und Sprachwissenschaften, sie alle haben sich in vielerlei Spezialisierung entfaltet, sie haben durch Konzentration auf eng begrenzte Ausschnitte des Forschungsgegenstandes ihre jeweilige Wissenschaft zu ungeahnten Erfolgen weitergeführt.

Spezialisierung ist das Kennzeichen moderner Wissenschaft, ihre Emanzipation zunächst von der Theologie und dann auch von der Philosophie. Das ist ein langer Weg von der Antike bis in die Gegenwart.

Von Sokrates ist die Aussage überliefert, daß der Lernbegierige „um das Seiende ringe, und daß er bei den vielen Einzeldingen des vermeintlichen Seins nicht stehenbleiben könne, sondern weitergehe ... bis er die Natur jedes Dinges, was es selbst ist" erfassen könne. Ähnlich ist es bei Aristoteles, Augustinus und den Klassikern des Mittelalters. In der Neuzeit der Pädagogik wäre v. a. Rousseau zu nennen, der eine auf eine spezielle Ausbildung gerichtete Pädagogik „barbarisch" nennt. Das Telos seiner Erziehung lautet: „Menschsein ist die Kunst, die ich ihn lehren will."[2]

Mit Fortschritt und Spezialisierung der Wissenschaft, ihrem Einfluß auf Gesellschaft, Wirtschaft und Technik spezialisieren sich auch die pädagogischen Aufgaben. Gleichzeitig und im Gegenzug dazu wächst die Sehnsucht nach neuer Ganzheit, nach einem vereinenden Band.

So ist für Rousseaus Erziehungslehre, wie er sie im Emile darstellt, alle nur spezielle Ausbildung deshalb barbarisch, weil sie den jungen Menschen einer ihm vorgegebenen Position und Funktion unterwirft, von der keinesfalls ausgemacht ist, daß sie für seine Zukunft sinnvoll ist. Humboldt fordert eine Bildung, in der Universalität, Totalität und Individualität zusammengehören. Schiller kennzeichnet und kritisiert den Nutzen als das Idol der Zeit, und Nietzsche hält die Pädagogik seiner Zeit zum Erschrecken; Halbbildung triumphiert, und die Zukunft der Bildungsanstalten ist der Ausbildung geopfert.

Die gegenwärtige Pädagogik verwickelt sich offensichtlich in Widersprüche. Auf der einen Seite scheint das Allgemeine nicht mehr zeitgemäß, die Beschäftigung mit ihm widerspricht dem modernen Wissenschaftsverständnis, mit ihrer Absicht auf Anwendbarkeit und Nützlichkeit. Die wissenschaftliche Zukunft gehört dem Spezialisten. Das Allgemeine entzieht sich dem Zugriff rationaler Wissenschaft, dem gegenständlichen Denken mit der Absicht auf verwertbare Ergebnisse. Auf der anderen Seite macht die fortgeschrittene Spezialisierung von sich aus die Notwendigkeit einer sog. Vernetzung deutlich. Die Frage nach dem Allgemeinen meldet sich zurück, weil vor allem die Forderung nach Verantwortung wieder thematisiert wird.

Diese spannungsreiche Frage stellt sich in der Pädagogik unter der Problematik des Auseinandertretens und der Zusammengehörigkeit von Ausbildung und Bildung.

---

2 Vgl. Rousseau: Emile, Paderborn, 2. Aufl., S. 17 u. S. 62.

Spezialisierung schafft spezielle Aufgaben. Ihnen versucht die Pädagogik durch Ausbildung gerecht zu werden.

Sie konzentriert sich auf Kompetenzen für abgrenzbare Handlungsfelder; Ausbildung kommt in der Mehrzahl vor; Ausbildungen sind unterscheidbar und lassen sich operationalisieren. Bildung im allgemeinen Verständnis ist nicht auf bestimmte Kenntnisse und Fertigkeiten festgelegt, nicht auf vorausbestimmte Qualifikationen für vorgegebene Funktionen, sondern betrifft das Subjekt gegenüber möglichen Gegenständen und Aufgabenfeldern, betrifft den Menschen als Zweck seiner selbst.

So wie das Allgemeine der Pädagogik fragwürdig geworden ist, so auch das Allgemeine der Bildung oder der sog. Allgemeinbildung. Weder kann das Allgemeine des Wissens in seiner Inhaltlichkeit Gegenstand von Bildung sein, noch kann es gewußt werden, noch durch die Repräsentation eines bestimmten Wissens definiert werden; wie etwa im Mittelalter durch die Theologie, oder im Neuhumanismus durch die alten Sprachen, aber auch nicht wie in der Neuzeit durch Gesellschaftswissenschaft oder andere Universalität beanspruchende Wissenschaften.

Die Forderung nach einer einheitlichen allgemeinen Bildung hat sich gründlich desavouiert, durch jene politischen Systeme, die unter jenem Postulat eine Gleichschaltung der Bürger betreiben bzw. betrieben haben. Eine Einheitsideologie wird zum durchgängigen normativen Anspruch. Man denke an die politischen Diktaturen mit ihren verheerenden Folgen. Sie dokumentieren die Tendenz, alle Bereiche der Wissenschaften, des Verhaltens zu normieren. So etablierte sich eine nationalsozialistische Biologie mit ihrer Rassenlehre oder eine international sozialistische Gesellschaftslehre mit ihrer Voraussage vom sicheren Sieg des Proletariats.[3]

Zu befürchten ist, daß alle Versuche, das Allgemeine „zu materialisieren" an den Grenzen unserer Vernunft scheitern; einer Vernunft, die in ihrer Hinordnung auf Unendlichkeit je-

---

[3] Vgl. Ernst Hager: Nationalsozialismus und Pädagogik. Würzburg, 1997. Gert Geißler/Ulrich Wiegmann: Pädagogik und Herrschaft in der DDR. Frankfurt a.M., 1996.

nen Versuchungen leicht erliegt, diese in ihren eigenen Aussagen als das Allgemeine festzumachen. Das gilt auch für Versuche, das, was Bildung sei, zu fassen bzw. das Allgemeine als konkrete Aussage zu formulieren.

Die Frage nach dem Allgemeinen in der Pädagogik wird in ihrer Bedeutung faßbar, wenn eine Antwort in Korrelation zu einem allgemeinen Bildungsbegriff gesucht wird.

In Konsequenz der Aufklärung wird der Begriff der Bildung im Sinne von Selbstbestimmung gefaßt. Er artikuliert den Auftrag, sich von allen, die Selbstbestimmung hemmenden oder sie ausschließenden Bindungen zu befreien; seien dies die Bindungen an den Zeitgeist, an Tradition, an Konvention, an vorgegebene Kultur – sei es die Bindung an die Herrschaft der ökonomischen Verhältnisse.

Kann demnach so im Begriff Selbstbestimmung jenes Allgemeine gefaßt werden, das sowohl das Allgemeine der Bildung, als auch das der Pädagogik als Wissenschaft definiert?

Dieses Vorhaben muß mit Schwierigkeiten rechnen.

Bildung als Selbstbestimmung ist notwendig individuell und einmalig. Sie entzieht sich einer Reglementierung durch Normen, zumal, wenn diese allgemein sein wollen. Der allgemein erhobene Anspruch auf Selbstbestimmung, als ein Bestimmtes der Allgemeinen Pädagogik scheint dieses auszuschließen.

Selbstbestimmung erzeugt das Phänomen des sog. gesellschaftlichen Pluralismus; Pluralismus ist nicht die beklagenswerte, unendliche Vielfalt von Meinungen und Überzeugungen, die den Einzelnen in radikale Unsicherheit und hilflosen Relativismus treibt; der Pluralismus muß auch verstanden werden als Ausdruck, Recht und Folge geforderter und gewährter Einmaligkeit in Selbstbestimmung.

Eine immanente Widersprüchlichkeit scheint sich anzudeuten: Ein allgemein verbindlicher Bildungsbegriff, der universal gelten will, ist zu verabschieden, um Individualität und gesellschaftlichen Pluralismus zu sichern; allenfalls entartet Pädagogik zum Vollzugsorgan einer Einheitsideologie. Damit wäre eine Situation herbeigeführt und bestätigt, die gerade durch die verbindliche Beachtung des Bildungsbegriffs verhindert werden sollte.

Individualität und Pluralität, Freigabe zu eigenem Werten, zu eigener Entscheidung sind verbindliche Kategorien für eine dem Subjekt angemessene Pädagogik; und es ist die Frage, ob und wie die Rede „von der Natur des Ich"[4] noch möglich ist, wenn damit ein Menschenbild mit universalem Anspruch an den Menschen gemeint ist. Andererseits entartet Pädagogik zur Beliebigkeit, wenn jede Orientierung hinfällig wird. Sie wird zur Antipädagogik, und der Pädagoge muß sich als Neurotiker beschimpfen lassen.[5]

Gleichzeitig wird die Kritik am Allgemeinen in der Pädagogik auch vom veränderten Verständnis der Wissenschaft in der Postmoderne unterstützt. Die Vielfalt wissenschaftlicher Ergebnisse, der schnelle Wechsel dessen was gilt und alsbald widerlegt wird, macht die Forderung nach Einheit des Gewußten im Wissenden fast unmöglich. Die Rede von der Einheit der Person entartet zur romantischen Unverbindlichkeit. Ein die Integrationsleistungen ermöglichendes Allgemeine ist nicht definierbar. Wiederum soll das nicht als beklagenswerte Fehlentwicklung abgetan werden, sondern kann auch als Akt der Befreiung für ein rückhaltloses Forschen und Fragen verstanden werden.

Diese Kritik der Postmoderne betrifft schließlich nicht nur die mit bes. Schwierigkeiten rechnende Integrationsleistung der verschiedensten Forschungsergebnisse; sie macht dem einzelnen Menschen seine Hilflosigkeit gegenüber den sich ständig wandelnden, auch Widersprüche erzeugenden Aussagen, deutlich.

Die Dynamik wissenschaftlicher Entwicklung produziert den Verlust des Glaubens an die eine Wahrheit und macht den konventionellen Gedanken der Bildung unmöglich. Die Wahrheit kann nunmehr nur im Plural gedacht werden. Die Geschichtlichkeit und Multikulturalität, in der jede Aussage für sich Geltung beansprucht, läßt die Universalität einer Wahrheit nicht mehr zu.

---

[4] Vgl. Alfred Petzelt: Grundlegung der Erziehung. Freiburg, 1961. S. 52 f.
[5] Vgl. Ekkehart von Braunmühl: Antipädagogik. Ort? 1975.

Schließlich macht erst die Pluralität von Wahrheit wirkliche Individualität möglich, läßt sie nicht zum Schein bloßer Variation desselben verkommen.[6]

Die Überwindung des Anspruchs des einen Allgemeinen als die Wahrheit ermöglicht zudem neue Formen zwischenmenschlicher Beziehung; schafft Formen, die frei sind von Herrschaft und der Behauptung, den richtigen Standort zu haben. Unter ihr, der einen Wahrheit, scheint jeder Dialogpartner an die Absicht gebunden, sich behaupten und durchsetzen zu müssen, das heißt, den anderen mit seinen Argumenten zu überzeugen. Erst durch die Aufhebung des Anspruchs einer und universalen Wahrheit wird ein wirklicher Dialog möglich.

Das bedeutet: Wer Pädagogik als Form von Herrschaftsausübung vermeiden will, tut gut daran, sich von der Vorstellung der einen allgemeinen Wahrheit zu befreien, wenn er sich nicht in ihrem Namen berechtigt und gezwungen sieht, Herrschaft auszuüben und damit genau das widerruft, was er als Absicht der Pädagogik behauptet: nämlich individuelle Selbstbestimmung.[7]

Wer Selbstbestimmung als Auftrag der Pädagogik radikal ernst nimmt, muß, so die postmoderne Theorie, die Herrschaft des Allgemeinen in seiner Einzigkeit und Universalität bestreiten. Sie läßt dem Menschen keine freie Entscheidung. Auch, die vielbeschworene Herrschaft über sich selbst ist nichts anderes als die Herrschaft des Allgemeinen. Das Subjekts macht sich selbst zum Objekt, das Reden vom Tod des Subjekt wird verständlich. Ebenso ist Nietzsches Verkündigung vom Tod Gottes verständlich, wenn auf der anderen Seite der Mensch seine wirkliche Autonomie gewinnen soll. Denn die Anerkennung Gottes macht die radikale Form von Selbstbestimmung zunichte.

---

[6] Wolfgang Welsch: Unsere postmoderne Moderne. Weinheim 1978.
[7] Vgl. Eugen Fink: „Der Mensch ist nicht ein Thema der Ontologie wie Naturdinge, Steine oder Pflanzen oder Tiere; er existiert in Bezug zu seinem eigenen Sein und zum Sein aller Dinge." In: Grundfragen der systematischen Pädagogik; Hrsg: E. Schütz u. Fr. W. Schwarz, Freiburg 1998. S. 12. Siehe auch: A. a. O. S. 183. „Der Mensch ist das einzige Wesen, das nicht in sich steht, geschlossen und autark ist; er ist aufgebrochen und aufgerissen ..."

Das gilt besonders deutlich für die dem Subjekt zugedachte Forderung nach Selbstbetrachtung. Wie kann ein Subjekt sich selbst betrachten mit der Absicht einer kritischen Bestandsaufnahme seiner selbst, zugleich mit der Absicht, seiner eigenen Zukunft bestimmte Auflagen zu machen.

Das alles, so wird man Alfred Petzelt zustimmen können, ist nur möglich, wenn der Mensch versucht, sich mit den Augen Gottes zu sehen. Abgesehen davon, daß dies als prometheische Hybris verstanden werden könnte, scheint dieser Versuch in sich widersprüchlich, weil das gleiche Ich gleichzeitig ungleich wird.

In einer ersten Zusammenfassung der bisherigen Überlegungen läßt sich ein immanenter Widerspruch nicht übersehen. Das Allgemeine als Telos der Bildung, als Gegenstand Allgemeiner Pädagogik scheint notwendig, aber nicht möglich.[8]

Die Gründe dafür brauchen nicht erneut angeführt zu werden: Fortschritt der Wissenschaft, Dynamik der Entwicklung, Vielfalt der Meinungen, Freiheit und Selbstbestimmung des Individuums und schließlich das Schwinden von der Überzeugung der einen Wahrheit machen ein allgemein verbindliches Telos für Pädagogik unmöglich. Andererseits gibt sich Pädagogik ohne jene Voraussetzungen selbst auf.

Der entscheidende Grund für diese Situation ist die Vernunft selbst. Denn alle Vernunftskritik muß sich selbst wieder der Vernunft bedienen, eben jener Vernunft, die es zu kritisieren gilt, deren Grenzen deutlich zu machen sind.

Die Unsicherheit des Denkens in der Bestimmung des Allgemeinen ist Ausdruck der Begrenztheit unserer Vernunft. Alles Wissen verweist auf das Nichtwissen, ist Stückwerk, ist geschichtlich und überholbar. Das gilt dann auch für das Wissen der praktischen Vernunft, für Normen und Grundsätze und zerreißt den Zusammenhang von theoretischer und praktischer Vernunft. Absolute Verbindlichkeit scheint daraus nicht abgeleitet werden zu können.

Die Schwäche des Allgemeinen korreliert mit der Schwäche der Vernunft. Dieser Verlust ist die Folge eines Wissenschafts-

---

[8] Vgl. Alfred Petzelt: A.a.O. S. 210 f.

verständnisses, das seine Rationalität durch gegenständliche objektivistische Meßbarkeit definiert. Die von Petzelt noch als unabdingbar geforderte Zusammengehörigkeit von Wissen und Haltung wird dann zur verbalen Floskel, weil Wissen weder dem Anspruch von Geltung und Wahrheit verpflichtet ist und genügt, noch seine Integration möglich und gefordert ist. Verantwortung, die erst aus einheitsstiftender Kraft der Vernunft erwächst, verliert ihr Fundament.

So gewichtig all diese kritischen Einwände sein mögen, die Pädagogik kann bei ihnen nicht stehenbleiben. Sie hätten die Selbstaufgabe der Vernunft und damit das Ende der Pädagogik zur Folge. Das Ende der Pädagogik mag als Konsequenz hingenommen werden; das Ende der Vernunft hingegen verfängt sich in einem immanenten Widerspruch, weil dieses selbst wieder nur mit der Vernunft begründet werden könnte.

Die Leugnung des Allgemeinen in der Pädagogik schafft Probleme, deren Lösung notwendig ist, wenn das Denken sich selbst, auch in Form von Vernunftskritik nicht aufgeben will.

Als erstes bleibt die unabweisbare Frage, was denn die vielen spezialisierten Theorien pädagogischen Handelns unter einem gemeinsamen Attribut zusammenhält. Das ist nicht nur eine Frage der Wissenschaftsorganisation, der Pragmatik, zur Abgrenzung, Einteilung und Zusammenfassung von Wissensdaten. Sie ist, wenn man so will, eine Frage von ethischer Valenz, wenn das Attribut des Pädagogischen einen sinnvollen Bezug auf Praxis haben soll. Denn in ihm ist, wenn auch häufig übersehen oder mißachtet, ein Regulativ zur Geltung gebracht, das eine verbindliche Intention ausdrücken soll.

Man mag dieses als zirkuläres Denken kritisieren. Es läßt sich aber kaum übersehen, daß seit der bewußten Konzeption von Pädagogik in den Institutionen von Staat und Gesellschaft immer wieder die Frage gestellt wird, ob deren Praxis vorwiegend der ausbeutbaren Qualifikationen, der bloßen Funktionsertüchtigung als Mittel dient, oder auch und vor allem den Zwecken oder dem Zweck des Menschseins entspricht. Es mag sein, daß diese Frage heute nicht besonders artikuliert wird, daß man die Beschäftigung mit ihr für überflüssige Spekulation hält. Aber, wenn sie einmal gestellt ist, kann sie nicht abgewiesen werden, weil sie dem Denken als Denken eigentümlich ist. Das Denken und Fragen läßt sich nicht auf den Gebrauch der Vernunft in instrumenteller Absicht beschränken.

Die Geschichte der Pädagogik hat immer wieder Antworten gefunden und sie zum Ausdruck gebracht. Man denke an Sokrates, an Augustinus, aber auch in der Gegenwart, an die den Ausgang unserer Überlegungen eröffnende Theorie der Selbstbestimmung des Menschen; und auch die Postmoderne kann dieser Frage nicht ausweichen, auch wenn sie sie mit dem Hinweis auf Vielfalt möglicher Antworten der Absage an strenge Argumentation in der Beliebigkeit preisgibt.

Das Anliegen und die Beachtung der allgemeinen Pädagogik wird vielmehr zu einem bildungspolitisch höchst brisanten Thema, – nämlich dafür einzustehen, daß pädagogische Praxis nicht zum Instrument bewußter oder unbewußter, ausgeblendeter politischer oder wirtschaftlicher Interessen wird. Diese Forderung gilt trotz aller Grenzen des Wissens, gilt trotz der Unmöglichkeit, Begriff und Telos des Menschen und seiner Bildung endgültig zu bestimmen.

Wenn auch Begriffe selbst vom Denken nicht endgültig bestimmt werden können, so bleiben doch Möglichkeiten der Annäherung in Begriffswerten. Diese selbst können in ihrem Geltungsanspruch dem kritischen Denken und Urteilen wiederum unterworfen werden. Diese Urteilsfähigkeit setzt die Rückbindung an ein für alle geltendes Allgemeines voraus, das selbst nicht Gegenstand von Erkenntnis und Forschung ist, aber als dessen Voraussetzung nicht geleugnet werden kann.

Wegen der jeweils verschiedenen Wertigkeiten der Fassung des Allgemeinen der Bildung ist der wissenschaftliche Dialog weder überflüssig noch auf die Absicht der Durchsetzung der eigenen Position festgelegt. Wer einen Dialog führt bzw. wer bereit ist, einen Dialog zu führen, anerkennt die Begrenztheit seines eigenen Wissens, anerkennt gleichzeitig die Andersheit des anderen und dessen Vernunft als Maß für mögliche Argumente. Das gilt für alle Teilnehmer. Das bedeutet nicht, daß er sein eigenes Denken und dessen Ergebnisse nicht ernst nimmt, auch nicht, daß er den anderen als Maß für sein Wissen ansieht, das bedeutet aber wohl, daß er ein für die Dialogisierenden ge-

4.2 Das Allgemeine der allgemeinen Pädagogik 159

meinsames Allgemeines anerkennt, das er zwar nicht in seinem sicheren Besitz hat, das er aber gleichwohl für sich und für den anderen im Argumentieren in Anspruch nimmt.

Ohne die Anerkennung dieser Voraussetzung wird das Argument zum rhetorischen Mittel, d. h. zum Herrschaftsinstrument, zu einem Mittel der Überredung. Wer die Möglichkeit der Beziehung von Argumenten auf Allgemeingültigkeit, d. h. ihren Anspruch auf Geltung bestreitet, verwirft jede Möglichkeit auf gewaltfreie Kommunikation, macht die Herrschaft des einen über den anderen zum Prinzip; Selbstbestimmung entartet erst recht zur Fremdbestimmung unter der Herrschaft eines zuvor bestimmten Allgemeinen.

Wenn das Allgemeine als Bedingung für jede Form von Bestimmung anerkannt werden muß, dann gewinnt auch die Behauptung von Individualität und Einmaligkeit einen sinnvollen Zusammenhang. Die beiden gelten dann nicht als Gegensatz, sondern verstehen sich in einem gegenseitigen „Bedingungsverhältnis". Das Allgemeine gibt der Individualität ihr Recht, befreit sie vom Makel der Zufälligkeit. Einmaligkeit ist die je einmalige Verwirklichung des Allgemeinen, des allgemeinen Menschentums, der dem Menschen aufgegebenen Bildung.

Dabei darf nicht nur beklagt und verschwiegen werden, daß jenes Allgemeine im Vorhandensein immer nur – aber eben auch – die erreichte Wertigkeit des Allgemeinen bedeutet; das bewahrt vor der Illusion von endgültiger Selbstbestimmung und Autonomie, vor der Illusion von vollendeter Aufklärung, ohne daß deren Sinn und Verbindlichkeit geleugnet wäre.[9]

Das Allgemeine, von dem hier die Rede ist, ist das Konstitutivum von Pädagogik überhaupt. Dabei kann das Allgemeine nicht als Gegenstand erziehungswissenschaftlicher Forschung verstanden werden; es ist vielmehr deren Bedingung, deren Voraussetzung. Deshalb sind von der allgemeinen Pädagogik keine gegenständlichen Erkenntnisse zu erwarten. Das Allgemeine ist notwendigerweise formal. Das mag als Mangel bezeichnet werden. Formal heißt in diesem Falle aber nicht ohne

---

[9] Vgl. Käte Meyer-Drawe: Illusionen von Autonomie. München, 1990.

Inhalt, heißt nicht Leere und Unverbindlichkeit, sondern ist durchaus bedeutungsstark.

Einmal ist das Formale die Bedingung für jene Universalität, die alles, was vorgibt pädagogisch zu sein, in die Pflicht nimmt, definiert und zu legitimieren sucht. Im Anspruch der Legitimation entziehen sich die einzelnen Pädagogiken der Gefahr, sich in bloßer Herrschaftsausübung zu ergehen, sich auf bloße Funktionsertüchtigung zu beschränken; die Universalität des Menschseins schließt dem Anspruch nach die Herrschaft des einen über den anderen aus.

Das Formale des Allgemeinen verweist auf ein Telos, ohne dieses in einer historisch zeitgebundenen Form endgültig festzuschreiben und in dieser Konkretheit pädagogischer Praxis vorzuschreiben.

In dieser Formalität stiftet das Allgemeine auch die Möglichkeit der Korrelation von theoretischer und praktischer Vernunft. Wenn theoretische Vernunft das gegenständliche Wissen und dessen Gesetzmäßigkeit meint und dessen Geltungsanspruch reflektiert, dann ist darin die Beziehung auf praktische Vernunft definiert; sie stiftet den Zusammenhang mit möglicher Praxis.

Allgemeine Pädagogik ist nicht zu denken ohne die Forderung nach der Einheit des Bewußtseins, ohne die Forderung nach Integration des Wissens bzw. des Gewußten. Diese Integration ist nichts als Summe des Wissens bzw. des Gewußten zu verstehen. Integration unter dem oben angesprochenen Telos ist die immer wieder neu zu schaffende Einheit meiner selbst. Sie fügt dem Wissen nichts Neues hinzu; sie fragt vielmehr unter dem Aspekt des Denkens als Reflexion nach dessen Einheit. Und jener Denker hat wohl nicht unrecht, der den Wert neuen Wissens nicht unter dem Gesichtspunkt von Quantität und Verwertung sieht, sondern darin, daß jede neue Erkenntnis die Ordnung des Wissens auf neue Weise notwendig macht.

Damit läßt sich auch die Frage nach der Identität neu ansprechen. Ihre Bindung an die Zeit und deren Verlauf macht sie fragwürdig. Ohne ihren Wandel verkommt Geschichte zum Schein. Ohne das Festhalten an der Identität verkommt Veränderung zur ständigen Neuschöpfung, und Erinnerung wird zur Fatamorgana. Das Allgemeine der Pädagogik erst vermag diesen scheinbaren Gegensatz aufzulösen; denn jenes ist von solcher Unendlichkeit, daß es von noch so viel Variationen nicht ausgeschöpft werden kann. Identität ist demnach nicht selbstgefällige Verweigerung von Veränderung, Festhalten am Herkömmlichen, sondern die angesichts der dynamischen Entwicklung und Veränderung notwendige Integration, wenn sie auch vielen als eine schier unmögliche Aufgabe erscheint. – Aber das ist hier nicht die Frage; es geht um die unabweisbare Notwendigkeit, die eigene Identität in Erinnerung und Vorhaben durchzuhalten; und zwar in einer diese Identität mit Wertigkeit erfüllenden Weise.

Es ging in diesen wenigen Andeutungen um die Frage nach Recht und Grenze, nach Notwendigkeit und Möglichkeit von allgemeiner Pädagogik. Es kann nicht übersehen werden, daß sie aus politischen, ökonomischen und wissenschaftstheoretischen Gründen häufig genug abgewiesen, als überflüssig und als unmöglich abgetan wird. Sie hat keinen wirklichen Gegenstand; das Allgemeine scheint dem Denken nicht faßbar; es läßt sich eben als Allgemeines nicht abgrenzen, d. h. nicht definieren, d. h. auch, es läßt sich wissenschaftlich nicht ohne Schwierigkeiten und Widersprüche bestimmen. Insofern kann man auch behaupten, das Allgemeine der Pädagogik ist gar nicht denkbar, deshalb kann es auch als Wissenschaft nicht gefaßt, nicht erforscht und auch nicht wie gegenständliches Wissen gelehrt werden. Dennoch bleibt allgemeine Pädagogik notwendig; nicht wegen eines vordergründigen Interesses an systematischem Denken, sondern als Hüterin der Forderung nach allgemeiner Bildung. Damit ist die bleibende Verpflichtung gemeint, den Menschen nicht für irgendwelche auferlegten Zwecke zu instrumentalisieren.

Die Notwendigkeit von allgemeiner Pädagogik ist begründet in ihrer Parteinahme für Bildung; sie ist bleibender Protest gegen politische, wirtschaftliche und sonstige Indienstnahme. Das ist kein Telos im Sinne von festgefügtem Menschenbild, sondern Forderung des Denkens selbst, sofern ihm die Möglichkeit von Reflexion, vom Denken des Denkens nicht genommen werden kann. Notwendigkeit und Möglichkeit von allgemeiner Pädagogik haben ihren Grund deshalb nicht in einem dubiosen oder Herrschaft ausübenden Allgemeinen, sondern in der Art unserer Vernunft als Reflexion.

Die Reflexivität der Vernunft zeigt ihre Macht und Ohnmacht: ihre Macht, indem sie an alles Denken, an alle Objektivationen der Vernunft die Geltungsfrage stellen kann und stellen muß; sie zeigt ihre Ohnmacht im Sinne der Kreatürlichkeit, sofern ihr versag ist, absolute Geltung zum Ausdruck zu bringen, und jede Antwort zu neuen Fragen drängt.

Diese in der Kreatürlichkeit des menschlichen Denkens gelegene Macht und Ohnmacht definiert gleichzeitig auch ihre Beziehung auf Praxis in der Pädagogik. Einerseits bleiben alle Aussagen im Bereich der docto ignorantia. Unmittelbare Praxisanweisung läßt sich daraus nicht ablesen, es sei denn, die Vorsicht in bezug auf behauptete Gewißheit des Wissens, mit der Forderung der Freigabe des anderen. Gleichzeitig ist docto ignorantia aber auch Participatio am Allgemeinen und der Universalität seiner Wahrheit. Angesichts dessen überwindet sie bloße Orientierungslosigkeit, gleichwohl aber auch die Behauptung, im Besitz einer unmittelbaren Wahrheit zu sein. Jene macht sie hilflos, liefert sie den Herrschaft ausübenden Ideologien aus, diese macht sie herrschsüchtig, verführt zum Zwang und widerspricht dem Anspruch von Selbstbestimmung.

Abschließend bleibt die Frage nach dem Verhältnis von allgemeiner Pädagogik zu ihren Spezialisierungen. Wer der allgemeinen Pädagogik eine Sonderstellung einräumt, läuft Gefahr, eine die wissenschaftliche Freiheit einschränkende Hierarchie zu fördern; wer sie in eine Reihe mit den Spezialisierungen stellt, hebt den Charakter des Allgemeinen auf. Eine Antwort kann wiederum nur gefunden werden, wenn man ihren formalen regulativen Charakter bedenkt. Allgemeine Pädagogik fügt den Spezialisierungen kein neues Wissen hinzu; sie ist aber die unabweisbare Forderung nach Reflexion im Bedenken der Pädagogizität der Einzelaufgaben, der methodischen Ratschläge, der organisatorischen Konstruktionen. Sie fragt immer wieder nach den Möglichkeiten von allgemeiner Bildung in den verschiedenen Spezialaufgaben. Von daher hat sie einen unverzichtbaren Ort in aller pädagogischen Forschung und Lehre, sowohl als besondere Disziplin als auch als Mahner, sie in den Einzelaufgaben nicht zu vergessen, d. h. als immanentes Bedenken aller konkreten pädagogischen Ausbildung.

4.3 Moralität und Bildung

Die Formulierung des Themas enthält in der bloß additiven Zusammenstellung von Moralität und Bildung verschiedene mögliche Fragen: ob Moralität zur Bildung als ein anderes hinzutreten soll, ob Bildung nur im Sinne von Moralität möglich ist oder ob Bildung mit Moralität in Widerspruch steht.

Das Rahmenthema dieses Kongresses artikuliert den Zusammenhang von Fachunterricht und Erziehung. Auf ihn sind auch die folgenden Überlegungen zu beziehen in der Frage, ob Unterricht, dem es um Bildung geht, mit ethischen Ansprüchen, mit Fragen der Haltung zu tun hat, und wie pädagogische Führung zu begreifen und zu besorgen sei, wenn ihre Absicht auf Bildung eingehalten werden soll, wie insbesondere unter dieser Voraussetzung das Unterrichten und Lehren zu verstehen sei. Damit ist eine Fülle von Fragen aufgeworfen. Es versteht sich von selbst, daß sie angesichts des gebotenen Rahmens nur vorläufig beantwortet werden können.

Jede mögliche Antwort weiß sich auf das Verständnis von Bildung verwiesen. Damit kommt eine erste Schwierigkeit in den Blick. Die Erörterung des Bildungsbegriffes galt lange als überflüssig und unnütz. Das Reden von Bildung wurde als unzeitgemäß betrachtet, mußte sich häufig den Vorwurf der Unwissenschaftlichkeit und ideologischen Befangenheit gefallen lassen, weil wertende oder gar weltanschauliche Gesichtspunkte eingebracht würden. In neuerer Zeit haben bildungstheoretische Überlegungen wieder Saison, und auch Moralität ist als Thema nicht mehr eine Angelegenheit von Ewiggestrigen. Das mag dem an systematischen Fragen Interessierten eine Genugtuung sein, sollte aber nicht dazu verführen, die in den bildungstheoretischen Reflexionen zutage getretene Unsicherheit zu verkennen. Auch gegenwärtige Abhandlungen verweisen auf eine Krise pädagogischen Denkens, die bis tief in die

4.3 MORALITÄT UND BILDUNG

Grundlagenfragen vorgedrungen ist. Der Begriff der Bildung bleibt trotz einer gewissen verbalen Konjunktur fragwürdig.[1]

Fragwürdig bleibt, ob Bildung noch der die Pädagogik in ihrer Einheit stiftende Grundbegriff sein kann, ob der Verfall von Bildung in dem Augenblick eintreten muß, wo der Glaube an ein dem Menschen vorgegebenes und ihn verpflichtendes Bild verlorengegangen ist. Andererseits wird man sich sogleich fragen, ob nicht die Erziehung selbst „terroristisch" werden muß, wenn sie sich in den Dienst eines vorgegebenen Bildes als Inbegriff normativer Forderungen stellt.

An drei Konzeptionen gegenwärtigen pädagogischen Denkens in bezug auf den Bildungsbegriff kann zunächst exemplarisch und verkürzt dessen Verfall als Folge des Verlustes eines maßgebenden Vorbildes verdeutlicht werden.

– Wo pädagogisches Handeln seinen Anspruch nicht mehr aus einer Vorstellung vom Menschentum des Menschen ableiten kann, da unterwirft es sich sog. gesellschaftlichen Bedürfnissen. Die pädagogische Absicht reduziert sich auf das Herstellen jener Qualifikationen, wie sie dem gesellschaftlichen Fortkommen dienlich sind. Es sind Qualifikationen, die gesellschaftlich verwertbar sind, d. h. als nützlich angesehen werden. Diese Tendenz machte sich frühzeitig in der Pädagogik bemerkbar. Schon die Sophisten haben ihre pädagogische Kunst mit dem Hinweis angepriesen, daß sie den jungen Menschen für höhere gesellschaftliche Positionen ertüchtigen könnten. Der *Protagoras* der platonischen Dialoge ist dafür ein bezeichnendes Beispiel. Er verspricht, die jungen Athener von Tag zu Tag tüchtiger, redegewandter und für die politischen Alltagsgeschäfte geschickter zu machen. *Sokrates* widerspricht bekanntlich diesem Ansinnen um der wirklichen Paideia willen.

Klassiker der Pädagogik suchen zu Beginn der Neuzeit den Gedanken der Menschenbildung gegenüber gesellschaftlichen Ausbildungsansprüchen zu sichern. *Rousseau* fordert im radikalen Gegensatz zur gesellschaftlich-bürgerlichen Erziehung

---

[1] Vgl. Wolfgang *Fischer*: Über Recht und Grenzen des Gebrauchs von Bildung. In: Zeitschrift für Pädagogik, 28. Jg., 1982, S. 1–9.

eine Pädagogik, die den natürlichen Menschen, den Menschen als Mensch im Auge hat. „Mensch zu sein" ist die Kunst, die *Rousseau* seinen Emile lehren will.[2]

Humboldt[3] sucht der allgemeinen Menschenbildung auch kulturpolitisch den entsprechenden Rahmen zu geben, und NIETZSCHE[4] beklagt in seiner radikalen Schulkritik den zunehmenden Verfall der Bildung zugunsten der mehr und mehr herrschenden Verwertungsabsicht.

In der Moderne hat die Pädagogik dem Ansturm gesellschaftlich-ökonomischer Funktionserwartungen schon gar nicht widerstehen können. Für Saul B. ROBINSOHN[5] ist Bildung, wie sie die Schule zu besorgen hat, die Ausstattung mit jenen Qualifikationen, die man zur Bewältigung des Lebens braucht. Mag die Curriculumeuphorie geschwunden sein, mag die Vorstellung von der Machbarkeit einer gewünschten Qualifikation einer realistischen, manchmal skeptischen Sicht gewichen sein, die pragmatische Tendenz lebt ungebrochen fort, auch wenn verbale Beteuerungs- und Beschwichtigungsstrategien sie zu verschleiern suchen. Lebensnähe bleibt didaktisches Prinzip, Theorie gilt als grau gegenüber dem Grün des goldenen Lebens. Bildung als ein Allgemeines, als eine nicht verwertbare Qualifikation bleibt durch Ausbildung verdrängt. Deren Notwendigkeit ist offensichtlich angesichts des Fortschritts von Technik, angesichts der Spezialisierung von Aufgaben, angesichts der damit verbundenen Funktionalisierung des Menschen.

Die industrielle Lebenswelt drängt den Menschen in die Bahnen der Fremdsteuerung.

Ihr angemessen ist die Wissenschaft des Behaviorismus, die den Menschen in seinen festellbaren Äußerungen und in der leeren Vielfalt seiner als sinnlos geschätzten Verhaltensweisen

---

[2] Jean-Jacques *Rousseau*: Emile oder über die Erziehung. Paderborn 1958, S. 61 ff.
[3] Wilhelm v. *Humboldt*: Theorie der Bildung des Menschen. In: ders.: Bildung des Menschen in Schule und Universität. Heidelberg 1964, S. 5–10.
[4] Friedrich *Nietzsche*: Über die Zukunft unserer Bildungsanstalten. Heidelberg 1964.
[5] Saul B. *Robinsohn*: Bildungsreform als Revision des Curriculum. Neuwied 1967.

erschöpft. Der Behaviorismus ist nicht am Sinn des Menschen, sondern an seinem zweckrationalen Verhalten interessiert.

Die Reduktion pädagogischer Absichten auf Ausbildung reduziert auch den Anspruch der Erziehung auf den funktional richtigen Einsatz der Qualifikationen, auf reibungslose Integration in das Ganze von Staat und Gesellschaft, auf die Übernahme und Handhabung vorgegebener Normen, vorgegebener Funktionsweisen, auf die Beachtung der gesellschaftlichen Rechte und Pflichten.

– In neuerer Zeit wird der Begriff der Bildung häufig durch den der Identität ersetzt und soll dessen vermuteten elitären Charakter, den Idealismus, Individualismus und Traditionalismus überwinden.[6]

Identität soll den im Begriff der Bildung auch enthaltenen Anspruch der Sache zurückdrängen, den Anspruch des Subjektes und seine Autonomie betonen. Sie greift damit einerseits Momente der Reformpädagogik, andererseits Anregungen der psychoanalytischen und sozialisationstheoretischen Persönlichkeitsentwürfe auf. Persönlichkeitsbildung wird als Folge von Identifikationen mit den primären Bezugspersonen verstanden, bis in der Adoleszenz personale und soziale Identität gewonnen wird.[7] Identität erweist sich in zunehmender Autonomie, in der Behauptung des eigenen individuellen Seins und seiner Konstanz bei allem Wechsel.

Das Subjekt sollte Ich-Stärke – was immer das sein mag – gegenüber fremdbestimmenden Einflüssen gewinnen. Der Auftrag der Erziehung zielt auf Treue zu sich selbst. „Ich selber zu sein, nach sich selbst zu suchen, selbst zu werden, zu seinem Selbst zu kommen", das war schon das Programm der Reformpädagogik.[8]

---

[6] Vgl. Fr. *Scheitzer*: Identität statt Bildung. In: *Hansmann*, Otto/*Marotzki*, Winfried (Hg.): Diskurs Bildungstheorie I. Systematische Markierungen. Weinheim 1988, S. 63.

[7] Vgl. Erik H. *Erikson*: Identität und Lebenszyklus. Frankfurt 1977.

[8] Vgl. Alfred *Schirlbauer*: Kritik der Reform. Anmerkungen und Interpretationen zu Kurt *Zeidler*: Die Wiederentdeckung der Grenze. Jena 1926. Reprintausgabe Hg. von Rudolf W. *keck*. Kommentar und pragmatische Bibliographie von Uwe *Sandfuchs*. Hildesheim/New York 1989.

Neben der Psychoanalyse hat dieses Konzept von der sog. humanistischen Psychologie starke Impulse empfangen. Selbsterfahrung, Gruppendynamik, Engagement, Offenheit und Authentizität in Selbstfindungsgruppen, das alles soll der Selbstverwirklichung dienen.

Man bekundet Betroffenheit und Transparenz, vor allem im Bekenntnis zu den eigenen Gefühlen in der Öffentlichkeit. „Die Moral der rückhaltlosen Bekanntgabe tritt an die Stelle der Verantwortung für die Sache selbst; ich bin moralisch entlastet."[9]

Der Verzicht auf ein maßgebliches Bild unterschlägt den möglichen Sinn von Identität. Sich mit dem zu identifizieren, was ist, führt zur Anpassung.

Der damit verbundene Auftrag zur Ich-Stärke stabilisiert das geschichtliche Sein des Subjekts, endet in kritikloser Selbstbehauptung.

– Schließlich ist an jene Bewegung zu erinnern, die Emanzipation, als Ersatz für Bildung, zum Inbegriff aller pädagogischen Absichten erklärt. Freie Selbstverwirklichung heißt ihr Programm. Sie will den Menschen unabhängig von Normen, von Autorität, von der verpflichtenden Tradition und überlieferten Werten.

Auch die Bindung an Religion muß durch Emanzipation aufgehoben werden, weil gerade hier wegen ihres radikalen Anspruches auf wirkliche Selbstverwirklichung verzichtet werden muß. Emanzipation leugnet schließlich jedes Sollen, weil es den Menschen binde und unfrei mache. Das gilt auch dem Gewissen, das ein verpflichtendes Sollen zur Geltung bringt. Befreiung auch von seinen Ansprüchen wird gefordert, weil diese Ansprüche nur die Internalisierung von Tradition und Konvention der Normen vorgegebener Autoritäten sind.

Emanzipation will mit der Freiheit radikal ernst machen. Ihre Forderung ist getragen von der Hoffnung, daß der wahre Mensch sich erst in der Befreiung von allen Forderungen, von jeglichem Sollen zur Autonomie entwickeln kann.

---

[9] Heinrich *Kupffer*: Erziehung, Angriff auf die Freiheit. Essays gegen Pädagogik, die den Lebensweg des Menschen mit Hinweisschildern umstellt. Weinheim/Basel ²1984, S. 82.

Die kritische Analyse dieser exemplarisch vorgestellten Ansätze soll nicht die berechtigte Kritik an einem überholten und zu ästhetisierender Unverbindlichkeit verkommenen Begriff von Bildung unterschlagen.

Die Notwendigkeit qualifizierter Ausbildung wird niemand bestreiten können. Die Gefahr, Bildung oder gar Allgemeinbildung zum Vorwand für die Mißachtung der Zeit mit ihren jeweiligen Herausforderungen zu mißbrauchen, ist nicht von der Hand zu weisen.

Auch die Behauptung der eigenen Identität als Einheit des Subjekts angesichts der Gefahr der Zersplitterung und Auflösung personaler Ganzheit durch Spezialisierung und Funktionalisierung mag als zeitgemäße Aufgabe formuliert werden. Sie muß allerdings mißlingen, wenn jene Invariante nicht anerkannt wird, die erst die den Wechsel und die Geschichtlichkeit überdauernde Kontinuität begründet. Sie muß mißlingen, wenn Erziehung zwischen Anpassung und Widerstand schwankt, wenn sie den Menschen entweder zur Hingabe an das Identifikationsobjekt nötigt oder zu individualistischer Selbstbehauptung verführt.

– Auch die Forderung nach Emanzipation trifft einen berechtigten Anspruch aller Pädagogik, wenn damit Befreiung von Befangenheit und Vorurteil von bloßer Konvention gemeint ist. Sie muß jedoch den Begriff der Bildung aufheben, wenn mit ihr die Absage an jegliches Sollen „gefordert" ist.

Als Grund für den Verfall von Bildung wurde eingangs die radikale Verunsicherung des Menschen angeführt; eines Menschen, dem Orientierung an einem Ur-Bild versagt, dem kein verbindliches Sollen aus dem Menschentum mehr vernehmbar ist.

Das läßt sich in aller Deutlichkeit bei *Sartre* und seiner Absage an die Möglichkeit ethischer Orientierung aufzeigen. In seinem Aufsatz: Ist der Existentialismus ein Humanismus? gibt er dafür folgende Begründung: Wenn der Mensch als Subjekt eine „größere Würde hat als der Stein oder der Tisch", dann muß seine „Existenz der Essenz" vorausgehen. Essenz wäre als verbindliche Vorgabe Einschränkung der Freiheit, Aufhebung personaler Autonomie für menschliche Existenz.

Deshalb kann es für SARTRE auch keinen Gott geben. Denn, wenn es einen Gott gäbe, hätte dieser den Menschen geschaffen. Er hätte ihn nach einer Idee schaffen müssen, nach seinem Bild; der Existenz wäre die Essenz vorausgegangen. Auf diese Essenz hin wäre der Mensch als auf sein Urbild hin angelegt. Erst wo diese Orientierung bestritten wird, wo das Urbild als Idee vom Menschen geleugnet wird, da ist wirkliche Freiheit möglich.[10]

„Er (der Mensch) schafft sich, indem er seine Moral wählt, und der Druck der Umstände ist derartig, daß er nicht anders kann, als eine wählen."[11] Humanität und Moralität erweisen sich nicht im Verbindlichmachen eines dem Menschen innewohnenden Sollens; sie bestehen allenfalls im Durchhalten der Existenz aus dem Nichts, in der Wahl ohne Orientierung. Deshalb muß nach SARTRE jeder wirkliche Humanismus atheistisch sein.[12]

Wenn überhaupt von Bildung noch die Rede sein kann, dann im Sinne existentieller, d. h. orientierungsloser Selbstverwirklichung. Wo von Moralität noch die Rede sein soll, da muß diese zum Wagnis der Entscheidung ohne Maß werden, muß schließlich zur bloßen Beliebigkeit entarten. SARTRES atheistischer Existentialismus verliert die Möglichkeit einer auf Bildung bezogenen Pädagogik, weil ihr jede ethische Orientierung abgesprochen ist.

Weniger radikal, aber die gegenwärtige Erziehung und Bildung in weiten Bereichen deutlich verunsichernd, zeigt sich der Mangel an möglicher Orientierung in jenem gesellschaftlichen Bewußtsein, das den Pluralismus zu seiner Ideologie erhoben

---

[10] Vgl. Jean-Paul *Sartre*: Drei Essays. Ulm 1985. Darin: Ist der Existentialismus ein Humanismus? S. 11 ff. „Wenn Gott nicht existiert, so finden wir uns keinen Werten, keinen Geboten gegenüber, die unser Betragen rechtfertigen ... Der Mensch ist verurteilt, frei zu sein. Verurteilt, weil er sich nicht selbst erschaffen hat, anderweit aber dennoch frei, da er einmal in die Welt geworfen, für alles verantwortlich ist, was er tut". (S. 16)
[11] A. a. O., S. 30.
[12] A. a. O., S. 34 ... „da ich Gottvater ausgeschaltet habe, muß es wohl jemanden geben, der die Werte erfindet ... Das bedeutet nichts anderes als dies: Das Leben hat a priori keinen Sinn."

hat. Gemeint ist damit, daß eine Vielzahl von Positionen in gleicher Wertigkeit anerkannt wird. Die Möglichkeit eines allgemein verbindlichen moralischen Anspruchs wird bestritten. Historische und soziologische Forschung haben die Geschichtlichkeit und Relativität aller Konventionen und Normen deutlich gemacht. Gleichzeitig wird pluralistische Staats- und Gesellschaftsverfassung als Fortschritt des Menschen auf dem Weg zur Freiheit gepriesen. Denn in ihr dürfe jeder frei über sich, seinen Glauben, seine Weltanschauung, seine politische Parteinahme entscheiden.

Allerdings wird bei der Interpretation von Pluralismus dessen Wertgebundenheit zumeist unterschlagen.[13] Denn es ist offensichtlich, daß auch die pluralistische Gesellschaft Sollensansprüche enthält: Man denke an Toleranz, an gegenseitige Achtung, an den normativen Charakter von Freiheitsrechten, an Versammlungs- und Redefreiheit, Glaubens- und Gewissensfreiheit. Ohne normativ anzuerkennende Vorgaben wird Pluralismus zur Anarchie, hebt das Recht des Stärkeren die Freiheit wieder auf.

Trotz dieser Einwände hat die Pluralismusideologie von der Relativität aller Sollensansprüche, aller prinzipiellen Moral im Denken der sog. Postmoderne eine neue Radikalisierung erfahren. Die Skepsis gegenüber ihren Ansprüchen begründet sich zusätzlich „im durchgängigen Scheitern des Menschen vor prinzipiellen Forderungen. Sie lassen den Menschen schuldig werden. Das Eingeständnis eigener Schuld aber wird unerträglich, wo der Mensch nicht mehr an einen gnädigen Gott glauben kann. – Die Bekenntnisse des hl. AUGUSTINUS als erster großer Versuch, sich selbst Rechenschaft zu geben, wurden erst möglich, als die Hoffnung auf Sündenvergebung verheißen war. – Erst im Glauben an die Erlösung kann der Mensch sein Gewissen redlich erforschen, seine eigene Schuldhaftigkeit bekennen und mit Hilfe des göttlichen Beistandes neue Vorsätze

---

[13] Vgl. Marian *Heitger*: Die absolute Normativität des Gewissens und der Wertpluralismus. Von der Schwierigkeit der Gewissenserziehung heute. In: P. *Weingartner* (Hg.): Die eine Ethik in der pluralistischen Gesellschaft. Innsbruck/Wien 1987, S. 141 ff.

fassen. Mit dem Verlust des Glaubens wird das Erkennen und Bekennen von Schuld zur unerträglichen Last. Deshalb müssen Entlastungsstrategien entwickelt werden, die das Versagen gegenüber den Ansprüchen der Moralität entschuldigen, die die Verantwortung des Subjekts für sein Handeln mindern oder gar ganz aufheben. Solche Entlastungsstrategien bieten sich der modernen Wissenschaft auf verschiedene Weise an: Die Psychoanalyse zeigt, wie frühkindliche Beschädigungen das Schicksal eines Menschen prädestinieren. Sozialisationstheorien machen das Handeln des Menschen von äußeren Determinanten abhängig. Materialistische Subjekttheorien verlagern die Verantwortung vom Subjekt auf das Kollektiv, geben den biologischen Bedürfnissen bestimmende Kraft. Geschichtsphilosophische Ideologien degradieren das Subjekt zur Durchlaufgröße des objektiven Geistes und bestreiten seine persönliche Verantwortung.

Entlastungstheorien leugnen die Zurechnungsfähigkeit des Menschen; sie leugnen Freiheit und Verantwortung, sie verneinen den Anspruch und das Recht auf Selbstbestimmung und damit den der Bildung. Wo Erziehung diesen Entlastungstheorien folgt, da liefert sie den Menschen der Fremdbestimmung aus, verführt ihn dazu, sich Mehrheiten anzupassen, sich dem ehernen Gang der Geschichte zu unterwerfen; zur „Puppe des Zeitgeistes" zu werden, wie *Sailer* formulierte, bzw. sich der Befriedigung der eigenen Bedürfnisse willenlos zu überlassen.

Angesichts der Skepsis gegenüber der Möglichkeit von Bildung heute, angesichts der Skepsis gegenüber einer verbindlichen Orientierung muß sich Pädagogik in allem Ernst fragen, ob der Begriff der Bildung nicht überfällig ist und Unterricht und Erziehung sich an anderen Regulativen zu begründen hätte.[14]

Die Frage nach der Notwendigkeit des Bildungsbegriffs, nach seiner möglichen Bindung an den Begriff der Moral ist nur zu beantworten, wenn die Frage nach der Pädagogik selbst

---

[14] Max *Horkheimer*: Der Begriff der Bildung. Frankfurt 1953, S. 20: „Nicht anders als in dem Eingehen in sachliche Arbeit vermag das Individuum über die Zufälligkeit seiner bloßen Existenz hinauszukommen, an der der alte Bildungsglaube haftet."

aufgegriffen wird, wenn man nach ihrem Warum und Wozu, nach ihren Grenzen und Möglichkeiten gleichzeitig fragt. Viele Antworten bieten sich an. Unterricht und Erziehung sind notwendig, weil Produktion und Fortschritt von entsprechender Qualifikation der dort Tätigen abhängen. Der Staat verlangt von der Pädagogik loyale Staatsbürger, die seine Fortdauer sichern. Gesellschaftliche Interessen schlagen sich in Unterrichts- und Erziehungsabsichten nieder.

Ohne die Berechtigung jener Aufgaben vorab zu verneinen, scheinen sie zur Begründung nicht hinreichend geeignet. Denn die Steigerung des Sozialproduktes, die Erhaltung des Staates, die vielen partiellen gesellschaftlichen Zwecke sind in ihrem Anspruch nicht schon durch ihre Faktizität begründet. Gilt es nicht gleichzeitig auch, eine gerechte Gesellschaft zu schaffen, dafür zu sorgen, daß Menschen nicht mißbraucht werden, daß sorgfältig mit der Natur umgegangen wird, daß die Menschen ein menschenwürdiges Leben führen? Es scheint daher unausweichlich, daß zur Begründung von Pädagogik, ihrer Notwendigkeit und Möglichkeit, die Frage nach einer apriorischen Bestimmung des Menschen gestellt wird; daß versucht werden muß, eine mögliche Antwort rational zu argumentieren, um darin ihre Verbindlichkeit für die Pädagogik zu gewinnen.

Wer überhaupt von Pädagogik spricht, muß von der Überzeugung ausgehen, daß die Menschen nicht so sind, wie sie sein sollten; und so, wie sie sein sollten, sind sie nicht. Er muß davon ausgehen, daß der Mensch in seinem Gewordensein nicht das Ergebnis biologischen Wachsens und auch nicht das Ergebnis gesellschaftlicher Determination ist. Der Mensch muß sich selbst zu dem machen, der er ist. Der Mensch existiert in der Weise, daß er sich zu sich, zu seinem Mitmenschen, zu Umwelt und Natur verhalten muß. Er weiß um sich und um diese Notwendigkeit, die ihm damit zur Aufgabe wird.

Das gilt prinzipiell, d. h. auch mit allen möglichen Einschränkungen. Aufgabenhaftigkeit ist eine apriorische Bestimmung des Menschen. In ihr definiert sich seine Geschichtlichkeit. Das Nachdenken über sich selbst findet in ihr seine Begründung, Selbstbetrachtung als stellungnehmendes Bedenken des eigenen Tuns und Seins. Der Aufbruch und Vorsatz zum

Besseren bestätigt jene apriorische Aufgabenhaftigkeit als Forderung an den Menschen.

Aufgabenhaftigkeit menschlichen Seins zeigt sich im Fortschreiten vom Meinen zum Wissen – sie zeigt sich sogar, wenn dieser Weg vom Meinen zum Wissen als Täuschung entlarvt werden kann, denn auch diese Entlarvung will gelten.

Der immer wieder zu vollziehende Schritt vom Meinen zum Wissen setzt im Denken selbst als Bedingung seiner Möglichkeit voraus, Wahres von Falschem, bzw. Gutes von Bösem unterscheiden zu können. Um das je eigene Wissen auf seine Geltung hin zu prüfen, muß das Ich ein Wissen um sein Wissen haben. Das Wissen des Wissens ist nicht gegenständlich, sondern ist Bedingung von Kritik und Prüfung. Im Prüfen, d. h. zur Begründung von Geltung, muß das Denken sein Wissen vor den Richterstuhl der Wahrheit bringen. Dieser Richterstuhl muß als Bedingung in der eigenen Vernunft vorausgesetzt werden. Diese Voraussetzung bestätigt sich in dem Satz, daß Geltung nicht geleugnet werden könne, weil das Leugnen von Geltung selbst wieder Geltung beansprucht.

Geltungsbindung des Denkens bzw. des Subjekts im Denken als apriorische Bestimmung ist weder willkürlich noch relativ. Sie ist nicht als weltanschauliche Position gemeint, sondern als Notwendigkeit, wenn gedacht, gelehrt und gelernt werden soll.

Diese Aussage versteht sich insofern transzendental, als sie etwas über die Gesetzmäßigkeit unseres Denkens und nicht über jeweilige Inhalte zur Aussage bringt.

Geltungsbindung betrifft nicht nur das Wissen unter dem Anspruch des Wahren, sondern auch das Wissen um Handeln und Haltung unter dem Anspruch des Guten. Sie macht es, daß wir unser Handeln verantworten können, daß wir Rechenschaft ablegen müssen, daß wir aufgerufen sind, uns in unserem Menschsein zu bilden.

Bildung definiert die Aufgabe des Menschseins in seiner Zeithaftigkeit. Alfred *Petzelt* hat von der psychischen Präsenz gesprochen.[15] Er meint damit die Möglichkeit, daß der Mensch

---

[15] Alfred *Petzelt*: Grundzüge systematischer Pädagogik. Stuttgart ²1955, S. 154 f.

sich Vergangenes in Erinnerung und Zukünftiges im Vorsatz vergegenwärtigen kann.

Zeit kennzeichnet die Aufgabenhaftigkeit des Menschen in seiner Universalität. Zeit wartet nicht, Zeit verlangt Entscheidungen; Zeit ist der unaufhaltbare Verlauf, ist eherne Notwendigkeit für verantwortliche Entscheidung des Menschen. Ihrem Anspruch kann er nicht entgehen.

Zeit ist unaufschiebbarer Auftrag an den Menschen, zu werten. Er muß entscheiden, welche Möglichkeit er zum Vollzug seiner Aktivität ergreift. Zeit ist in diesem Sinne Ausdruck seines Sollens, ist Nachweis der Notwendigkeit von Bildung.

Erste Konsequenzen für den Begriff der Bildung lassen sich festhalten. Bildung ist Auftrag an den Menschen, das ‚Menschentum' (*Pestalozzi*) in seinem Menschsein zu verwirklichen. Dieses ‚Menschentum' ist keine willkürliche Beliebigkeit, nicht Entfaltung aller möglichen Anlagen, nicht Verwirklichung einer biologischen Entwicklung. Bildung ist Vollzug jenes Sollens, das dem Menschen in seiner Geltungsbindung als apriorische Bestimmung zukommt.

Bildung bezeichnet sowohl die erreichte Wertigkeit eines Menschen in seinem Menschentum, als auch die bleibende Aufgabenhaftigkeit seines Menschseins. Dieser doppelte Aspekt ist kein Zufall. Denn der Zustand des Gebildetseins schließt ausdrücklich das Bewußtsein von seiner Endlichkeit ein. Eine Bildung, die sich als abgeschlossen ansieht, widerspricht sich selbst, ist das Ergebnis mißlungener oder verweigerter Selbsterkenntnis, weil sie das Vorläufige und Begrenzte der erreichten Wertigkeit seiner selbst nicht sehen will und sich in spießerhafter Selbstzufriedenheit in seinem jeweiligen Zustand einrichtet.

Die Aufgabe der Bildung umfaßt das Menschsein in all seinen Vollzügen. Kein Wissen, kein Verhalten, kein Wollen und auch nicht die all dieses immer begleitende Emotionalität kann sich davon dispensieren. Sofern es um psychische Vollzüge geht, sofern das Ich um sich und seine Vollzüge weiß, sie in Freiheit setzt, sich für ihre Rechtfertigung zuständig weiß, sofern behält der Bildungsbegriff seine regulative Kraft.

Bildung umgreift Wissen und Haltung. Sie will wahres Wissen und gute Haltung. Es gibt kein Wissen, dem das Ich wertneutral gegenübersteht, weil Lernen und Erkennen, das Haben von Wissen an den psychischen Vollzug gebunden ist. Es gibt keine Haltung, keine wertende Einstellung, die nicht auf Wissen und Gewußtes bezogen wäre. Der Anspruch der Bildung wird verletzt, wenn die pädagogische Absicht auf bloßes Wissen reduziert wird; der Anspruch der Bildung wird ebenso mißachtet, wenn ihre Absicht sich auf Haltung allein bzw. heute auf emotionales Erleben reduziert. Wissen ohne Haltung mißachtet den Anspruch der Verantwortung. Haltung ohne Wissen verfällt der Hilflosigkeit und Ohnmacht.

Emotionalität, gefühlsmäßige Betroffenheit beantwortet nicht die Frage der Haltung, ist weder Ersatz für Begründung, noch der Verantwortung entzogen. Wer Gefühle als Begründung ansieht, verfängt sich in irrationalem Getriebensein, mißachtet sowohl den Anspruch des Wahren wie des Guten.

Wenn Bildung in einer nicht aufhebbaren Weise an das Sollen gebunden ist, dann ist sie unverzichtbar auf Moralität verwiesen. Moralität definiert nach *Kant* jenes Handeln des Menschen, das nicht nur pflichtgemäß, sondern aus Pflicht vollzogen wird. Aus Pflicht handeln heißt, in Ansehung des ethischen Anspruches und seiner Verbindlichkeit handeln.[16] Moralität kennzeichnet demnach jene Haltung, die sich das Handeln aus Pflicht zur ständigen Leitidee gemacht hat. Bildung und Moralität gehören so zusammen, wie Bildung und Erziehung. Von moralischer Erziehung zu sprechen, scheint eine Tautologie, weil alle Erziehung selbst Führung zur Moralität ist.

– Der korrelative Zusammenhang von Bildung und Moralität sorgt dafür, daß jene nicht zur beliebigen Selbstverwirklichung entartet, daß sie nicht im orientierungslosen Relativismus verkommt, daß sie nicht rücksichtslos dem Willen zur Macht verfällt.
– Die Bindung an Moralität macht es, daß Bildung sich nicht mit dem Anhäufen sog. Wissens zufriedengeben kann, daß

---

[16] Vgl. Helmut *Heim*: Pädagogik ohne Ethik. Zur Möglichkeit und Konzeption einer nichtethischen Begründung von Erziehung und Bildung. In: Vierteljahrsschrift für wissenschaftliche Pädagogik, 65. Jg., 1989, S. 328–337.

Bildung sich auch nicht an bestimmte Wissensinhalte, sog. Humaniora bindet.
Bildung stellt die Forderung der Verbindlichkeit gegenüber und angesichts aller Wissensinhalte. Josef *Ratzinger* hat darauf hingewiesen, daß moderne Wissenschaft die Quantität der Erkenntnisgegenstände voraussetzt. „Damit ist die Welt berechenbar und so auch technisch verwertbar geworden", und es besteht Gefahr, „auch im Menschen Moral durch Technik zu ersetzen".[17]
– Wenn Bildung an Moralität verwiesen bleibt, dann muß die Verbindlichkeit ihren Grund im Inneren des Menschen haben und als Stimme des eigenen Selbst vernommen werden. Wo normative Ansprüche lediglich verordnet und vorgeschrieben werden, wo ihr verpflichtender Charakter nicht in eigener Einsicht vernommen wird, da wird Bildung zur Fremdbestimmung und an eine vorgegebene Moral gebunden. Moralität reduziert sich auf Legalität. Die Einhaltung äußerer Normen kann man erzwingen, Verbindlichkeit als Selbstverpflichtung im Sinne von Moralität ist nur in Freiheit möglich.
Wenn Bildung und Moralität in korrelativer Verbundenheit zu sehen sind, dann muß vom Gewissen als dem apriorischen Bewußtsein für Moralität die Rede sein. In ihm bringt sich inhaltlich bestimmtes Sollen für hier und jetzt als verpflichtend zur Geltung. Das Ich selbst weiß, und jeder weiß um das Recht dieses Anspruches. Man kann ihm nicht ausweichen; man kann ihn verdrängen, sich ihm verweigern, – schlimmstenfalls – durch „Vernünfteln" umbiegen, indem man sich selbst belügt; grundsätzlich begleitet das Gewissen alle psychischen Akte.
Der Gewissensanspruch ist so universal wie der Anspruch von Bildung und Moralität. Keine Stimmung, keine Intuition und Emotion, kein Erkennen und keine spontane Handlung fallen aus dieser Bindung heraus, sofern sie nicht den Charakter des Psychischen, d. h. von Freiheit und Bewußtsein verlieren wollen.

---

[17] Vgl. Josef *Ratzinger*: Der Streit um die Moral. In: IBW-JOURNAL, H. 10. 1985, S. 3–11.

Dieser universale Anspruch des Sollens bedeutet nicht die Regulierung und Kanalisierung von Spontaneität; nicht die Unterdrückung der Lebensfülle, nicht die Verneinung von Freude und Glück, sondern stiftet die Dignität des Psychischen.

Eine erste Zusammenfassung kann folgendes festhalten: Ohne einen fundierten Begriff der Bildung verfällt die Pädagogik der Beliebigkeit möglicher Ziele und Zwecke. Sie gerät in den Sog gesellschaftlicher Bedürfnisse, in die Abhängigkeit partieller Interessen, verfällt dem unkritischen Zeitgeist. Bildung ist auf Moralität verwiesen. Moralität macht die auch für Bildung maßgebende apriorische Bindung deutlich, macht deutlich, daß Bildung Gewissensbildung ist, daß ohne Erziehung von Bildung überhaupt nicht die Rede sein kann.

Es ist Aufgabe dieses Referates, das Problem Bildung und Moralität im Zusammenhang von Erziehung und Unterricht, von „moralischer" Erziehung und Fachunterricht zu erörtern. Das wirft für das pädagogische Handeln in der Schule zumindest zwei Fragen in aller Radikalität auf:

1. Wie ist Erziehung zu Moralität überhaupt möglich, wenn im Gedanken der Bildung Selbstbestimmung gefordert ist?
2. Wie ist moralische Erziehung als Gewissensbildung, als Führung zur Haltung möglich, wenn Unterricht doch gerade nicht auf das Ich, sondern auf die Sache und deren objektive Bestimmung gerichtet ist?

– Die Radikalität der ersten Frage wird deutlich im Bedenken dessen, daß weder Bildung noch Moralität von außen bewirkt werden können. Moralität bedeutet nicht Befolgung einer von außen vorgegebenen Moral, bedeutet nicht nur pflichtgemäß, sondern aus Pflicht zu handeln. D. h. das Motiv meines Handelns muß die Pflicht selbst sein. Moralität ist das Verbindlichmachen der eigenen Einsicht, ist nur im Akt der Selbstbestimmung möglich.

Die Beantwortung der damit gestellten Frage muß angesichts des vorgegebenen Themas über die Differenzierung von pädagogischer Führung in Unterricht und Erziehung gesucht werden.

Wie ist pädagogisches Handeln als Unterrichten und Erziehen möglich, das dem eigenen Sinn nicht widerspricht? Wie ist eine Erziehung möglich, die nicht zur Fremdbestimmung wird? Wie ist Unterricht möglich, der nicht der Überredung verfällt? Wie ist schließlich ein pädagogisches Handeln möglich, das den Fachunterricht mit Erziehung verbindet?

Dabei geht es nicht um irgendeinen Führungsstil, sondern um ein Prinzip pädagogischen Handelns, wie immer es konkret heißen mag. Pädagogische Führung muß entschieden sein, ohne zu zwingen; sie soll Falsches und Unrechtes beim Namen nennen, ohne zu bevormunden; sie soll werten und urteilen, ohne zu verletzen oder zu verurteilen. Sie soll fordern, ohne zu herrschen, sie muß das Sollen zur Geltung bringen, ohne „normativ" zu sein.

Wenn es der Erziehung um Moralität, d. h. um Selbstbestimmung in Ansehung von Pflicht geht, dann muß aus dem ihr gewidmeten Handeln alles ausgeschieden werden, was der Freiheit des Subjekts widerspricht: Sanktionen und Privilegien, instrumentell verstandene Beeinflussungsstrategien können keine erzieherische Valenz beanspruchen. Mit dem Einsatz von Sanktionen oder Privilegien appelliert man an die unfreimachende Unterwerfung unter das Kalkül des größten Lustgewinns. Das mag zu klug abwägendem Verhalten führen, zur berechnenden Wahrnehmung des eigenen Vorteils, vermag die Absicht der Erziehung aber wohl kaum zu fördern.

Die Absicht aller Erziehung ist auf das Ich als Grundsatzsubjekt[18] gerichtet. Das besagt folgendes: Die Maxime, die zum Motiv des eigenen Handelns werden soll, muß sich vor dem Richterstuhl der eigenen praktischen Vernunft rechtfertigen können.

Erziehung bedeutet deshalb Führung des Erkennens zum Wissen des Guten; sie bedeutet Führung zum Vollzug von dessen Verbindlichkeit.

Schon *Platon* hat in seinen Dialogen dargelegt, daß man mit schulmäßigen Worten nicht sagen kann, was das Gute sei. Wenn überhaupt, dann gilt hier das sokratische Prinzip, wonach Lernen Wiedererinnerung ist. Erziehung hat immer wie-

---

[18] Vgl. *Alfred Petzelt*: Grundlegung der Erziehung. Freiburg 1961. S. 185 f.

der an den im Menschen, in jedem Menschen, unabhängig von Alter und Klasse, von Rasse, Nation und Geschlecht vorauszusetzenden Richterstuhl für Gut und Böse zu erinnern.

In der klassischen Tradition spricht man vom Logos der Psyche. Dieser Logos ist Voraussetzung aller Erziehung und seine Entfaltung deren Absicht. An ihn richtet sich pädagogische Führung, unter seinem Prinzip hat sie sich als dialogisch zu definieren. Dialogische Erziehung appelliert an praktische Vernunft im Zögling. Sie schreibt nicht Normen vor, sondern hilft, sich ihrer Normativität zu vergewissern; sie schreibt nicht eine Moral vor, sondern fordert zur Moralität auf, d. h. zur Selbstbestimmung in Ansehung des im Gewissen vernommenen Aufrufs.

Sie nötigt den jungen Menschen, sich dem Gewissensanspruch zu stellen, ihn nicht zu verdrängen oder durch Vernünfteln den eigenen Meinungen gefügig zu machen. Dialogische Erziehung ist weder Affirmation an ein vergangenes, noch an ein gegenwärtiges oder zukünftiges Normensystem. Sie ist Aufruf an den Menschen, im Anspruch seines Gewissens, das Gute zu erkennen und verbindlich zu machen.

Erziehung als Hilfe zur Bildung in Selbstbestimmung ist Gewissensbildung. Das kann nun nicht mehr dahingehend mißverstanden werden, als ob es gelte, das Gewissen zu bilden oder gar zu formen.[19] In dialogischer Führung wird nicht das Gewissen erzogen, sondern der Mensch. Er soll lernen, dessen Anspruch zu vernehmen, ihn ohne Angst unter allen Umständen verbindlich zu machen, auch da, wo es unbequem ist und als unangenehm empfunden wird.

Wie in der Erziehung stellt sich auch für den Unterricht die Frage nach der Möglichkeit von pädagogischer Führung. M. a. W.: Wie muß der Unterricht sich begreifen, damit er dem Prin-

---

[19] Vgl. Immanuel *Kant*: Religion innerhalb der Grenzen der menschlichen Vernunft, B 287/1270: „Es ist hier nicht die Frage, wie das Gewissen geleitet werden soll (Denn es braucht keinen Leiter; es ist genug, eines zu haben), sondern wie dieses selbst zum Leitfaden in den bedenklichsten Entschließungen dienen könne. – Das Gewissen ist ein Bewußtsein, das für sich selbst Pflicht ist."

zip der Selbstbestimmung gerecht wird und die Absicht auf Bildung nicht widerruft? Ohne Selbstbestimmung verliert das Wissen seinen Charakter als Wissen, weil Abhängigkeit die geforderte leitende Beziehung auf Wahrheit stört.

Nur vor dem Richterstuhl seiner eigenen Vernunft kann der Wissende die Wahrheit seines Wissens fassen. Deshalb gilt es auch hier, jene Fehlformen des Lehrens und Unterrichts zurückzuweisen, die dem Lernenden die Freiheit des Prüfens, der Kritik, d. h., die selbständige Argumentation vorenthalten oder behindern. Lehren ist nicht das Weiterreichen von Informationen; Lernen darf nicht als das unkritische Speichern von sog. Wissensdaten verstanden werden. Es geht um Einsicht, um selbständiges Einsehen, um je eigenes Fürwahrhalten. Das ist keine individualistische Beliebigkeit. Die strenge Bindung an Geltung bleibt maßgebend. Sie gilt für jeden, für Lehrer und Schüler. Deshalb ist auch das Lehren dialogisch; es ist an Argumentation gebunden, es vollzieht sich in gegenseitiger Auseinandersetzung um der einen, allen gemeinsamen Wahrheit willen.

Die Forderung nach dialogischer Führung gilt für jeden Unterricht, für jedes Fach, wobei die methodische Differenzierung nicht übersehen werden darf. Dialogisches Lehren stiftet die Beziehung auf ‚moralische' Erziehung. Der Nachweis dieser Beziehung scheint zunächst schwierig. Denn im Unterricht geht es um Sachlichkeit, geht es darum, den Gegenstand ohne Verunklärung durch subjektive Interessen in seinem Sosein zur Geltung zu bringen.

Pädagogisch gemeintes Lehren und Unterrichten, das gleichzeitig seinen Beitrag zur „moralischen" Erziehung leisten will, muß sich aus einem im gegenwärtigen Wissenschaftsverständnis enthaltenen Mißverständnis lösen. Seit *Bacons* Tagen gilt vielfach der Satz: „Wissen ist Macht." *Descartes* gab diesem Wissenschaftsinteresse sein methodisches Instrumentarium: im Versuch einer allgemeinen Mathematisierung alles berechenbar zu machen. Das entspricht dem Interesse an Verfügbarkeit. Aus diesem Interesse erwächst die Gefahr, daß das Für-wahr-Halten von Wissen verzerrt wird, daß der Wille zur Macht den Willen zur Wahrheit verdrängt, daß alles Wissen schon vorgängig auf seine

Brauchbarkeit hin gewertet ist. Das Verfallensein an einen unkritischen und universalen Pragmatismus scheint die Frage nach der Rechtmäßigkeit jener Wertung überflüssig zu machen. Diese vorurteilshafte Wertung verschließt den Weg zur Eröffnung auf die Frage nach der Moralität[20] und damit den Weg zur Bildung; Wissenschaft als Pforte zur Weisheitslehre[21] bleibt verschlossen.

Wenn das Lehren und Unterrichten die ihm zukommende Absicht auf Erziehung nicht verleugnen will, dann muß am gegenständlichen Erkennen die Frage des Wertens freigehalten werden, dann muß das Lernen an den je eigenen Vollzug des Erkennens gebunden bleiben. Von neuem erweist das dialogische Prinzip seine Bedeutung. Das in ihm zu achtende Prinzip der gegenseitigen Unabhängigkeit sichert den allein maßgebenden Anspruch der Argumente, folgt dem Willen zur Wahrheit, bindet das Wissen an den je eigenen Vollzug des Für-wahr-Haltens.

Im gegenseitigen Argumentieren, in der dialogischen Auseinandersetzung zeigen Lehrer und Schüler die Art ihrer wertenden Stellungnahme; wie sie versuchen, die Reinheit der Argumente zu achten, sich der Stringenz der Gedanken zu beugen, wie sie bereit sind, Vorurteile zu verabschieden, dem Denken methodische Diszipliniertheit abzuverlangen, subjektive Interessen zurückzuhalten.

Dialogisches Unterrichten ist keine bequeme Ausflucht vor den Anstrengungen pädagogischer Führung, sie erspart dem Lehrer nicht die Vorbereitung. Sie verlangt vom Lehrer, daß er das zu vermittelnde Wissen in seinem Argumentationsgang überschaut. Sie verlangt vom Lehrer, Argumente nicht durch die Berufung auf eigene Autorität zu ersetzen. Sie verlangt vom Lehrer, seine Argumente ad personam, d. h. bezogen auf die Individuallage des Schülers zu fassen, ohne ihren sachlichen

---

[20] Vgl. Josef Kardinal *Ratzinger*: „Die Berechnung, die ihrerseits dem Quantitativen zugeordnet ist, ist die Methode des Unfreien. Sie funktioniert, weil wir es mit dem Berechenbaren, dem Gesetzmäßigen und Notwendigen zu tun haben. Wenn die Moral der Bereich der Freiheit ist und ihre Normen Gesetze der Freiheit sind, dann muß diese Methode uns hier im Stich lassen, dann muß sie ratlos machen vor dem, was das eigentlich Menschliche ist" (a.a.O., S. 4).
[21] Vgl. *Kant*: Kritik an der praktischen Vernunft, A 292, Beschluß.

Anspruch zu verletzen. Sie verlangt vom Lehrer methodische Diszipliniertheit.

In der gesamten Art seines Lehrens ist gefordert, daß er sich seiner Beispielhaftigkeit im Dienst der Geltung bewußt ist; daß er beispielhaft wertend mit dem Wissen umgeht, daß darin deutlich wird, wie jedes vereinzelte Wissen sich seiner Grenze bewußt wird und auf das Ganze des Wißbaren, d. h. der Wahrheit verweist.

Das alles ist nicht im Sinne einer didaktischen Technik zu handhaben, sondern macht einen Anspruch an die Lehrerhaltung deutlich. Das dialogische Unterrichten und Erziehen erfüllt sich nicht im Anwenden von Strategien, sondern im Verbindlichmachen seiner Prinzipien.

In dialogischer Führung ist der vermeintliche Gegensatz von Fachunterricht und „moralischer" Erziehung zu überwinden. Wissen soll gelten ohne subjektive Beimengungen. Gerade das kennzeichnet einen moralischen Anspruch. Nicht, was ich wünsche, was ich vorteilhaft meine, was ich fühle oder erhoffe, erfüllt schon den Anspruch auf Geltung. Geltung muß sich argumentativ rechtfertigen ohne Ansehen von Neigungen und Interessen.

Alles Wissen verweist auf Nichtwissen; ohne Wissen um das Nichtwissen ist kein Wissensfortschritt möglich. Das sich im Fragen artikulierende Wissenwollen muß im Akt der Selbstbetrachtung die Grenze des eigenen Wissens auszumachen versuchen. Ohne das Wissen um diese Grenze verliert das Fragen seinen Sinn, seine Bestimmtheit und die Beziehung auf eine mögliche Antwort gleichzeitig. Die im Unterricht geforderte Selbstbetrachtung schließt immer die Frage nach der eigenen Haltung ein. Sie fordert dazu auf, sich über sein Wissen nicht zu täuschen, nicht im skeptischen Zweifel oder koketter Ignoranz das eigene Wissen zu leugnen, aber auch nicht aus Eitelkeit oder aus Sorge um das eigene Prestige Wissen bloß vorzutäuschen. Die im Unterricht geforderte Selbstbetrachtung nötigt auch dazu, sich über Motive im Wissenwollen Gedanken zu machen, d. h. nach ihrer Rechtfertigung zu fragen.

In der Selbstbetrachtung ist die Frage nach dem Wissen des Wissens gestellt. Sie ist für das Lernen in den Einzelwissenschaften ebenso notwendig wie die gegenstandsgebundene Argumentation. Sie ergibt sich in jedem Unterricht, sofern dieser sich nicht in behavioristischer oder technologischer Manier auf das Sammeln von Daten, auf das Merken von Kenntnissen reduziert. Im Wissen des Wissens stellt sich die Forderung des Wertens, weil das Ich seine Relation zum Wissen setzt. Im Überschauen des Wissens weiß das Ich um dessen Endlichkeit und sieht sich auf eine unendliche Wahrheit verwiesen. Dieser Zusammenhang definiert das Mühen um richtiges Wissen, die Anstrengung redlichen Denkens als Dienst an der Wahrheit und gibt jenem seine moralische Dignität.[22]

Moralität stellt an alles Wissen die Forderung des Mitwissens in der Frage nach dem Guten. Das Gewissen selbst schreibt dem Denken diese Anstrengung des Mitwissens vor, nicht der Faulheit des Vorurteils zu verfallen, nicht der Bequemlichkeit des Nachplapperns, nicht der Feigheit des Opportunismus zu erliegen, sondern sich dem hier und jetzt moralisch geforderten in redlicher Anstrengung, d. h. in Selbstkritik, im Aufarbeiten von Vorurteilen und Borniertheiten und opportunistischer Befangenheit zu stellen.

Im Mitwissen des Wissens meldet sich der Anspruch der Moralität in seiner Konkretheit, in seiner Beziehung auf die jeweiligen empirischen Gegebenheiten und Bedingungen. Über sie wird im einzelwissenschaftlichen Unterricht gesprochen. Deshalb ist moralisches Handeln auf Fachwissen angewiesen, damit der junge Mensch lernt, sein konkretes Handeln zu verantworten, das Werten nicht der Irrationalität zu überlassen.

Abschließend gilt es zusammenfassend die Ergebnisse auf ihren anthropologischen Grundgehalt zu beziehen. Von Bildung in ihrem korrelativen Verwiesensein auf Moralität als dem Inbegriff aller pädagogischen Absichten kann man nur sprechen,

---

[22] Vgl. Johann Michael *Sailer*: „Zwei Blicke scheiden den Menschen von dem Thiere: der Blick in sich hinein, und der Blick zum Alleinguten hinauf. Hat jener Wahrheit, und dieser Einfalt, und beide Ein Leben: so ist der höchste Menschenadel errungen." in: Funken. Zum Andenken an die Herbsttage 1806. Ges. Werke, Bd. XL, S. 497. Zitiert nach Aloysius *Regenbrecht*: Johann Michael *Sailers* „Idee der Erziehung". Freiburg 1961, S. 64.

wenn man Geltungsbindung des Menschen als seine Bildsamkeit und diese als immerwährende Aufgabe zur Verwirklichung des Menschentums anerkennt.

Bildung ist nur möglich, wenn der Mensch in seinem Personsein durch ein transzendentales Apriori bestimmt ist und nicht in der Geschichtlichkeit und nicht im kulturellen Relativismus untergeht. Ob man dieses Apriori Gewissen oder Logosbindung nennt, ob man von der Natur des Menschen, vom Sinn des Personseins spricht, das mag sprachlicher Variation anheimgegeben bleiben. Festzuhalten ist, daß nur unter jener Voraussetzung pädagogische Führung zur Selbstbestimmung im Sinne von Bildung und Moralität möglich ist. Festzuhalten bleibt, daß nur unter jener Voraussetzung dialogische Führung möglich ist. Pädagogische Führung als interpersonaler Dialog findet die Erfüllung ihrer Absicht im intrapersonalen Dialog, unter dem alle Bildung als Selbstbestimmung möglich ist. Intrapersonaler Dialog ist geistiges Leben, Bewegung der Vernunft, ihre Entfaltung und gleichzeitige Disziplinierung.

Der universale Anspruch von Bildung und Moralität macht es, daß sie an und mit jeder Ausbildung gefordert sind. Die Zeitlosigkeit des Anspruches sichert die Identität des Subjekts, ohne Veränderung und Geschichtlichkeit zu verneinen. Die Radikalität der im Begriff der Bildung enthaltenen Moralität begründet jene Emanzipation, die als Befreiung von allen zeithaften, egoistischen und partiellen Borniertheiten gefordert ist. Bildung und Moralität gelten universal, ohne die Menschen gleichzuschalten. Sie lassen Platz für die unendlich vielen Möglichkeiten konkreten Menschentums, ohne die Orientierung zu verweigern.

Bildung als Selbstbestimmung steht unter dem Gesetz des Sollens; das Sollen der Moralität folgt dem Gewissen und entartet nicht zum Terror vorgegebener und bevormundender Normen.

Erziehung unter diesem Anspruch ist weder affirmativ noch adversativ, sondern dialogisch in der Frage nach der Normativität möglicher Normen, sie unterwirft den Menschen nicht einer vorgegebenen Moral, sondern läßt ihn frei werden in der Haltung der Moralität.

4.4 Bildung durch Unterricht. Verschleiernde Utopie und problematische Notwendigkeit

Im fünften seiner Briefe über die ästhetische Erziehung des Menschen beklagt *Schiller*: „Die Aufklärung des Verstandes, deren sich die verfeinerten Stände nicht ganz mit Unrecht rühmen, zeigt im Ganzen so wenig einen veredelnden Einfluß auf die Gesinnungen, daß sie vielmehr die Verderbnis durch Maximen befestigt." Schon im zweiten Buch hatte er den Grund dafür angeführt: „Jetzt aber herrscht das Bedürfnis und beugt die gesunkene Menschlichkeit unter sein Joch. Der Nutzen ist das große Idol der Zeit, dem alle Kräfte frönen und alle Talente huldigen sollen." Das Ergebnis ist, um noch einmal SCHILLER aus dem sechsten Brief zu zitieren: „Der tote Buchstabe vertritt den lebendigen Verstand, und ein geübtes Gedächtnis leitet sicherer als Genie und Empfindung."

Die hier angestimmte Klage läßt sich ohne große Einschränkung auf unser Problem übertragen. Kann der Unterricht in seiner Spezialisierung, in seiner „lerntheoretischen" Verkümmerung, in seiner kommunikationstheoretischen Verengung überhaupt noch eine Beziehung auf Bildung gewinnen, hat, um mit *Schiller* zu sprechen „der abstrakte Denker" nicht „oft ein kaltes Herz, weil es die Eindrücke zergliedert, die doch nur als Ganzes die Seele rühren?"

Es ist nicht zu übersehen, daß gegenwärtige Schulpädagogik, insbesondere die Didaktik, von ähnlichen Zweifeln und Sorgen geplagt ist. Kann der Unterricht, kann die Vermittlung von Wissen in unseren Schulen überhaupt noch etwas zur Bildung beitragen? Zwar bleibt es wohl richtig, daß Bildung mit Aufklärung verbunden bleibt, daß es um das Herbeiführen von Urteils- und Entscheidungsfähigkeit, um methodisch-diszipliniertes Denken geht. Aber reicht das alles für jene Bildung, der in gleicher Weise an Haltung gelegen sein muß (vgl. *Petzelt* 55)?

Die Beantwortung dieser Fragen sieht sich durch ein antinomisches Verständnis von Wissen und Rationalität besonders erschwert. Einerseits werden besonnene Denker auf die Notwendigkeit des Fortschritts von Wissenschaft und Forschung verweisen. Nur aus ihm können die großen Probleme der Bekämpfung des Hungers, der Seuchen und der wirtschaftlichen und politischen Entwicklung vorangetrieben werden. Andererseits mehren sich die Stimmen, die im wissenschaftlichen Fortschritt, in der zunehmenden Verfügungsmöglichkeit des Menschen über Natur und Mitmenschen, die Quelle allen Übels sehen; es verbreitet sich die Stimmung eines neuen Irrationalismus, für den verschiedene Gründe angeführt werden. Das Vertrauen in die Vernunft ist weitgehend geschwunden. Sie hat zwar dem Menschen ungeahnte Möglichkeiten erschlossen, sie hat aber nicht die Vernunft der Verantwortung in gleichem Maße gefördert, so daß der Mensch der Gegenwart vor der ungebändigten, seiner durch Wissenschaft geschaffenen Machtfülle steht und sich nun von dieser Macht selbst bedroht sieht. Man denke an die Möglichkeiten der Energiegewinnung aus dem Atom, an die Veränderung der Welt durch Genmanipulation und schließlich an die Anwendung von Sozialtechniken zur Manipulation des Menschen selbst. Rationalität und Wissenschaft werden als Fluch empfunden, die den Menschen bzw. die Menschheit ins Verderben bringen können.

Überhaupt habe die Aufklärung mit Vernunft nicht jene Befreiung der Gesellschaft bzw. des Menschen gebracht, die von ihr versprochen wurde. Die Postmoderne spricht vom ‚Ende der großen Erzählungen'. Gegenüber den umfassenden Vernunftprogrammen ist Skepsis geboten. Weder hätten die Menschen sich von falschen Autoritäten noch von bevormundenden irrationalen Normen befreit. Denn alle Vernunftergebnisse seien relativ, jederzeit überholbar und kaum geeignet, Gewißheit für die Orientierung zum Handeln anzubieten. Mit Unterricht und Wissensvermittlung sei das nicht zu leisten, ihnen fehle aufgrund ihrer Beliebigkeit die wirkliche Motivationskraft.

Wenn man aber das Programm gesellschaftlicher Veränderung und Emanzipation nicht aufgeben wolle, dann müsse man seine Verwirklichung auf dem Wege emotionaler Erregung mit Betroffenheit und geeigneten psychischen Strategien versuchen.

Aber selbst, wo Schule nicht als Instrument für gesellschaftliche Veränderung gewollt wird, sieht man vielfach im bloßen Unterricht keine Möglichkeit, zu einer wirklichen Menschenbildung vorzustoßen. Unterricht muß vereinzeln; aber der an den Schulen notwendige Fachunterricht in Korrespondenz zu der zunehmenden Spezialisierung gewinnt keinen Einfluß auf Charakter Persönlichkeit.

Schließlich hat auch die feministische Pädagogik Kritik an der Verkopfung der Pädagogik geübt. Sie beklagt die Macht „phallokratischer" Rationalität mit ihrem imperialistischen Machtanspruch.

Diese Andeutungen mögen genügen, um die Unsicherheit mit dem unter dem Prinzip von Rationalität stehenden Unterricht, mit dem Verhältnis von Unterricht, Erziehung und Bildung zu verdeutlichen. Schulpädagogik und Didaktik haben sich auf den Weg gemacht, um diesen Gefahren zu begegnen, um die Kälte der Rationalität durch die Wärme des Gefühls zu ersetzen oder wenigstens zu ergänzen. Die im Unterricht verloren geglaubte soziale Beziehung soll durch eine neue Bestimmung schulischer Aufgaben zurückgewonnen werden. Soziales Lernen ist eine Forderung, mit der der Unterricht zu ergänzen ist oder besser: die als neues Prinzip das Schulleben bestimmen soll. Ganzheitlichkeit des Unterrichts ist jene Forderung, mit der die Vereinzelung im Gegenständlichen überwunden werden soll, um die Personen in ihrer Existenz zu treffen. Man spricht von Interdisziplinarität, um die engen Grenzen der Spezialisierung zu überwinden. Gefordert wird Lebensnähe, vor allem im Sinne von Praxisbezug. Dafür bietet sich der Projektunterricht an. Er wird verstanden als Verfahren, das die Spezialisierung überwindet, weil es um eine lebenspraktische Aufgabe geht, das die Abstraktheit zugunsten der Anwendung auf eine konkrete Lebensaufgabe zu durchbrechen gestattet.

Das alles klingt plausibel. Dennoch wird eine genauere Analyse dieser Vorschläge einige schwerwiegende Bedenken geltend machen und zu dem Versuch ermuntern, den Bildungsgedanken aus dem des Unterrichts und Lernens selbst zu entwickeln.

Der Unterricht, so der neue curriculare Vorschlag, soll durch soziales Lernen ergänzt werden. Mitmenschlichkeit und Rücksichtnahme, Toleranz, demokratisches Verhalten sind in der Schule gesondert zu üben. Die damit gemeinten Forderungen wird wohl niemand verneinen. Ist aber soziales Lernen etwas, was zum Unterricht hinzukommt, so daß eben neben Deutsch und Geschichte und Physik auch das Soziale gelernt werden soll? Die Frage wird gestellt werden müssen, ob das Soziale ein Lerngegenstand ist, so wie Physik und Mathematik. Das kann doch offensichtlich nicht gemeint sein, denn mit dem Sozialen geht es nicht um ein Wissen, sondern um Einstellung, Gesinnung, Haltung. Wer hier von Lernen spricht, läuft Gefahr, im Verwechseln von Unterricht und Erziehung der Schule einen Gesinnungsunterricht zu verordnen, wie er vor allem von Diktatoren gefordert wird.

Man wird einwenden, es gehe nicht um gegenständliches Lernen, sondern um das Einüben von Verhaltensweisen. Soziales Verhalten müsse in der Schule trainiert werden. Ohne eine differenzierte Argumentation anzubieten, kann wohl gezeigt werden, daß ein soziales Verhaltenstraining kaum pädagogischen Ansprüchen genügen kann. Jedenfalls fordert es nicht jene Bildung, deren Anspruch gegenüber der Kälte von Rationalität, der Spezialisierung des Wissens, verteidigt werden soll.

Diese Kritik bedeutet keine Absage an die Relation von Unterricht und Bildung, wenn diese vor allem dem Vollzug des Sozialen verpflichtet ist. Recht verstanden ist das Soziale selbst in allem Wissen, in allem Unterricht enthalten. Man muß nur das Wissen der Beliebigkeit entreißen, nur das Lernen nicht mit dem Sammeln von Daten bzw. – moderner gesprochen – dem Speichern von Informationen verwechseln. Wenn das im Lernen erworbene Wissen an das eigene Für-Wahr-Halten gebunden ist, dann kann an ihm und nur aus ihm eine pädagogisch legitimierte Beziehung zur Bildung in ihrer Relationalität zum Sozialen entwickelt werden.

Bildung ist „ganzheitlich". Wenn der Unterricht bildenden Charakter haben soll, dann muß auch er sich an diesem Prinzip orientieren. Ganzheitlicher Unterricht ist gefragt. Auch hier schafft die begriffliche Unklarheit Schwierigkeiten in der kritischen Auseinandersetzung. Zunächst ist „Ganzheitlichkeit" als Gegenpol zur zunehmenden Spezialisierung wissenschaftlicher Forschung gedacht, zu einer Zersplitterung, die als Folge spezialisierter Analysen für den Lernenden keinen Anlaß zur „ganzheitlichen" Bildung bietet. Jeder Unterricht aber bleibt unverzichtbar an methodisch diszipliniertes Denken gebunden. Der in ihm zu fordernde Geltungsanspruch für das zu erwerbende Wissen bleibt an die methodisch-disziplinierte Argumentation gebunden. Für Naturwissenschaften gilt das Prinzip des Erklärens im kausalen Geschehen; für Geschichte das des Verstehens in verantworteten Vollzügen. Die Mathematik ist gebunden an formale Gesetzmäßigkeiten im Zahlensystem. Wo diese methodische Disziplin des Denkens nicht gelernt wird, wo sie zugunsten vermeintlicher Intuition und „ganzheitlicher Kreativität" diskriminiert wird, da arbeitet der Unterricht nicht für Bildung, sondern für verschwommenes Meinen, für Unklarheit im Denken, er verspielt die Möglichkeit der Entwicklung von Kritik und Urteilsfähigkeit.

Im Zusammenhang mit ganzheitlichem Denken wird häufig der Begriff der Interdisziplinarität eingeführt. Wenn mit ihm die Notwendigkeit der Zusammenarbeit verschiedener Disziplinen zur Beantwortung eines konkreten Problemzusammenhangs gemeinst ist, verweist er auf den Sachverhalt, daß sich eine „Methode" des Fragens immer auch im Zusammenhang mit anderen definieren kann. Auch dieses sollte der Schüler im Unterricht lernen, und der Lehrer sollte diesen Anspruch pädagogisch gemeinten Lernens nicht vernachlässigen. Bedenklich werden unterrichtliche Verfahren, die versuchen, das Interdisziplinäre zu einer eigenen Disziplin bzw. zu einer neuen Methode des Lehrens selbst zu machen. Da wird nicht gelernt, weil nicht argumentiert werden kann. Die Absicht auf Bildung wird vertan, weil das Denken nicht mehr an disziplinierendes Denken gebunden ist, sondern an stimmungsmäßige Beliebigkeit. Auch kann das „Ganze" nicht zum Gegenstand des Lernens gemacht werden. Es steht dem Denken nicht zur Verfügung. Wohl aber kann alle Einzelheit, alle „Alteritas" zum Anlaß genommen werden, auf das „Ganze", die letzte Einheit, zu verweisen.

Lebensnähe gilt als ein besonderes Motiv, mit dem die Beziehung auf Bildung hergestellt oder erhalten bleiben soll. Wenn ich recht sehe, soll damit einerseits die Schule an sich lebendiger gemacht werden und die Verbindlichkeit des Lernens für die Lebenspraxis besonders betont werden. Die begriffliche Unschärfe läßt viele Deutungen zu. Was kann mit „Leben", was kann mit „Nähe" gemeint sein? „Leben", das ist offensichtlich die Summe bzw. das „Insgesamt" dessen, was sich um uns herum abspielt: Sitten und Gebräuche, Konventions- und Verhaltensformen in Arbeit, Freizeit und sozialem Beisammensein mit den jeweils geltenden Normen. „Nähe", das drückt, wenn man einmal von dem räumlichen Verständnis absieht, Zustimmung, Anerkennung und weitgehende Integration aus.

Gerade das verkennt aber den Anspruch von Bildung, wenn diese an selbständiges Urteil, verantwortete Entscheidungsfähigkeit gebunden ist. Bildung verlangt jene Distanz, die aus der vordergründigen Interessensverflochtenheit frei macht, deren Urteil und Einstellung nicht durch Befangenheit determiniert ist. Nicht umsonst leitet sich Schule aus Muße und Besonnenheit, dem griechischen „scholé" ab.

Das gilt es auch zu bedenken, wenn abschließend der sog. Projektunterricht unter dem Gesichtspunkt seiner vermeintlich bildungserzeugenden Funktion analysiert werden soll. Auch hier kann die Analyse nur verkürzt und unter der oben genannten Absicht erfolgen. Projektunterricht soll das Lernen bzw. das Gelernte in seiner Funktion für das Herstellen von „Etwas" deutlich machen. Die praktischen Zwecke bestimmen das Interesse des Lernens. Sie sollen gleichzeitig den Bedürfnissen des Schülers (wenn auch unter geheimer Leitung durch den Lehrer) entsprechen, um deren motivierende Kraft für das Lernen zu nutzen. Gleichzeitig kann die Vormachtstellung des

Theoretischen gebrochen werden. Der Schüler, so erwartet man, ist mit Kopf, Herz und Hand bei der Sache, und ganzheitliche Bildung würde auch hier angeregt.

Eine genauere Analyse allerdings zeigt andere, diesem Modell immanente Tendenzen, die einem definierten Bildungsbegriff widersprechen. Projektunterricht sieht das Wissen und Lernen als Mittel unter dem Diktat von vorgegebenen Zwecken. In den Vordergrund tritt nicht das Wissen in seiner Geltungsbindung, sondern in seiner Verwertbarkeit, – eben für ein Projekt. Das Wissen und Können eines Menschen dient als Mittel, er selbst und seine Qualifikation werden instrumentalisiert. So ist es z. B. im Projektunterricht nicht erforderlich, die Gesetzmäßigkeit einer mathematischen Formel erkannt zu haben; wichtig ist ihre richtige Anwendung. Die Frage nach der Wahrheit wird zugunsten der Frage nach dem Nutzen zurückgestellt. Damit verfällt der Projektunterricht dem Reduktionismus von Ausbildung. Der Mensch selbst wird zum Mittel; gerade dadurch wird sein Personsein unterboten. Aber nur als Zweck seiner selbst kann jene Bildung für den Menschen relevant werden, wie sie in den Kategorien von Selbstbestimmung, von Entscheidungs- und Verantwortungsfähigkeit, von Persönlichkeit mit Menschenwürde gemeint ist.

So bleibt also die Frage nach dem Auftrag von Bildung durch und mit dem Unterricht virulent. Denn, um noch einmal *Schiller*, wiederum aus dem sechsten Brief, zu zitieren: „Kann aber wohl der Mensch dazu bestimmt sein, über irgendeinen Zweck sich selbst zu versäumen? Sollte uns die Natur durch ihre Zwecke eine Vollkommenheit rauben können, welche uns die Vernunft durch die ihrigen vorschreibt? Es muß also falsch sein, daß die Ausbildung der einzelnen Kräfte das Opfer ihrer Totalität notwendig macht; oder wenn auch das Gesetz der Natur noch so sehr dahinstrebe, so muß es bei uns stehen, diese Totalität in unserer Natur, welche die Kunst zerstört hat, durch eine höhere Kunst wiederherzustellen."

Ohne auf *Schiller* mit den vielfältigen Aspekten einzugehen, bleibt die Frage, wie Menschenbildung durch Unterricht unter den Bedingungen moderner Wissenschaft, Spezialisierung und Ausbildung möglich bleibt. Wie kann und muß der Unterricht mit dem pädagogischen Anspruch von Bildung verknüpft werden? Über die Notwendigkeit dieser Verknüpfung sollten keine Zweifel bestehen. Sie ergeben sich gerade aus der Not, die ihre Möglichkeit als so schwierig erscheinen läßt. Man denke an zunehmende Verantwortung angesichts der wachsenden Verfügungsmächtigkeit, an die immer deutlicher werdende Unsicherheit im Setzen und Begründen von Zwecken im gesellschaftlichen Pluralismus, im Schwinden religiöser Gewißheiten, in der zunehmenden Zersplitterung von Einheit im Wissen und offensichtlich verlorengegangener Verbindlichkeit.

Durch die Einführung modernistischer didaktischer Elemente, die sich nicht aus dem pädagogisch definierten Verständnis von Unterricht entwickeln lassen, wird das nicht zu leisten sein. Jene Modernismen pervertieren den Unterricht und gleichzeitig seine Möglichkeiten für Menschenbildung. Zur Lösung des Problems scheint es nur einen Weg zu geben: Er muß seinen Ausgang von einem Unterrichtsverständnis nehmen, das sich gegenüber dem Lernen als Weg zum Wissen, zur Erkenntnis und nicht zum Sammeln von bloßen Daten und Kenntnissen verpflichtet weiß.

Lernen ist dann gebunden an das Bemühen um eigenes Wissen. Wissen ist gebunden an den nicht delegierbaren Akt des „Für-Wahr-Haltens". Das Für-Wahr-Halten ist seinerseits gebunden an die jeweils mögliche Prüfung des Geltungsanspruches des zu Lernenden durch die eigene Vernunft. Diese Prüfung kann anstrengend und mühsam sein. Wo sie ausbleibt, bzw. nicht ernst genommen wird, kommt es allenfalls zu Scheinwissen. Damit sind wir unmittelbar auf die Probleme von Erziehung und Bildung gestoßen. Lernen als Weg zum Wissen bedeutet Disziplinierung des Denkens. Dies ist die Forderung nach redlicher Argumentation. Die Frage der Redlichkeit ist eine Frage der Haltung. Sie fordert, nichts als sein Wissen zu behaupten, das man nicht selbst vor dem Richterstuhl der eigenen Vernunft geprüft hat. Wer nur behauptet, ist leichtsinnig. Wenn das bewußt geschieht, wird man von Unehrlichkeit sprechen müssen. Redlichkeit des Denkens, Redens und Behauptens ist also eine Frage des Lernens und der Bildung gleichzeitig.

Der Weg zum Wissen, d. h. die Begründung von Geltungsansprüchen, geht über diszipliniertes Argumentieren; diszipliniert heißt einmal, nur jene Argumente gelten zu lassen, die der zu verhandelnden Sache entsprechen. Das ist in der Geschichte anders als in der Mathematik, in der Physik anders als bei den Sprachen. Diszipliniertes Argumentieren verlangt den möglichen Abbau von Vorurteilen, verlangt, Gefühle nicht als Argumente anzuführen (vgl. *Heitger* 94), verlangt Askese und das Absehen von subjektiven Voreingenommenheiten, verlangt vor allem, die Argumente nicht vom eigenen Vorteil abhängig zu machen.

Dieser Unterricht braucht zu seiner Ergänzung nicht irgendwelche Formen des sozialen Lernens. Die Beziehung auf den anderen ist ihm immanent, denn das Argument enthält immer auch die Beziehung auf den Anderen. Nur das kann nämlich als Argument angesehen werden, dem jeder Andere müßte zustimmen können, nicht aus Gründen von Sympathie oder vorgeblicher Kompetenz, sondern wegen des allgemeinen Anspruchs von Geltung. Wer redlich argumentiert, der anerkennt seine verbindliche Beziehung auf den anderen, auf jeden anderen, unabhängig von Rasse und Nation, von Stand und Geschlecht, auf jeden anderen, sofern er Mensch ist und das Denken ihm zugedacht werden muß.

Die Beziehung auf den anderen ergibt sich aus der Verpflichtung zum Argument, aus der Bindung an Geltung, die für jeden Menschen vorausgesetzt sein muß, die demnach in jedem Akt des Lehrens und Lernens neu gesetzt werden muß. Sie definiert demnach auch das Soziale im Lehrer-Schüler-Verhältnis. Achtung vor dem Schüler gebietet dem Lehrer zu argumentieren, wenn es darum geht, den Schüler zum Erkennen zu führen, ihn nicht mit Techniken für das Sammeln von Kenntnissen abzuspeisen. Gleichzeitig ist es Ausdruck dieser Achtung, ihn nicht aus falscher Nachsicht oder scheinbar demokratischer Partnerschaft in seinen Vorurteilen und Irrtümern zu belassen oder gar seinen „Bedürfnissen" gemäß zu bestätigen. Das ist gleichweit entfernt von Zwang und Gesinnungsdruck, aber auch von bloßem Gewährenlassen. Autorität ist kein Ersatz für Argumente, wohl aber Bedingung und Verpflichtung, ihnen ihr Recht zu verschaffen.

So ist das soziale Band zwischen Lehrenden und Lernenden durch Unabhängigkeit voneinander einerseits, durch Verwiesenheit aufeinander andererseits bestimmt. Damit wird das Soziale in der Schule und im Unterricht exemplarisch für Menschlichkeit überhaupt. Die Sorge um und für den anderen ist durch das dialogische Prinzip definiert. Dialog als Prinzip der Mitmenschlichkeit achtet den anderen als Zweck seiner selbst, widersteht allen Versuchen und Versuchungen, ihn für eigene Interessen zu instrumentalisieren. Im Dialogischen als einem Moment guten Unterrichts geht die Individualität nicht verloren, ohne sich in beliebige Selbstverwirklichung zu pervertieren. Dialogischer Umgang miteinander schließt jene Selbstbestimmung ein, in der das Individuum sich findet, ohne die Beziehung auf das Du zu verlieren.

Wenn von der Beziehung des Unterrichts auf Bildung gesprochen wird, bzw. wenn diese Relation für mögliche Schulpraxis bestimmt werden soll, dann ist auch die zu gewinnende Ganzheit der Person mitgefordert. Diese Ganzheit darf hier nicht im Sinne ideologisch-romantischer Verschwommenheit mißverstanden werden. Ganzheit der Person ist nicht als Folge von interdiszipliniertem schwärmerischen Denken, als Verzicht auf Disziplinierung im Unterricht, zu verstehen. Disziplinierte Argumentation ist unverzichtbar, wenn der Anspruch von Geltung, die Absicht auf Wissen nicht verlorengehen soll. Aber gerade die methodische Disziplinierung zeigt die unverzichtbare Beziehung auf das System möglicher methodischer Differenzierung. In der strengen Beachtung der Gesetzmäßigkeit des Denkens werden Grenzen deutlich, die das definierte, d. h. nicht willkürliche Überschreiten notwendig machen. So erfährt sich das Ich nicht als Funktion in der Festlegung auf eine Fragestellung, sondern als Korrelat möglicher Fragestellungen bzw. methodischer Zugänge. Methodische Disziplinierung auch im Sinne von Spezialisierung ist deshalb kein grundsätzliches Hindernis für die Einheit der Bildung. Allerdings muß man sich von der romantischen Vorstellung lösen, das tatsächliche Wissen in seiner Gesamtheit und als wohlgeordneten objektiven Kosmos überschauen zu können.

Schließlich ist auf eine Voraussetzung hinzuweisen, die die bisherigen systematischen Überlegungen begleitet hat, hier aber ausdrücklich zu benennen ist. Wenn vom Wissen die Rede ist, vom Unterricht, der Wissen vermitteln soll, wenn jedes Wissen an die Frage von Geltung gebunden ist, wenn also Wissen wahr sein soll, dann kann die Voraussetzung von „Wahrheit" nicht mehr bestritten werden. Dabei kann die Frage nicht auf die Wahrheit der Wahrheit gehen. Sie wird nicht mehr von Menschen gesetzt, sondern ist in Gewißheit vorausgesetzt. Einzelwahrheitsansprüche können bewiesen, widerlegt, relativiert, überholt werden; aber nicht die vorauszusetzende ‚eine' Wahrheit, die weder im Plural noch in geschichtlicher Relativität existieren kann. Vielmehr dient ihr jedes Argument, auch jede Widerlegung, auch jeder Zweifel. Angesichts dieser Voraussetzung im Unterricht gewinnt sie ihre verbindliche Dimension für Bildung.

Der Wahrheit des Wissens korrespondiert die Forderung nach Wahrhaftigkeit des Ich. Das ist kein Mechanismus, keine kausale Folge des Unterrichts, sondern eine aus ihm selbst entspringende Forderung. Dann ist Argumentieren Dienst an der Wahrheit, die Sorge um Redlichkeit im Wissen wird zur Sorge für Wahrhaftigkeit, das Erfahren der Grenzen des eigenen Wissens wird zum Tor der Weisheit, weil in der Grenze von Wissen und Nichtwissen sich die Gewißheit von der Wahrheit ankündigt.

Die vorgetragenen Gedanken zum Thema von Unterricht und Bildung bieten keine neue Didaktik, keine neue Theorie des Unterrichts, sie wollen vielmehr an vergessene Zusammenhänge erinnern. Auch die Herausforderungen der Gegenwart können, so sollte zu zeigen versucht werden, durch die Verknüpfung mit unserer klassischen Tradition aufgenommen werden (vgl. *Pöppel* 56).

Literatur
Marian *Heitger* (Hg.): Schule der Gefühle. Innsbruck 1994.
Alfred *Petzelt*: Wissen und Haltung. Eine Untersuchung zum Begriff der Bildung. Freiburg 1955.
K.G. *Pöppel*: Die Docta Ignorantia des Nicolaus Cusanus als Bildungsprinzip. Eine pädagogische Untersuchung über den Begriff des Wissens und Nichtwissens. Freiburg 1956.

4.5 Lehren und Erziehen als Beruf. Zur Dialektik des Lehrerseins

Wer über Lehren und Erziehen als Beruf nachdenkt, ist mit der Problematik der Professionalisierung des Pädagogischen konfrontiert. Professionalisierung des Lehrerseins setzt voraus, daß man dessen Qualifikation einigermaßen beschreiben kann, daß sie in einem geplanten Curriculum vermittelt werden kann, daß ihr Vorhandensein in einer Prüfung gefragt und schließlich auch bestätigt werden kann und der Bewerber zum Schuldienst zugelassen wird.

Nach diesem Schema werden zumeist die bekannten Einrichtungen der Lehrerbildung bzw. -ausbildung betrieben. Überlegungen zur jeweils besten Lehrerbildung werden immer wieder angestellt, und die Professionalisierung pädagogischer Tätigkeiten bis hin zur unmittelbaren Familienerziehung wird vorangetrieben. Das bestätigt einmal die These, daß der Pädagogik zunehmend größere Berechtigung zuerkannt wird; das ist andererseits ein Zeichen dafür, daß die Unsicherheit über Absicht und Wege der Erziehung und des Unterrichts immer größer wird, daß man glaubt, die dort erforderliche Tätigkeit nicht dem einfachen Laien übertragen zu können. Unterricht und Erziehung sind wichtige, aber auch komplizierte Tätigkeiten geworden, zu deren Wahrnehmung Professionalität erforderlich ist. Für den damit verbundenen Optimismus ist Herbart ein euphorischer Zeuge, wenn er schreibt: „Der heutige Unterricht, besonders auf den Gymnasien, hat eine Fülle und einen Glanz, ‚den unsere Jugendzeit nicht kannte ... Ohne Zweifel empfinden auch die heutigen Lehrer, wie sehr sie geschätzt werden, und so kann sich Lust und Liebe zum Werk weiter und länger erhalten als ehemals ... Gewiß ein großer Vorteil gegen die frühere Zeit, die natürlich den schlechter gestellten und weit minder geachteten Lehrer auch viel früher abnützte, während sie ihn dennoch fortdauernd nutzen wollte, wenn er zu nichts anderem zu gebrauchen war."[1]

Diese optimistische Sicht ist, zumindest was unsere Zeit betrifft, bald zerstört. Die Pädagogik steht in einer eigenartigen Dialektik.

Auf der einen Seite wird ihre Bedeutung lauthals unterstrichen; Politiker und Wirtschaftler, Journalisten und Funktionäre aller Art lassen kaum einen Anlaß aus, um nicht die wirtschaftliche, politische und manchmal auch humanistisch begründete Notwendigkeit von Bildung und Ausbildung zu betonen; und die Pädagogen selbst haben alle Anstrengungen gemacht und vielfach auch versprochen, daß sie die in Schule und Ausbildung gesetzten Erwartungen weitgehend erfüllen könnten; und das sowohl in bezug auf anspruchsvolle und dringend gewünschte berufliche bzw. technische Qualifikation als auch im Sinne von allgemeiner Qualifikation und zunehmender Humanität in bezug auf die Herausforderungen der Gegenwart: Man erinnere an multikulturelle Erziehung, an Integration, an demokratische Bildung und Toleranz, an Umweltverantwortlichkeit; an alles, was der Zeitgeist an „Werten" fordert.

Das Bedauerliche ist nur, daß diese Erwartungen kaum eingetroffen sind, daß die Zusagen nicht so erfüllt wurden, wie das ursprünglich, wenn auch nur indirekt versprochen war.

Die Stellung des Lehrers, ohnehin schon immer mit einer merkwürdigen Attitüde versehen[2], ist noch mehr ins Zwielicht geraten. Die Dialektik des Lehrerseins läßt ihn hin und her pendeln zwischen gesellschaftlicher Reputation und öffentlicher Mißachtung, wobei letztere, dem allgemeinen Hang der Menschen zur Miesologie folgend, die Überhand gewinnt, während

---

[1] Das Bild des Lehrers und der Schule bei Herbart: vgl. Briefe über die Anwendung der Psychologie auf die Pädagogik. 1832, hg. v. Karl Richter, Leipzig 1884, S. 191 ff.
[2] Vgl. Theodor W. Adorno: Tabus über den Lehrberuf, In: Ders., Erziehung zur Mündigkeit, ⁴1975.

4.5 Lehren und Erziehen als Beruf. Zur Dialektik des Lehrerseins

das erstere abstrakt, allgemein und für Sonntagsreden geeignet ist.

So flüchten sich Lehrer in Selbstironie, schon vor mehr als zehn Jahren schreibt ein Lehrer in kritischer Distanz zum eigenen Beruf, das Selbstbild des Lehrers parodierend, folgendes: „Wenn Lehrer anfangen, über sich selbst zu sprechen, tut der Zuhörer gut, sich auf die Stilform der Klage einzustellen. Man sieht zumeist eine Schar düsterer Heiliger und Patrone heraufziehen, beschworene Brüder im Leid gewissermaßen – Hiob, der hadernde, Jeremia eifernd in der Anklage; Sisyphos zumal scheint das Wesen erzieherischer Tätigkeit vollkommen zu verkörpern. Und wenn der Eindruck unerhörter Anstrengung, der Hauch von Vergeblichkeit mit dem von ein wenig Lächerlichkeit verbindet (...), so eignet sich wohl für den Magister auf der Jagd nach Idealen die Figur des Don Quichotte als Modell wie kein anderes."[3]

Um dieser das Lehrerbild zwiespältig machenden Dialektik von Ansehen und Mißachtung zu entkommen, haben besonders gewerkschaftliche Kräfte es unternommen, ein neues Lehrerbild zu entwerfen und der Öffentlichkeit vorzustellen.

Es ist hier nicht die Aufgabe, dessen Aussagen zu diskutieren. Vielmehr gilt es den Hintergrund zu sehen. Diskriminierung und Unsicherheit in der öffentlichen Diskussion scheinen die Beantwortung der Frage nach dem Lehrer und seinem „Berufsbild" immer wieder notwendig zu machen. So fragt auch der Verfasser eines Artikels in der Wiener Lehrerzeitung: „Wer sind wir, wir LehrerInnen, über die so viele Vorurteile kolportiert werden?"; und gleichzeitig wird die vorurteilsbehaftete, unterschwellig lehrerfeindliche Berichterstattung beklagt.[4]

Zur Entschärfung der radikalen Dialektik von Professionalisierung und Unsicherheit des Lehrerbildes wird man zumindest darauf hinweisen können, daß Unsicherheit nicht nur für

---

[3] Jürgen Gideon: Lehrer – Anmerkungen zu einem unmöglichen Beruf. In: Becker H. / Hertig H. V. (Hg.), Der Lehrer und seine Bildung. Frankfurt-Berlin-Wien 1984. S. 63.

[4] Michael Lemberger: Unterricht als Beruf. In: Wiener Lehrer. Heft 3, 1996.

den Lehrer gilt, sondern viele Berufe betrifft. Es wandelt sich das Berufsbild des Arztes, des Ingenieurs und schließlich auch des Priesters. Was also kann Besonderes daran sein, daß Lehrer sich immer wieder genötigt sehen, über ihren Beruf nachzudenken.

Offensichtlich ändert sich die Welt, was immer man darunter verstehen mag; die Technik, die sozialen Verhaltensweisen, die Freizeit, die Formen der Kommunikation u. v. a. m. Das alles muß auch als Herausforderung an die Pädagogik und an den Lehrer begriffen werden, sie betrifft die Inhalte der Vermittlung ebenso wie die Formen der Vermittlung, also Unterricht und Erziehung.

Die uns bewegende Frage trifft ins Grundsätzliche: sie meint nicht so sehr das eine oder andere Unbehagen, das jemand mit seinem Berufe bzw. die Öffentlichkeit mit der pädagogischen Praxis haben kann, sondern ob und wie die Pädagogizität dieses Berufes heute zu fassen ist.

Damit ist eine systematische Frage aufgeworfen, die sich nicht mehr mit der Beschreibung bzw. Darstellung von Befindlichkeiten beantworten läßt, sondern die grundsätzliche Frage nach der Pädagogizität des Lehrerseins stellt. Sie zu stellen heißt, sich in eine radikale Fragwürdigkeit und Unsicherheit vorzuwagen. Dieser Hinweis ist an sich nichts Neues. Es ist bekannt, daß über die Art, wie Pädagogik als Wissenschaft bzw. dann auch als Praxis betrieben wird, weder unter den Fachkollegen noch in der interessierten Öffentlichkeit eine eindeutige und allgemein verbindliche Aussage zu machen ist. Das gilt sowohl für die Frage nach möglichen Zielen und Absichten pädagogischen Handelns als auch für die Bestimmung von deren Vermittlung.

Für die Behandlung unseres Themas in systematischer Absicht genügt es zunächst, zwei Unterscheidungen in bezug auf die wissenschaftstheoretische Diskussion zu treffen. In der sogenannten traditionellen Pädagogik, als sie noch nicht Erziehungswissenschaft hieß, war die Frage nach Absichten und Zielen ausdrücklich in die wissenschaftliche Reflexion eingeschlossen, auch wenn diese an theologische Glaubenssätze oder herrschende Weltanschauung gebunden schien. Das Nachden-

4.5 Lehren und Erziehen als Beruf. Zur Dialektik des Lehrerseins

ken über sie war Teil der Wissenschaft selbst, allerdings zumeist eingeschränkt im Bewußtsein von Gewißheiten, wie sie aus religiösem Glauben sich ergeben kann.

Die moderne Erziehungswissenschaft hat sich unter dem Druck eines zeitgemäßen Verständnisses von Wissenschaft mit der Erwartung der Verfügbarkeit über die Wirklichkeit, der Handhabung und Steuerung von Praxis, unter dem Druck des Motives der Verwertbarkeit bzw. der Effektivität im wesentlichen auf die Forschung der instrumentellen Möglichkeiten konzentriert. Sie fragte und fragt nach Mitteln und Wegen, wie gegebene und damit vorgegebene Ziele am sichersten, zeitsparendsten und ressourcenfreundlich erreicht werden könnten.

Diese methodischen und formalen Festlegungen haben Rückwirkungen auf das Verständnis von Schule und Lehrer. Dabei kann folgendes mit guten Gründen angenommen werden:

Wenn die Frage nach Zielen und Zwecken bzw. die nach dem Ziel und dem Zweck der Pädagogik aus dem Anspruch wissenschaftlicher Reflexion und möglicher Begründung entlassen ist, wenn sie der Kritik wissenschaftlichen Bedenkens entzogen ist, dann muß das die Begehrlichkeit gesellschaftlicher und politischer Kräfte wecken, ihre Ziele und Zwecke zu formulieren, die nun ihren Anspruch ohne Legitimationszwang durchzusetzen vermögen. Der Verzicht auf den Versuch einer systematischen Begründung, d. h. einer Begründung durch nachvollziehbare Argumente, macht Pädagogik zu einem Instrument willkürlicher Macht, weil sie selbst ohnmächtig geworden ist.

Tatsächlich muß der Verzicht auf wissenschaftliche Begründung eine andere Form von Legitimation auf den Plan rufen. Als Ersatz für wissenschaftliche Begründung fungiert die Macht. Sie wird maßgebend, braucht keine Gründe, legitimiert sich durch ihre Existenz.

In bezug auf pädagogische Zwecksetzungen kann sie in vielfacher Form auftreten: als Repräsentation und Forderung des Zeitgeistes, als Ergebnis demokratischer Mehrheitsmeinung, als Anspruch von ökonomischer Notwendigkeit, als Versprechen und Zusage von Lust und Vorteil, als Erwartung des Angenehmen u. v. a. m.

In jedem Fall ist die Macht Repräsentant ihrer selbst, Ursache und Grund für pädagogische Zielsetzungen, Aufträge und Erwartungen; sie ist nicht mehr auf Argumentation und Begründung angewiesen. Macht ist „rücksichtslos", d. h. sie setzt ohne Rücksicht auf kritische Argumentation ihr Wollen in der Schule und beim Lehrer durch; die Frage nach Begründung von Zwecken und Zielen ist unwichtig, wird auch als nicht unmöglich angesehen, macht gegen Kritik immun; Macht legitimiert sich durch Mächtigkeit. Lehrer und Schule werden und sind gegenüber solchen Machtansprüchen hilflos, weil Rationalität und kritisches Denken ohnmächtig sind. Der Lehrer sieht sich in die Rolle eines Vollstreckungsbeamten gedrängt, dessen Pflicht in der möglichst vollkommenen Erfüllung der ihm aufgetragenen Ziele zu bestehen scheint, und weitere Fragen unnötig und unerwünscht macht.

Unterstützt wird die Begehrlichkeit der Macht bzw. die Ermächtigung bloßen Wollens der Mächtigen durch die in der modernen Erziehungswissenschaft entwickelten und wissenschaftlich scheinbar abgesicherten Aussagen über Techniken für den zu erwartenden Erfolg. Denn die Effektivität bzw. der Nutzen sind, einem Zug der Zeit folgend, selbst zum entscheidenden wissenschaftlichen Zweck erhoben worden.[5] Die Kraft der Vernunft ist auf die Verwirklichung des vorgegebenen Zweckes umgewertet, auf jene instrumentalisierte Vernunft, deren einzige Absicht es ist, die Effektivität der Mittel für gegebene Zwecke zu steigern.

Die moderne Erziehungswissenschaft selbst tut alles, um diesen Trend zu bestätigen und die Erwartungshaltung zu forcieren. Mit immer neuen Modellen, Entwürfen, didaktischen Konstruktionen erweckt sie den Eindruck einer unerschöpflichen kreativen Phantasie instrumenteller Vernunft, die sich allerdings zumeist in seichten und schnell wieder verschwindenden Schlagworten erschöpft. Ihr Erscheinungsbild – das der

---

[5] Vgl. als frühen Warner für die Entwicklung: Friedrich Schiller: Über die ästhetische Erziehung des Menschen. Stuttgart 1965, S. 63: „Der Nutzen ist das große Idol der Zeit, dem alle Kräfte frönen und alle Talente huldigen sollen."

modernen Erziehungswissenschaft – schwankt zwischen hochgestellten Erwartungen und resignierenden Eingeständnissen, daß Welt und Gesellschaft sich nicht so schnell in gewünschter Weise verändern lassen. Sie selbst gibt Anlaß genug, einmal als Hoffnungsträger, ein andermal als Sündenbock für das Mißlingen der an sie gerichteten Erwartungen zu erscheinen.

In dieser Dialektik ist die Pädagogik verurteilt, ein klägliches Bild abzugeben. Die öffentlichen Klagen über das Versagen von Schule, von Unterricht und Erziehung wollen nicht verstummen, und tatsächlich haben wir mit mangelndem Wissen, zunehmender Gewaltbereitschaft, mit Drogensucht, der Anfälligkeit für rechts- oder linksextremes Gedankengut zu tun; wir beklagen mangelnde Urteilsfähigkeit, Denkfähigkeit und Ausdrucksfähigkeit, mangelnde Solidarität und zunehmenden Egoismus und schließlich auch den zunehmenden Irrationalismus, das Mißtrauen in Verstand und Vernunft, die Absage an Dialog und argumentative Auseinandersetzung. Wir lamentieren über Leistungsverweigerung, befürchten die Gefährdung von Demokratie, von Mitmenschlichkeit und Rücksichtnahme. Die Aufzählung der Mängel ließe sich fast endlos erweitern.

Gegenüber diesem Klagen und Lamentieren kann man den Einwand vorbringen, daß es schon immer ein vielleicht schlechter Brauch gewesen sei, Schule und Bildung der Jugend zu kritisieren. Das mag wohl sein; denn kaum ist eine Situation vorstellbar, in der die Erwartungen und Hoffnungen an die Pädagogik und Bildung deckungsgleich mit ihrer Wirklichkeit sind. Es gehört geradezu zu den Bedingungen von Pädagogik, daß die von ihr angestrebte Vervollkommnung des Menschen nie erreicht wurde und nie erreicht werden wird.[6]

Allerdings darf das nicht darüber hinwegtäuschen, daß Hoffnung und Vorwurf in ihrer Gegensätzlichkeit sich kaum jemals so deutlich artikuliert haben wie heute, und es wäre höchst be-

---

[6] Vgl. den Begriff des Sollens bei Kant. In: Kant: Grundlegung zur Metaphysik der Sitten. In: Kant, I., Werke, Darmstadt 1968, Bd. 6, S. 7 ff. Vgl. auch Alfred Petzelt: Tatsache und Prinzip, hg. v. Ruhloff, J., Frankfurt a. M./Bern 1982.

denklich, wenn man sich mit der Konstatierung dieses Sachverhaltes abfinden würde, sich in seine zwangsläufige Unabänderlichkeit einfügt.

Eine Pädagogik, die sich nicht besinnungslos einem unreflektierten Schicksal unterwirft, muß sich die Frage nach Recht und Grenze ihrer eigenen Instrumentalisierung stellen.

Der Verzicht auf grundsätzliches Fragen verbietet sich schon deshalb, weil der Lehrer zwischen Hoffnungsträger und Sündenbock in eine ausweglose Lage gerät, dessen Widersprüchlichkeit ihn radikal verunsichert, in seiner Praxis lähmt.

Da sind auf der einen Seite die vielfältigen Erwartungen, mit denen sein Amt und sein Tun von der Gesellschaft beladen ist, da ist auf der anderen Seite eine fast unerträgliche Liebedienerei, die den jungen Menschen ein Lernen ohne Anstrengung, Hilfe gegen autoritäre Lehrer, gegen Leistungsdruck und Ungerechtigkeit verspricht.

Dieses Doppelspiel ist Ausdruck jener Strategie, mit der Politik sich gegenüber Kritik immunisiert; einmal indem sie Aufgaben delegiert, zum anderen indem sie sich dem Bürger als Wohltäter empfiehlt, indem sie Aufgaben delegiert, zum anderen indem sie sich dem Bürger als Wohltäter empfiehlt, indem sie Aufgaben stellt, deren getreue Durchführung sie gleichzeitig kritisiert.

Das bringt den Lehrer noch einmal in eine ausweglose Lage. Wenn er die ihm zugedachten Erwartungen nicht erfüllt, gilt er als unfähig, vielleicht sogar als pflichtvergessen; er ist jedenfalls schuldig an dem unbefriedigenden Zustand. Wenn er die Erwartungen aber erfüllt, dann zieht er sich den Vorwurf zu, das Leben des jungen Menschen zu belasten, harte Forderungen aufzustellen, Autorität geltend zu machen und das lustbetonte Lernen des jungen Menschenkindes zu stören. Vielfach muß er sich dann noch bei der vorgesetzten Schulbehörde rechtfertigen; er gerät in den Zwiespalt, Hoffnungsträger sein zu sollen und Sündenbock sein zu müssen.

Die erste und auch naheliegende Frage in bezug auf unser Thema läßt sich radikal so formulieren, ob nicht quasi automatisch mit dem Auftreten von Pädagogik, mit deren Institutionalisierung in Schulen Hoffnungen bzw. Erwartungen geweckt

4.5 LEHREN UND ERZIEHEN ALS BERUF. ZUR DIALEKTIK DES LEHRERSEINS

werden bzw. berechtigt sind und wie – bei einer Bejahung dieses Zusammenhanges, dieser sich denn pädagogisch begründen lasse. Man möge diese Frage nicht als theoretisches Konstrukt abtun; es könnte ja sein, daß die Erfolgserwartungen völlig unangebracht sind, daß die Vorwürfe über das Versagen von Schule und Lehrer unangebracht sind, weil man keine über funktionsertüchtigende Qualifikationen hinausgehende Forderungen an den Lehrer stellen dürfte; etwa politische Bildung, Solidarität, Sensibilität, Grundsatztreue u. ä. m.

Die nächste Frage schließt an diese unmittelbar an; ob es denn angebracht oder berechtigt sei, die Schule oder gar den Lehrer als Instrument für gegebene Zwecke anzusehen mit der Maßgabe, daß dann auch seine Tauglichkeit gemessen werden kann, daß sein Tun oder gar er selbst evaluiert werden kann – wie man Kontrolle heute nennt.

Zu beiden Fragen ist jenes kritische Potential einzubringen, das ein Bedenken nicht außer acht lassen darf, nämlich dies, wie weit in möglichen Antworten darauf nicht schon wieder unbedachte Zielvorgaben mitbehauptet sind, z. B. ob die Behauptung, der Pädagogik seien Ziele immanent, nicht schon selbst eine undurchschaute normative Festlegung enthält, m. a. W. ob nicht eine Anthropologie vorausgesetzt wird, die zu wissen glaubt, was es denn mit dem Menschen auf sich habe, und in diesem Wissen versucht, ihn nach dem vorgegebenen Bilde zu formen.

Gegen derartige Vorannahmen stellen sich schwerwiegende Bedenken ein. Sie seien nur kurz erwähnt: Wie steht es mit dem Prinzip der Freiheit, mit dem der Selbstbestimmung? Wird nicht jede pädagogische Praxis zur Herrschaftsausübung, die als aktives Eingreifen jenen pädagogischen Voraussetzungen nicht gerecht werden, die unter dem Prinzip der Selbstbestimmung stehen?

Die verschiedenen pädagogischen Begriffe ließen sich hier anführen: Autorität und Anspruch, Auftrag und Benotung, Hinweis und Beurteilung: Alles scheint dem Verdikt zu verfallen, der Selbstbestimmung zu widersprechen. Die Gegenwart hat diese Fragen – wenn auch weitgehend populistisch – so doch deutlich artikuliert: Kann man von Selbstbestimmung reden und gleichzeitig von Zielen der Pädagogik bzw. von konkreten Aufgaben und Erwartungen an den Lehrer, muß nicht jede Hoffnung auf Erfüllung dieser Erwartungen enttäuscht werden, bzw. noch radikaler gefragt, ist nicht jede dieser Enttäuschungen ein Zeichen dafür, daß Pädagogik auf dem richtigen Wege ist?

Das alles klingt verwirrend und widersprüchlich; in jedem Falle aber zerstört es das übliche Schema, unter dem das Handeln sich heute durchgängig zu definieren scheint, daß man zunächst ein Ziel zu bestimmen hat, dann die entsprechenden Mittel zu überlegen und allenfalls auszuprobieren hat.

Dies Handeln definiert sich im Gedanken der Nützlichkeit und Brauchbarkeit. Es findet darin sein Regulativ und stellt auch den Menschen unter jene Bestimmung; d. h. es instrumentalisiert den Menschen, macht ihn zum Mittel. Mit Kant und seinem kategorischen Imperativ ist das nicht vereinbar. D. h. ein Handeln, das sich ausschließlich der „Brauchbarmachung" des Menschen verschreibt, arbeitet gegen seine möglich Moralität, wenn es richtig ist, daß Moralität immer nur als Form von Selbstbestimmung möglich ist. Ein radikaler Widerspruch scheint auf dem Hintergrund von Professionalisierung der Pädagogik deutlich zu werden. Einerseits verweisen Freiheit und Selbstbestimmung auf Erziehung, definieren ihre Notwendigkeit; andererseits zeigen sie ihre Unmöglichkeit, weil jeder lenkende Eingriff sich zu seiner Absicht in Widerspruch setzt. Für die Pädagogik ist dieses Handlungskonzept allerdings untauglich.

Die Überlegung gerät in eine fast ausweglose Situation. Einerseits kann pädagogisches Handeln vor allem in seiner Professionalität nicht ohne Telos verstanden werden, andererseits bringt jedes bestimmte und bestimmende Telos sie in Gefahr, zur Menschenformung, zur Beherrschung und Festlegung auf ein bestimmtes Bild umfunktioniert zu werden.

Aus diesem Dilemma kann nur ein Denkansatz herausführen, der den Gedanken der Selbstbestimmung selbst zum bestimmenden Regulativ pädagogischen Handelns als einer spezifischen Praxis macht und nach einem Handeln fragt, das diesem Telos gerecht wird. Die Forderung nach Selbstbestimmung ist keine normative Setzung für pädagogisches Handeln. Vielmehr ist zu zeigen, daß nur unter ihrer Voraussetzung eine Pädagogik entfaltet werden kann, die nicht in Dressur abgleitet; aber auch nicht in reines Laisser-faire umkippt.

Zum Verständnis dieser pädagogischen Praxis sind einige Anmerkungen zu machen, die gleichzeitig das Denken auf den Begriff der Bildsamkeit verweisen. Vorweg ist das Mißverständnis zurückzuweisen, daß Selbstbestimmung willkürliche oder gar rücksichtslose Selbstverwirklichung sei. Die These läßt sich auch so fassen; daß Freiheit nicht nur ein gegebenes, sondern gleichzeitig auch aufgegebenes ist, nicht nur Geschenk, sondern auch Aufgabe.

Gerade weil Selbstbestimmung als Aufgabe verstanden werden muß, hat sie pädagogische Relevanz; d. h. sie entwickelt sich nicht quasi von selbst, sondern ist an der Vollzug durch den Menschen selbst gebunden. So kann auch den Vollzug von Selbstbestimmung nicht an den anderen delegiert werden, ohne sich selbst zu widersprechen; Selbstbestimmung kann auch von niemandem in fürsorglichem Bemühen übernommen werden. Jeder Versuch ihrer Mißachtung verfällt der Tendenz zur Herrschaft, zur Bevormundung, schließlich zur Manipulation und Gesinnungsdiktatur, vor deren schleichender Macht auch eine Demokratie und unsere Gegenwart nicht gefeit ist.

Die erste Konsequenz für die Frage nach der Möglichkeit von pädagogischer Praxis kann festgehalten werden: Selbstbestimmung ist Ziel und Regulativ für pädagogisches Handeln gleichzeitig, d. h. unter ihrem Anspruch gehören Ziel und Mittel zusammen. Ihre Trennung pervertiert den pädagogischen Auftrag. Um das im Beispiel anzudeuten: Pädagogisches Lehren und Lernen unter dem Prinzip der Selbstbestimmung, d. h. in pädagogischer Absicht, ist an die Ermöglichung und Förderung je eigenen Erkennens gebunden. Das Vermitteln von Wissen ist auf ein Lernen verwiesen, das sich als der Geltung von Lehr- und Lerninhalten vor dem Richterstuhl der eigenen Vernunft auszuweisen hat.

In bezug auf Erziehung gilt die gleiche Voraussetzung. Sie ist nicht als Strategie zur Erzeugung bzw. Festigung vorgeschriebener Verhaltensweisen zu verstehen, sondern als Führung zu selbstverantwortlichem Handeln aus eigener Einsicht in das Gesollte.

Diese Andeutungen mögen zunächst genügen, um zu zeigen, daß Weg und Ziel in der Pädagogik nicht auseinanderfallen dürfen. Damit ist auch die Vorstellung widerlegt, die glaubt, dem Lehrer ein Ziel vorgeben zu können und ihn für die Schule und pädagogische Professionen als Instrument begreifen zu dürfen. Diese Aussage gilt grundsätzlich, unabhängig von den jeweils inhaltlichen Bestimmungen und den jeweils zugedachten Aufgaben.

Wenn Selbstbestimmung als Absicht pädagogischen Handelns gleichzeitig auch immer den Weg meint, dann ist sie Prinzip und kann nicht zum Fall werden. Prinzip und Fall können nicht koinzidieren. Das wäre das Ende der Geschichte, die „vorweggenommene" Endgültigkeit der menschlichen Vollkommenheit. Um Mißverständnisse zu vermeiden, ist dies näher zu erklären. Vollendete Selbstbestimmung ist dem Menschen in seiner geschichtlichen Daseinsweise nicht möglich. Durch seine empirische Existenz findet er Bedingungen vor, über die er nicht verfügen kann. Weder über den Zeitpunkt noch über die gesellschaftlichen Umstände seiner Geburt, weder über sein Geschlecht noch über seine biologischen Gegebenheiten hat er verfügt, und kein Akt seines Handelns steht in absoluter Freiheit.

Deshalb wird zuweilen auch in der Pädagogik von der Autonomie des Subjektes als einer Illusion[8] gesprochen. Das scheint berechtigt, wenn damit unabänderliche Gegebenheiten unserer Existenz gemeint sind. Das gilt auch für den Fall, wenn man nur die empirischen Daten nimmt: z. B. die Feststellung, daß viele sich dem Zeitgeist ausliefern, daß Opportunisten vorherrschen. Das alles läßt sich nicht bestreiten. Die Phänomene lassen sich aber auch nicht als Argument gegen das Prinzip der Selbstbestimmung anführen. Sie bleibt vielmehr Aufgabe des

---

[7] Vgl. Marian Heitger: Moralität und Bildung. In: Moralische Erziehung im Fachunterricht: Hg. von Regenbrecht, A./Pöppel, K. G., Münster 1990, S. 12 ff.
[8] Vgl. Käte Meyer-Drawe: Illusionen von Autonomie. Kirchheim 1990.

4.5 Lehren und Erziehen als Beruf. Zur Dialektik des Lehrerseins

Menschen, sofern man ihm das Denken und die Möglichkeit des Wissens um sein Denken nicht absprechen kann, sofern Pädagogik nicht als überflüssig und als bloße Scheinwelt gesehen wird und Ansprüche an den Lehrer überhaupt obsolet werden müssen und Klagen über deren Mißachtung nicht völlig gegenstandslos werden sollen.

Damit kehrt die Reflexion zur eigentlichen Thematik zurück, zur Frage nach dem Lehrer, nach der Möglichkeit und Rechtfertigung seines beruflichen Handelns als einer pädagogischen Praxis. Wenn das Prinzip der Selbstbestimmung ein Fundament schafft, auf dem eine pädagogisch legitimierte Berufspraxis möglich ist, dann müssen alle der Schule zugedachten Aufgaben und Erwartungen sich unter diesem Prinzip definieren lassen. D. h. mit anderen Worten: Alle Forderungen an den Lehrer müssen sich in der Absicht auf Bildung des jungen Menschen definieren lassen.[9]

Zunächst ist damit eine Absage an jene technologischen Modelle getroffen, die nach Ziel und Mittel so differenzieren, daß Pädagogik ihre Maßnahmen bestimmt und der Lehrer selbst instrumentalisiert wird, für Zwecke, die ihm von „anderen" aufgetragen werden.

Bevor weitere Konsequenzen gezogen werden, ist ein Einwand zu bedenken. Selbstbestimmung bedeutet nicht Absage an die Herausforderungen von Zeit und Gesellschaft. Selbstbestimmung ist und bleibt ein formaler Begriff. Er ist Garant dafür, daß nicht dogmatisch bestimmte Normen unreflektiert absolute Normativität für sich beanspruchen. Das heißt, Selbstbestimmung ist nicht als individualistische und realitätsfremde Praxis zu betrachten. Der Hinweis auf Realität ist leicht im Sinne der Unterwerfung unter das Übliche zu mißverstehen; gemeint ist vielmehr die Notwendigkeit des Ich, sich in ein Verhältnis zu setzen. Daher ist festzuhalten, daß die Forderung nach Selbstbestimmung sich auf die Art des Verhaltens bezieht, z. B. ob ich mich Gegebenem anpasse, mich widersetze, ihm

---

[9] Die Überlegung muß hier auf Gedanken verweisen, die Herman Nohl in seiner Theorie des pädagogischen Bezuges entwickelt hat: Vgl. Handbuch der Pädagogik. Langensalza 1935. S. 150 ff.

gegenüber relativ gleichgültig bin, vielleicht auch versuche, das Gegebene zu verändern. M.a.W., Selbstbestimmung als Grundprinzip schließt das Vernehmen und Annehmen von gesellschaftlichen Aufgaben nicht aus.

Man hört vielfach den Einwand, daß die formal bleibende Vorstellung jenen Vorwurf bestätigt, wonach zwar theoretisch-abstrakt von Selbstbestimmung die Rede ist, dies jedoch relativ unverbindlich bleibt, so daß tatsächlich Schule und Lehrer wieder zu Vollzugsfunktionären gesellschaftlicher Mächte werden. Diese Befürchtung ist aber gerade erst dann gerechtfertigt, wenn vorgegebene Zielsetzungen materiell bestimmt und daraus ihren normativen Anspruch gegenüber Lehrer und Schule ableiten und ihn allein der gesellschaftlichen Macht verdanken. Anders ist die Situation, wenn Forderungen sich unter einem formalen Regulativ von Selbstbestimmung definieren und sich erst dann als konkrete Herausforderung eines pädagogischen Anspruches bestimmen lassen, indem die Konkretisierung von Selbstbestimmung sich artikuliert.

Was bedeutet dies für die zuvor angedeutete Antinomie, in die die Professionalisierung des Pädagogischen gerät, insbesondere dann, wenn sie den Lehrer zum Beauftragten der Gesellschaft zu machen scheint?

Das Gemeinte läßt sich zunächst an einigen Beispielen verdeutlichen. Öffentlichkeit und Gesellschaft klagen über die zunehmende Gewaltbereitschaft der Jugendlichen. Diese richtet sich inzwischen auch gegen Lehrer und Mitschüler. Die Menschen sind beunruhigt und manchmal auch geschockt, die Politik sucht sich gegenüber Kritik und dem Vorwurf des Versagens in der Sozial- und Jugendpolitik zu immunisieren, indem sie der Pädagogik, insbesondere der Schule und dem Lehrer Auftrag erteilt, jener latenten Gewaltbereitschaft entgegenzuwirken.

Schule und Lehrer scheinen wiederum schnell bereit, diese Aufgabe eben als Auftrag der Gesellschaft zu übernehmen. Modelle werden entwickelt und auf dem pädagogischen Markt angepriesen, mit denen man glaubt, daß jenes Ziel alsbald und mit großer Sicherheit erreicht werden kann. Schule und Lehrer werden ausdrücklich zum Hoffnungsträger gesellschaftlicher Wünsche, sie werden aber gleichzeitig zum Sündenbock, wenn jene Erwartungen nicht erfüllt werden.

Man bedenkt zumeist nicht, daß der Auftrag, zur Gewaltlosigkeit zu erziehen, dann mißlingen muß, wenn nicht Gewalttätigkeit selbst als Verfehlung von Selbstbestimmung bestimmt werden kann; wenn der Verzicht auf Gewalt bzw. wenn ein den anderen als Mitmenschen selbst achtender Umgang als Ausdruck von Selbstbestimmung nicht in seiner Pädagogizität zu definieren ist. Selbstbestimmung ergibt sich aus dem Verständnis des Menschen als Zweck seiner selbst. Das ist universal gemeint, so daß keine menschliche Beziehung pädagogisch gedacht werden kann, die den anderen instrumentalisiert. Der Kampf gegen eine latente Gewaltbereitschaft erweist sich als pädagogische Aufgabe selbst, als Aufgabe zur Dialogbereitschaft und Dialogfähigkeit, d. h. als Anerkennung des anderen als „Zweck seiner selbst". Das definiert seine Pädagogizität; es geht nicht mehr um gesellschaftliche Erwartungen, die sich aus dem Wollen und der Macht gesellschaftlicher Einrichtungen ergeben, sondern um eine bildungstheoretisch begründete Forderung.

Die Konsequenz aus der Koinzidenz von Weg und Ziel wird selbst zum normativen Anspruch von Pädagogik, der ihre Professionalisierung in einem neuen Licht erscheinen läßt.

Es ist nach einer pädagogischen Praxis gefragt, die eine Absicht verfolgt, ohne Zwang auszuüben. Dies ist bekanntlich nur als dialogische Führung möglich. Dialogische Führung anerkennt den anderen in dessen Recht und Pflicht auf Selbstbestimmung. Sie nötigt nicht zur Übernahme von Meinungen, sondern fordert zur je eigenen Prüfung auf. Sie trainiert keine Verhaltensweisen, sie arbeitet nicht mit Sanktionen oder Privilegien: sie fordert vielmehr Verbundenheit gegenüber dem, was vom handelnden Subjekt als richtig und gesollt angesehen wird, was verbindlich ist und alle verbindet.

Nur unter diesen Voraussetzungen kann der Gewalttätigkeit als Perversion des Mitmenschlichen entgegengetreten werden. Nicht dadurch, daß Pädagogik selbst wieder gewalttätig wird, wenn auch versteckt, verschleiert und schleichend, etwa durch psychosoziale oder gar psychotherapeutische Strategien, wie sie für pädagogische Professionen besonders gerne angeboten werden, sondern indem zugunsten von Argumenten auf Gewalt verzichtet wird, und dieser ohnmächtigen Macht des Argumentes die Herrschaft eingeräumt wird.

Dieses Beispiel sollte verdeutlichen, daß – um es fast tautologisch zu formulieren – nur jene Erwartungen an die Schule bzw. den Lehrer herangetragen werden dürfen, die sich in ihrer Pädagogizität ausweisen können.

Wenn die Erwartungen an die Schule sich in ihrer Pädagogizität zu begründen haben, d. h. in ihrer Beziehung auf Selbstbestimmung, dann schließen sich alle Vorstellungen von der Machbarkeit des Erfolges von selbst aus. Selbstbestimmung kann nicht von anderen gemacht oder erzeugt werden.

Das markiert die Grenze aller Professionalisierung des Pädagogischen. Gleichzeitig wird eine Haltung des Lehrerseins zu fordern sein, die sich allen operationalisierbaren Qualifikationsversuchen entzieht; es ist die Kategorie der Hoffnung. In jener verzichtet pädagogische Praxis auf berechenbares Herstellen, ohne ihre Absicht zu verlieren. Sie schützt gleichzeitig den Lehrer vor resignativer Einstellung. Sie ist Ausdruck der Anerkennung des anderen als frei handelndem Subjekt, wobei dieses nicht nur vorausgesetzt wird, sondern gesetzt ist im Sinne der Absicht.

Hoffnung ist kein technischer, sondern ein ethischer Begriff; er bezieht sich auf Haltung und Einstellung. Sie ist kein Ausdruck der Schwäche, sondern der Stärke, weil in ihr ein Begriff von Zeit herrscht, der sich der technischen Berechenbarkeit entzieht und schließlich ins Unendliche verweist.

Der Begriff der Hoffnung stellt allerdings auch den der Evaluation in Frage, weil er sich der Herrschaft berechenbarer und meßbarer Zeit ebenso entzieht wie der linearen Ableitung von Verhalten und Haltung. Gerade darin aber liegt seine Stärke und seine Herausforderung an pädagogische Profession. Sie macht ihn weder zum Herrscher noch zum Sündenbock für Immunisierungsstrategien.

Professionalität bezieht sich besonders auf das Machbare. Das kann in abgewandelter Weise auch für das Pädagogische gelten, wenn damit günstige Bedingungen für das Statthaben ihrer Praxis gemeint werden.

Man unterscheide allerdings diese Bedingungen des Statthabens von den Bedingungen ihrer Möglichkeit. Von diesen war bisher die Rede. Wenn jene anzusprechen sind, geht der Anspruch nicht so sehr an die Pädagogen selbst, sondern an jene, die gesellschaftliche Bedingungen schaffen. Dabei kann man den Eindruck nicht von der Hand weisen, daß Staat und Gesellschaft, Politik und Öffentlichkeit häufig genug die Möglichkeit der Erfüllung ihrer eigenen Erwartungen durch das Schaffen von schlechten Bedingungen behindern.

Das ist z. B. dann der Fall, wenn das Verhältnis zwischen Lehrer und Schüler durch erzeugtes Mißtrauen gestört ist. Man denke an die öffentliche Diskriminierung, an verstecktes und offen zu Schau gestelltes Mißtrauen, wie es vor allem in manchen Rechtssätzen und Kontrolleinrichtungen des Staates und seiner Einrichtungen zum Ausdruck kommt.

Man denke überhaupt an die zunehmende Verrechtlichung in unserem Schulwesen, bezügl. Notengebung, Versetzung etc. Natürlich müssen willkürlicher Machtausübung Schranken gesetzt werden, grobe Ungerechtigkeit muß verhindert werden; gleichzeitig muß unter Anerkennung pädagogischer Professionalität aber der Freiraum für pädagogisches Handeln erhalten und gesichert werden.

Wenn der Lehrer seine pädagogische Aufgabe erfüllen soll, dann muß ihm jene Freiheit gesichert werden, die als Bedingung des Statthabens von pädagogischem Handeln zu sehen ist; jene Freiheit, die ihm die Möglichkeit läßt, auf die Individualität des Schülers einzugehen. Gesetzliche Regelungen vernichten Individualität und Einmaligkeit; vor dem Gesetz sind alle gleich. Im pädagogischen Handeln muß jeder in seiner Einmaligkeit gesehen werden, und zwar nicht nur als didaktisch wünschenswerte Regel, sondern als ihre Absicht, damit der junge Mensch seine Einmaligkeit in Selbstbestimmung entfalten kann. Wiederum ist vor einem Mißverständnis zu warnen. Einmaligkeit ist nicht Willkür, ist nicht Rücksichtslosigkeit, sondern Auftrag an den Menschen, das Menschsein selbst in seinen unendlich vielen Notwendigkeiten zur Geltung zu bringen; das verhindert Enge und Borniertheit des Denkens, das fördert den Reichtum in menschlicher Begegnung; auch in demokratischer Auseinandersetzung.

Für die zu fordernde Pädagogik der Selbstbestimmung verbietet sich jede Art der Bevormundung der Lehrer. Diese tritt nur selten öffentlich in Erscheinung. Sie hat eher schleichenden, dadurch aber keineswegs unwirksamen Einfluß. Man ist erstaunt, wieviel an Regelungen dem Lehrer in ministeriellen Veröffentlichungen zugemutet wird: vom Projektunterricht bis zum offenen Lernen, von der Forderung nach sozialer Kompetenz bis zur immer wiederholten Beschwörung von Lebensnähe. Man wird sich wohl kritisch fragen müssen, wodurch dem Ministerium bzw. den Ministerialen eine besondere pädagogische Autorität zukommt, wenn andererseits die Professionalisierung von Pädagogik ernst genommen werden soll.

Das schließt natürlich nicht aus; daß Minister politische Akzente setzen, daß aber auch diese sich der kritischen Auseinandersetzung, insbesondere in bezug auf die pädagogische Legitimation, zu stellen haben, dürfte in einer Demokratie nicht bestritten sein.

Die immer wieder geforderte Lebensnähe macht eine ganz besondere Gefährdung von Schule und Pädagogik deutlich. Lebensnähe ist ein undifferenzierter Ausdruck, weil weder der Begriff des Lebens noch der der Nähe geklärt ist. Man ahnt allerdings, was gemeint ist, nämlich für das Leben zu lernen. Dabei bleibt offen, ob Ellbogengebrauch und Durchsetzungsvermögen oder Besonnenheit und Zurückhaltung gemeint sind und für das Leben als nützlich angesehen werden.

Mit den vielen Vorgaben wird auch heute noch immer wieder versucht, Schule und den Lehrer mit seiner Professionalität als Instrument für vorgegebene Zwecke zu benutzen. So kommt in der Forderung nach Lebensnähe die verschwiegene Reduktion des Pädagogischen auf Ausbildung zum Ausdruck. Gesellschaftliche, politische oder wirtschaftliche Wünsche werden maßgebend im wahrsten Sinne des Wortes und suchen das Pädagogische so zu dominieren, daß Menschenbildung im allgemeinen Verständnis nicht mehr maßgebend ist. Das bedeutet auch immer Reduktion des Menschena auf seine Funktionen und Mißachtung des Anspruches auf Selbstbestimmung.

In dieser Betrachtung wird die Notwendigkeit von Ausbildung nicht geleugnet, wohl aber die Vorherrschaft meßbarer Qualifikationen. Gute Ausbildung kann nur gelingen, wenn sie mit Menschenbildung verknüpft wird, wenn sie beiträgt zur Verwirklichung von Selbstbestimmung in einer gegebenen Welt von Aufgaben und Herausforderungen.

Die Pädagogik bzw. den Lehrer zu schelten, ihm zum Sündenbock zu machen, wenn auch die Ausbildungserwartungen nicht erfüllt werden, das fällt auf jene zurück, die die Pädagogik und den Lehrer für ihre Zwecke, die als Mehrzahl gemeint immer solche der Ausbildung sind, dienstbar zu machen suchen. Solche Erwartungen als Mehrzahl von Zielen und Zwecken müssen scheitern: mit der Vorstellung vom Sündenbock versuchen sich jene zu immunisieren, die das Scheitern selbst verursacht haben.

Das entspricht genau jener alttestamentarischen Erscheinung, wo die eigenen Verfehlungen nach 3 Mos 16 auf einen Bock abgeladen werden, den man in die Wüste schickt. Sozialpsychologie und Psychoanalyse haben das Schema für die Gegenwart so gedeutet, daß aus Enttäuschung Aggression wird. Diese Aggression richtet sich zumeist gegen jene, von denen der geringste Widerstand zu erwarten ist: Das sind Minderheiten und gesellschaftlich nicht hoch angesehene Kreise, sie müssen für die Schuld anderer büßen.

Daß das heute vielfach die Lehrer sind, ist ein beklemmendes Zeugnis für den Zustand unserer Gesellschaft, die genau weiß, daß sie den Lehrer braucht, ihn andererseits aber auch immer wieder zu diskriminieren versucht.

QUELLENNACHWEISE

Das Ende des Subjekts? Zur pädagogischen Konzeption von Subjektivität. In: Vierteljahrsschrift für wissenschaftliche Pädagogik, 67. Jg., 1991 (*Heft 1*), S. 401–419.

Ist die Aufklärung am Ende? Über die Grenzen der Vernunft. In: Vierteljahrsschrift für wissenschaftliche Pädagogik, 77. Jg., 2001 (*Heft 3*), S. 265–273.

Über den Begriff der Normativität in der Pädagogik. In: Pädagogik als Wissenschaft. Neue Folge der Ergänzungshefte zur Vierteljahrsschrift für wissenschaftliche Pädagogik, (*Heft 4*), S. 36–47, 1966.

Das Allgemeine der allgemeinen Pädagogik. In: Vierteljahrsschrift für wissenschaftliche Pädagogik, 75. Jg., 1999 (*Heft 4*), S. 1–11.

Bildung durch Unterricht – verschleiernde Utopie und problematische Notwendigkeit. In: Jürgen *Rekus* (Hrsg.): Grundfragen des Unterrichts. Bildung und Erziehung in der Schule der Zukunft, Weinheim/München 1998, S. 70–86.

Lehren und Erziehen als Beruf. Zur Dialektik des Lehrerseins. In: Angelika *Wenger-Hadwig* (Hrsg.): Der Lehrer – Hoffnungsträger oder Prügelknabe der Gesellschaft. Innsbruck/Wien 1998, S. 70–86.

Moralität und Bildung. In: Aloysius *Regenbrecht* und Karl Gerhard *Pöppel* (Hrsg.): Moralische Erziehung im Fachunterricht. Münstersche Gespräche zu Themen der wissenschaftlichen Pädagogik. Münster 1990, S. 12–26.

Selbstbestimmung als regulative Idee. In: Reinhard *Schilmöller*; Joachim *Peters* u. a. (Hrsg.): Erziehung als Auftrag. Beiträge zur Konzeption katholischer Schulen in freier Trägerschaft. Münstersche Gespräche zu Themen der wissenschaftlichen Pädagogik. Münster 1989, S. 53–63.

Glaube, Hoffnung und Liebe als pädagogische Kategorien. In: Joachim *Dikow* (Hrsg.): Vom Ethos des Lehrers. Münstersche Gespräche zu Themen der wissenschaftlichen Pädagogik. Münster 1985 (2. Aufl.), S. 20–36.

Personale Pädagogik. Rückfall in Dogmatismus oder neue Möglichkeit der Grundlegung? In: Waltraud *Harth-Peter*; Ulrich *Wehner* u. a. (Hrsg.): Prinzip Person. Über den Grund der Bildung. Würzburg 2002, S. 53–65.

Zum problematischen Verhältnis von Theorie und Praxis in der Pädagogik. In: Winfried *Böhm* (Hrsg.): Pädagogik – Wozu und für wen? Stuttgart 2002, S. 121–137.